Affaires globales

Affaires globales

S'engager dans la vie professionnelle en français, niveau avancé

Deborah S. Reisinger
Mary Beth Raycraft
Nathalie Dieu-Porter

Georgetown University Press | Washington, DC

Library of Congress Cataloging-in-Publication Data

Names: Reisinger, Deborah Streifford, 1969- author. | Raycraft, Mary Beth, author. | Dieu-Porter, Nathalie, author.
Title: Affaires globales : s'engager dans la vie professionnelle en français, niveau avancé/Deborah S. Reisinger, Mary Beth Raycraft, Nathalie Dieu-Porter.
Description: Washington, DC : Georgetown University Press, 2021. | Includes index.
Identifiers: LCCN 2020011261 | ISBN 9781647120313 (paperback) | ISBN 9781647120320 (ebook)
Subjects: LCSH: French language—Business French. | French language—Textbooks for foreign speakers—English.
Classification: LCC PC2120.C6 R45 2021 | DDC 440—dc23
LC record available at https://lccn.loc.gov/2020011261

♾ This book is printed on acid-free paper meeting the requirements of the American National Standard for Permanence in Paper for Printed Library Materials.

24 23 9 8 7 6 5 4 3

Printed in the United States of America
Cover design by Martha Madrid
Interior design by click! Publishing Services

TABLE OF CONTENTS

TABLE DES MATIÈRES

Questions culturelles	Tâches professionnelles	Lancer une start-up
Quels sont les usages et convenances à suivre pour réussir des rencontres professionnelles dans différentes régions francophones ? Comment mener une réunion interculturelle ? Quels règles et comportements faut-il adopter durant les réunions multiculturelles afin de limiter les malentendus ?	Rédiger un courriel de présentation professionnelle Rédiger le compte-rendu d'une réunion Rédiger le compte-rendu d'une interview Présenter le bilan d'une activité sur une période de temps donnée	Oser échouer ! Sortir de votre zone de confort pour augmenter la créativité

Questions culturelles	Tâches professionnelles	Lancer une start-up
Comment mieux se connaître pour optimiser son développement dans les circonstances professionnelles : réseautage, recherches de stages, d'emplois, etc. ? Comment les pratiques en matière de recherche d'un emploi et de recrutement changent-elle d'un pays à un autre ? Quelles astuces pour écrire son CV et sa lettre de motivation en français ?	Présenter le bilan d'une organisation bénévole Rédiger un email à un employeur potentiel bénévole Rédiger une lettre de motivation Rencontrer un recruteur et répondre spontanément à ses questions	Identifier une start-up qui vous intéresse et interviewer le·la fondateur·rice

Unité 3 : Travailler dans le monde francophone	
Can-do statements	**Points interculturels**
I can understand recruitment trends in West Africa. I can understand the details of a recorded series about apprenticeships. I can understand a series of interviews about why workers join unions. I can exchange ideas with peers about different career options. I can discuss the pros and cons of teleworking with peers. I can collaborate with peers to classify businesses according to sectors. I can present a company profile to a group of investors. I can summarize a series of documents to give recommendations about youth employment. I can consider how people within a culture negotiate in the workplace.	Secteurs et classification des entreprises Lois et conditions du monde du travail Négociations syndicales

Unité 4 : Vendre à l'international	
Can-do statements	**Points interculturels**
I can understand short presentations on a company's branding history. I can interpret a perceptual map to understand product placement. I can discuss preferences for creating an effective marketing campaign with colleagues. I can collaborate online with colleagues about the creation of a marketing campaign. I can present a convincing product pitch. I can write effective survey questions for a marketing campaign. In my own and other cultures, I can explain how stereotypes influence a country's products or marketing strategies.	Habitudes de consommation Stratégies de marketing Marques et publicités

Unité 5 : Promouvoir la santé globale	
Can-do statements	**Points interculturels**
I can maintain a discussion about the advisability of mandatory vaccinations. I can exchange messages to craft an effective presentation for a community organization. I can follow an online tour of an organization's volunteer program. I can understand a detailed account of a health-related volunteer opportunity. I can present a well-supported argument on a start-up healthcare intervention. I can create a research-based healthcare campaign tailored to a local community. I can work with others to determine best practices for responding to a sustainable development goal.	Organisations non gouvernementales (ONG) Défis de la santé globale Technologies au service de la santé

Unité 6 : Être diplomate		
Can-do statements	**Points interculturels**	
I can understand the events that led to a policy crisis. I can understand a detailed history of diplomatic strategies. I can reach a consensus with my team about how to negotiate a solution. I can exchange ideas about migration policy via an online forum. I can present the opening remarks at a formal event. I can draft a specific course of action on national policy, with supporting evidence. I can work with others to negotiate the delivery of supplies in a humanitarian crisis.	Diplomatie et relations internationales Négociations interculturelles Multilatéralisme et mouvements migratoires	

Unité 7 : S'engager pour la planète		
Can-do statements	**Points interculturels**	
I can understand a report that describes distinctions between economic models. I can understand most of a televised report addressing malnutrition. I can debate the benefits and limitations of the sharing economy. I can engage in an online written discussion about solutions to challenges related to sustainable fashion. I can create written promotional material promoting social entrepreneurship in a francophone country. I can deliver a cohesive presentation incorporating data from statistics and analyses on the sharing economy in a francophone country. In my own and other cultures, I can explain how a variety of economic practices are related to cultural perspectives.	Économie du partage et économie collaborative Entreprises éthiques Entrepreneuriat social et start-up	

CHAPTER ORGANIZATION

Each *unité* presents three *Points interculturels* that introduce different aspects of the chapter's theme. Within those divisions, the following sections will appear:

Vocabulaire à activer
Each *unité* opens with key vocabulary structures and expressions that reflect an authentic use of the French language in a global context.

Entrée en matière
Larger questions at the beginning of each section prompt students to consider new concepts from their own perspective. Questions may be discussed in groups, or used as written prompts.

Analyse d'une infographie
Each section begins with an engaging visual prompt, either an authentic infographic or an image related to chapter themes.

Ça s'explique !
Audiovisual materials from around the francophone world, such as interviews or televised reports, introduce different cultural perspectives, as well as linguistic variation. All sources are accessible via the website. Audiovisual material are indicated by the 🎧 icon.

Découverte d'une idée
Increasingly challenging readings delve into key issues that explore contemporary issues in the francophone business world.

> **Avez-vous compris ?**
> Comprehension questions check understanding of primary sources and encourage learners to reflect more deeply on the context of the sources and how they relate to their own lives.

After this material is introduced, students explore it further through case studies and interviews. They then have an opportunity to apply what they are learning to their ongoing start-up project.

Cas d'entreprise
Short scenarios at the end of each chapter zoom into real-life case studies from around the francophone world.

Perspectives professionnelles
Each *unité* concludes with an interview with a professional in a field related to the chapter's theme.

Lancer une start-up
At the end of each chapter, teachers will find scaffolded activities designed to lead students through the steps of creating a start-up company, from start to finish.

Repères professionnels
Throughout the text there are also references to the appendices, which present expanded resources on key topics such as composing letters or drafting presentations. Directions to references are indicated by the icon.

Each *unité* includes different kinds of *activités*, marked by the icons below:

Ça se discute !
Pair and group activities give learners the opportunity to explore topics with their peers.

Tâche pratique
Short, targeted activities are designed to offer students practice with new vocabulary and structures.

Pour approfondir
Expansion activities are designed to develop critical thinking as students explore particular themes in more depth.

Blog
Prompts for blog entries offer practice in interpersonal writing.

Tâches professionnelles
These task-based activities are modeled after the Paris and Île-de-France Chamber of Commerce Professional Exams and provide useful practice for the exams.

Débat d'idées
Structured debates help develop advanced interpersonal communication skills as students learn to support their ideas with evidence.

ACKNOWLEDGMENTS

This work would not have been possible without the encouragement of so many. We appreciate the support of the Georgetown University Press team, in particular Clara Totten for her early enthusiasm for this project and Hope LeGro for her ongoing collaboration as we developed the manuscript. We would also like to thank our reviewers for their insightful comments at various stages of production. We thank Melanie Forehand for her help with gaining permissions for our materials and Sandie Blaise for her suggestions and proofreading.

We are particularly grateful for our students at Boston University, Duke University, and Vanderbilt University, for inspiring us with their enthusiasm, their hard work, and their creativity. It was this enthusiasm for combining language study with an exploration of the professional world that led to our undertaking of this project. Their feedback on materials, activities, and assignments has helped shape this project in innumerable ways.

Finally, we would like to extend our gratitude to our families. Mary Beth extends thanks to Raul, Matthew, Will, and Claire for their suggestions and support. Deborah would like to give a warm thank you to Udo, Max, and Lena for their love and encouragement. Nathalie thanks Brian, Rob, and Julian for their kind patience and support through this experience.

INTRODUCTION

TO THE INSTRUCTOR

Affaires globales : S'engager dans la vie professionnelle en français, niveau avancé offers a contemporary twist on the traditional "Business French" course. Using an interdisciplinary and communicative approach, *Affaires globales* is designed to engage intermediate and advanced students interested in pursuing internship or employment opportunities in the francophone world. The larger scope of *Affaires globales* addresses the many ways in which students can apply their knowledge of language and culture: international relations, social and economic development, marketing and advertising, global health, and environmental sustainability. Throughout the book, students have regular opportunities to reflect on their career goals and to develop transferable skills that will help prepare them for future professional opportunities.

Affaires globales uses a targeted method to help students progress from intermediate-high to mid- and high-advanced levels of proficiency. *Affaires globales* is written based on the principles of the ACTFL Revised World Readiness Standards for Learning Languages. Each chapter was written with a series of objectives related to the 2017 NCSSFL-ACTFL Can-Do Statements (on pp. ix–xiii). The five goal areas (communication, cultures, connections, comparisons, and communities) along with the eleven standards guide the choice of varied, authentic materials in all seven chapters. Each *unité* contains related activities that address the three modes of communication (interpretive, interpersonal, and presentational), allowing students ample practice in developing the four skills. Notably, chapter themes and activities map onto international exams offered by the Paris Île-de-France Chamber of Commerce (*Chambre de Commerce Paris Île-de-France Diplômes de français professionnel*), providing students with additional exposure to and preparation for working in emerging fields.

Materials

A key cultural objective of *Affaires globales* is to expose students to business trends and cultural practices in the broader French-speaking world, including DOM-TOMs, Quebec, and francophone regions in the Maghreb and sub-Saharan Africa. Through the incorporation of authentic materials—including infographics, podcasts, articles, and interviews—students are encouraged to explore the rich dimensions of the francophone professional world as they develop the intercultural communicative competence essential for future volunteer, internship, and work experiences. The range of authentic materials in this textbook and its focus on different forms of discourse prompt students to engage critically with cultural practices, products, and perspectives as they examine underlying cultural values. In addition, the accompanying website includes audio and video files for activities in each chapter. The appendices offer guidelines for writing professional documents and *actes de parole*, which provide phrases and expressions useful in both oral and written communication.

Structure

Affaires globales is intended to be used over one semester, either online or in person, ranging from forty-five to forty-eight contact hours. It could, however, be used over an entire academic year, should teachers wish to fully engage their students in all of the book's many activities and projects. The integrative unit structure and user-friendly layout help foster a dynamic course-long dialogue centered on the themes of entrepreneurship, sustainable development, and global engagement. The seven chapters, or *unités*, are organized such that each introduces a new topic yet also connects with other chapters via these underlying themes. This thematic approach helps activate critical thinking via ongoing discussion and debate on these timely topics.

Communicative tasks in each *unité* also build upon previous exercises. For example, students are introduced to the fundamental elements of email communication in the first chapter. In subsequent chapters, they continue to write emails, but with an increasing level of detail. More sophisticated writing tasks are progressively introduced as well, including the crafting of formal letters, *comptes-rendus*, and reports. Interpersonal and presentational speaking tasks are also scaffolded in this fashion, using situated practice, self-reflection, and observation exercises to help students improve speaking skills.

The seven *unités* are designed to move students through increasingly challenging communicative exercises that are based on real-world activities. The varied exercises in each *unité* target the three modes of communication, with materials chosen specifically to help students progress to advanced levels of proficiency. *Unité 1 : Communiquer en entreprise* introduces students to important aspects of business communication in the francophone world. In *Unité 2 : Trouver un poste*, students actively work on successful strategies for identifying and pursuing volunteer, internship, or job opportunities in francophone contexts. *Unité 3 : Travailler dans le monde francophone* invites students to explore everyday aspects of work life. The last four units target communicative and cultural competency in specific career fields. The focus of *Unité 4 : Vendre à l'international* highlights contemporary issues in consumer culture and marketing. In *Unité 5 : Promouvoir la santé globale*, students examine current debates in global health. *Unité 6 : Être diplomate* offers students a window onto diplomatic careers and international relations, while *Unité 7 : S'engager pour la planète* engages students in timely discussions about sustainability. Each *unité* in the book closes with a section called *Lancer une start-up*. This semester-long project is carefully scaffolded to offer students the opportunity to apply recently acquired skills, such as survey design and product pitching, to the creation of a new product or service.

Instructor Resources

The online *Guide pédagogique* offers instructors useful information regarding a pacing plan and suggested weekly schedule. Sample lessons and tips for teaching particular activities support new and seasoned instructors alike. These resources are available at GeorgetownUniversityPressTextbooks.com, along with suggestions for supplementary activities, helpful grammar points to review, and films that connect with unit topics.

TO THE STUDENT

Affaires globales : S'engager dans la vie professionnelle en français, niveau avancé is designed to help you refine your French skills in preparation for internship and work opportunities in a francophone environment. The book is organized around contemporary topics that are particularly relevant to today's students, including entrepreneurship, sustainable development, and global engagement. Throughout the book, you will encounter authentic texts, infographics, videos, and interviews with French-speaking professionals that draw you into the issues and debates that frame our world.

Activities in each *unité* will engage you in increasingly challenging activities as you move from intermediate to higher levels of proficiency. Themes are integrated throughout each of the seven chapters to encourage ongoing and increasingly sophisticated analysis of these issues. The focus of the materials and exercises is on real-world situations and authentic resources. In the first three chapters, you will have an opportunity to learn about intercultural communication and work-related issues in the francophone world. Later chapters introduce specific professional fields, including marketing, global health, diplomacy, and sustainability. In addition to improving your language and cultural skills, you will have multiple opportunities to reflect on your career goals and to develop transferable skills for future internship and work opportunities, including how to draft a professional email, compose a CV, write a cover letter, and prepare for an interview. You will also have hands-on opportunities to explore an idea for a start-up using the skills you develop throughout the course.

In this way, each chapter offers you support in developing proficiency in the three modes of communication and in intercultural communicative competence. The can-do statements for each chapter (on pp. ix–xiii) are designed to help you set goals as you progress along the continuum of language proficiency. They do not represent the limits of what you will be able to do in each chapter, but rather the variety of activities in which you will engage as you move from intermediate to advanced levels of proficiency in French. You may wish to refer to them throughout the semester, to review your progress and to help you self-assess your own learning.

Upon completing the course, you will have gained a better sense of your own career interests and goals, as well as the presentational and cultural skills necessary to pursue internship and employment opportunities in a francophone context. Whether you are hoping to volunteer, apply for an internship, or work for a start-up company in a francophone country, *Affaires globales* can help you polish your language and cultural skills so that you are up to the challenge!

Affaires globales

Unité 1 Communiquer en entreprise

POINTS INTERCULTURELS

- Codes sociaux
- Réunions d'affaires
- Communication interculturelle

TÂCHES PROFESSIONNELLES

- Rédiger un courriel de présentation professionnelle
- Rédiger le compte-rendu d'une réunion
- Rédiger le compte-rendu d'une interview
- Présenter le bilan d'une activité sur une période de temps donnée

QUESTIONS CULTURELLES

- Quels sont les usages et convenances à suivre pour réussir des rencontres professionnelles dans différentes régions francophones ?
- Comment mener une réunion interculturelle ?
- Quels règles et comportements faut-il adopter durant les réunions multiculturelles afin de limiter les malentendus ?

CODES SOCIAUX

Vocabulaire à activer

Se présenter

On se serre la main quand on se rencontre pour la première fois.
Les collègues ici se saluent tous les matins en se faisant la bise.
Je vous présente ma collègue…
Elle m'a demandé de la tutoyer / On se vouvoie ici.
On prend un pot (fam.) / un verre après le boulot (fam.).
Elle a présenté son conjoint à une pote (fam.) de travail.

Se contacter

Je téléphone à / j'appelle mon adjoint·e.
Pourrais-je parler à M. Untel ?
C'est qui à l'appareil ? Ne quittez pas.
Pourriez-vous rappeler ?
La ligne est occupée.
J'ai dû laisser un message sur son répondeur.
Il m'a envoyé un texto / SMS.
Elle nous a envoyé un e-mail / mél / mail / courriel.

Entrée en matière

On dit que l'habit ne fait pas le moine, mais des études montrent que la première impression est marquante. C'est donc une occasion à ne pas rater pour partir du bon pied.

Aux États-Unis, comment est-ce que les jeunes se saluent ? En cours, comment est-ce que les étudiants saluent leur professeur (et vice-versa) ? Au travail, comment est-ce que les collègues se saluent ?

ANALYSE D'UNE INFOGRAPHIE : La poignée de main

Dans cette série d'images, on découvre que la pratique de serrer la main de son interlocuteur varie selon le pays.

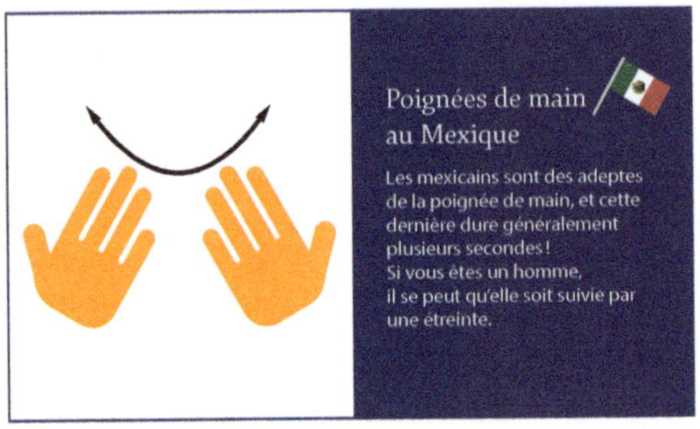

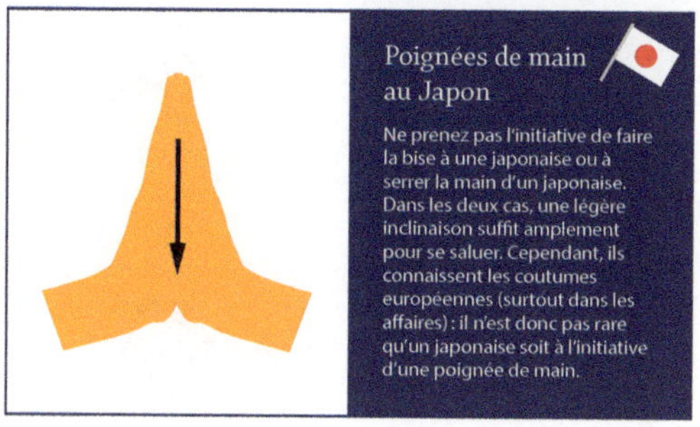

Avez-vous compris ?

Répondez aux questions suivantes :

1. Comment est-ce qu'on se salue en France ?
2. Quelle est la distinction principale entre la poignée de main en France et aux États-Unis ?
3. Pouvez-vous classer les poignées de main selon leur niveau de formalité ? L'énergie qu'elles exigent ? Qu'est-ce qui les distinguent principalement les unes des autres ?
4. Serrez la main d'un·e autre étudiant·e. Faites-le d'abord selon votre habitude. Est-ce que votre façon de se serrer la main correspond plutôt à la façon américaine ? Maintenant, serrez la main à la française.

ACTIVITÉ 1 : COMBIEN DE BISES ?

Dans beaucoup d'entreprises, la bise se pratique couramment entre collègues, lorsqu'ils se voient pour la première fois dans la journée et lorsqu'ils se quittent le soir. Mais combien faut-il en donner ? Consultez le site web suivant afin de savoir combien de bises on se fait selon les départements : http://combiendebises.free.fr.

1. Quel est le nombre de bises le plus généralisé en France ?
2. Pourquoi, à votre avis, y a-t-il une telle variation ?
3. À votre avis, comment procéder si on ne connaît pas la pratique locale ?
4. Dans quels autres pays se fait-on la bise ?
5. Y a-t-il d'autres règles à suivre selon le niveau de familiarité de la personne qu'on rencontre, en France ou dans d'autres pays francophones ?

ÇA S'EXPLIQUE ! : Le savoir-vivre

Dans cette vidéo, Laurence Caracalla, auteure de *Le savoir vivre de la Parisienne* (Grasset 2017) explique comment se présenter.

Avez-vous compris ?

Répondez aux questions suivantes :

1. D'après Laurence Caracalla, il est facile de se présenter. Que faut-il faire ?
2. Pourquoi suggère-t-elle de ne pas se plaindre auprès du conjoint lorsqu'il ne vous présente pas à ses amis ?
3. Dans quel ordre faut-il faire les présentations quand deux personnes ne se connaissent pas ?
4. Si vous vouliez laisser un commentaire ou une réaction en ligne à propos de la vidéo, qu'est-ce que vous écririez ?

ACTIVITÉ 2 : SE PRÉSENTER EN DEHORS DU TRAVAIL

Imaginez que vous êtes à une sortie après le travail (un « pot » en France, ou un « 5 à 7 » au Québec) en compagnie de collègues. Vous avez amené votre conjoint·e que vous devez présenter à vos collègues. En suivant les conseils de Laurence Caracalla, présentez votre conjoint·e à plusieurs collègues dans la salle. Vous pouvez discuter de votre week-end, des activités culturelles, etc.

ACTIVITÉ 3 : SE PRÉSENTER À UN INCONNU DANS LE MILIEU DU TRAVAIL

Voici un schéma professionnel que vous pouvez suivre pour vous présenter en moins de 20 secondes. Prenez deux ou trois minutes pour écrire un paragraphe adapté à votre situation personnelle. Ensuite, levez-vous et présentez-vous à trois personnes.

1. **Qui**
   Bonjour. Je m'appelle...
   Je suis étudiant·e à...
2. **Spécialité**
   Ma spécialisation, c'est le / la / les...
   Je me spécialise en...
3. **Projet**
   Mon projet professionnel consiste à / en...
   Mon objectif professionnel, c'est de...

ACTIVITÉ 4 : TOUR DE TABLE

Au début d'une réunion, la chef d'entreprise présente son nouvel adjoint aux différents cadres de l'entreprise, ainsi que les fonctions dont il aura la charge. Le nouveau collaborateur dit à son tour quelques mots, ensuite chaque collègue se présente tour à tour et lui souhaite la bienvenue. Choisissez le poste qui vous convient le mieux et présentez-vous !

Voici quelques possibilités :

Directeur | Directrice des ressources humaines (DRH), Concepteur | Conceptrice web, Ingénieur·e, Secrétaire, Directeur | Directrice de marketing, Expert·e-comptable, Technicien.ne, Analyste, Avocat·e, Médecin du travail, Stagiaire, Vendeur | Vendeuse, Équipier | Équipière logistique, Agent·e d'accueil, Conseiller | Conseillère service client, Conseiller | Conseillère de vente

ACTIVITÉ 5 : PRÉSENTEZ-VOUS

Dans votre blog, un site personnel accessible à vos camarades de classe où vous répondrez à des questions et explorerez des idées, rédigez un paragraphe pour vous présenter. Qui êtes-vous ? Quels sont vos centres d'intérêts personnels ? professionnels ? Quel avenir professionnel envisagez-vous ? Pour rendre votre récit plus intéressant, présentez-vous à travers une ou deux histoires personnelles—cela peut être un échec ou une réussite, une aventure ou une journée typique. Rajoutez une ou deux photos qui vous montrent en train de faire quelque chose que vous aimez. N'oubliez pas de lire les blogs de vos collègues et d'y laisser vos commentaires.

ACTIVITÉ 6 : ÇA S'ÉCRIT !

Lisez le courriel suivant reçu d'une école américaine au Maroc auprès de laquelle vous aviez postulé pour faire du bénévolat. Ensuite, écrivez un courriel dans lequel vous vous présentez ; n'oubliez pas de poser des questions quant à la nature de vos fonctions durant cette période de bénévolat.

De : eguileriot@cimar.ma
À : bénévoleuntel@mission.edu
Objet : Poste de bénévole à Marrakech

Madame, Monsieur,

Je suis heureuse de vous annoncer que vous avez été sélectionné·e pour participer à notre programme de bénévolat à l'École américaine de Marrakech située Route de Ouarzazate, 40000 Marrakech.

Votre principale fonction sera l'accompagnement scolaire des enfants de première année du primaire. Madame Diouri sera l'institutrice que vous seconderez durant vos six mois de bénévolat. Merci de vous mettre en relation directement avec elle par email afin de vous présenter et d'initier la communication : Zahida.Diouri@cimar.ma. Elle pourra répondre à toutes vos questions et vous guider dans vos préparatifs.

Bien cordialement,
Emmanuelle Guileriot

Eguileriot@cimar.ma
Responsable Service Recrutement
Bénévoleuntel-Mission

Consultez l'appendice pour découvrir les règles de base de rédaction d'un courriel (email) professionnel.

DÉCOUVERTE D'UNE IDÉE : Des valeurs québécoises

Sur ce site web destiné aux étrangers qui s'installent à l'Université Laval au Québec, on explique les valeurs culturelles québécoises. Lisez bien, puis répondez aux questions qui s'ensuivent.

Communication et valeurs québécoises

Attendre son tour

Dans la vie publique, en attente d'un service, les Québécois respectent habituellement le principe « premier arrivé, premier servi ». Que ce soit dans un magasin, à la banque ou au cinéma, chacun attend son tour en ligne. La personne qui ne respecte pas cet usage s'expose à se faire rappeler à l'ordre.

Conflits et affrontements

Les Québécois privilégient l'accommodement et la recherche de consensus plutôt que l'affrontement ou le conflit. Ils préfèrent échanger et négocier pour trouver les compromis nécessaires pour aboutir à un accord. Ils n'aiment pas la polémique. Évitez de confronter votre interlocuteur. Les conflits dans les relations interpersonnelles se règlent en privé.

Contacts physiques

Les Québécois évitent les contacts physiques. Ils ne touchent pas le bras ou l'épaule de leur interlocuteur pour attirer ou garder leur attention. Les hommes évitent les contacts physiques, à moins d'avoir atteint un très haut degré d'aisance. Se tenir par la main ou maintenir un contact physique prolongé avec une personne est réservé aux relations intimes et familiales. Pour les couples, les marques d'affection en public sont tolérées.

Distance

Le Québec est un territoire très vaste, constitué de grands espaces et peu densément peuplé. Ne vous étonnez pas si les Québécois accordent beaucoup d'importance à leur espace personnel, leur « espace vital » qu'ils surnomment leur « bulle ». Dans les files d'attente ou lors de discussions, ils gardent habituellement une certaine distance physique (environ la longueur d'un bras) entre eux et leur interlocuteur. Entrer dans l'espace personnel d'un Québécois risque de lui créer de l'inconfort.

Expression des émotions

Les Québécois sont plutôt réservés. Ils ne sont pas portés à exprimer leurs émotions en public. Ils n'ont pas l'habitude de hausser le ton en public. La résolution des conflits se fait en privé.

Faire signe de la main

Les Québécois se saluent souvent à distance. Ils lèvent le bras et balancent de gauche à droite la main ouverte dans les airs.

Honnêteté

L'honnêteté est très appréciée par les Québécois. Ils préfèreront que vous énonciez votre désaccord ou que vous disiez ne pas avoir compris plutôt que d'approuver leurs idées par politesse.

Importance de l'écrit

Les Québécois accordent plus d'importance aux informations écrites qu'aux informations verbales. Un contrat, par exemple, n'est officiel que s'il est dûment rédigé. Les dépliants, les brochures et les tableaux d'affichage sont par ailleurs beaucoup utilisés pour transmettre des renseignements ou des indications. Par conséquent, il est important que les nouveaux étudiants étrangers lisent les informations qui leur sont transmises.

Individualisme

Les Québécois, comme la plupart des Nord-Américains, sont considérés comme individualistes. Ils se séparent relativement tôt de leur noyau familial et tisser des liens avec eux demande du temps.

Les Québécois restent cependant attachés à certaines valeurs collectives. Par exemple, une majorité d'entre eux donne son appui au maintien et au développement des programmes sociaux et des mesures visant la promotion de droits collectifs.

Invitations

Lors de vos premières rencontres avec des Québécois, vous serez possiblement invité à vous joindre à eux pour manger au restaurant, prendre un verre, aller au cinéma ou dans un autre lieu public. Les Québécois s'attendent à ce que chacun assume ses propres dépenses.

Les invitations à manger chez quelqu'un ne se font que lorsque les relations sont plus développées. Si vous êtes convié à un souper, les Québécois s'attendent à ce que vous n'arriviez pas les mains vides. Vous ferez très plaisir à votre hôte en apportant une bouteille de vin, du fromage, un dessert ou encore une spécialité de votre pays. Lorsqu'on vous invite, n'hésitez pas à demander ce que vous pouvez apporter pour compléter le repas.

Mode de communication : franc et direct

Pour entrer en relation et communiquer entre eux, les Québécois préfèrent être directs. Ils communiquent généralement de façon franche, précise et explicite. Ils préfèrent les réponses claires, directes et honnêtes à leurs questions.

Vous pourrez établir aisément un premier contact d'affaires avec eux. Par contre, les Québécois pourront vous paraître relativement réservés si vous tentez d'entrer dans leur vie privée, car ils préservent jalousement leur intimité. Ils font une distinction très nette entre vie privée et vie professionnelle. Ils ont besoin de plus de temps pour bâtir de véritables relations d'amitié. La clé pour les nouveaux arrivants est d'aller au-devant des Québécois, puisque ces derniers ne le feront pas nécessairement.

Organisation du temps et ponctualité

Les Québécois gèrent leur temps à la manière nord-américaine. Ils accordent beaucoup d'importance aux agendas et aux programmes préétablis. Ils organisent leurs activités selon un horaire précis et fixe. Ils perçoivent le temps de façon linéaire, se fixant des priorités et ne faisant généralement qu'une activité à la fois. Ils planifient et divisent leur temps selon les différentes activités à faire. Les Québécois considèrent le temps comme une ressource précieuse. Vous entendrez les expressions « le temps c'est de l'argent », « perdre son temps » et « gagner du temps ».

Par conséquent, les Québécois prennent leurs engagements liés au temps très au sérieux. Ils se présentent à l'heure à leurs cours et à leurs réunions. Ils arrivent même de 5 à 10 minutes à l'avance pour des rendez-vous d'affaires. Les retards laissent souvent une mauvaise impression. Ils sont considérés comme un manque de respect. Le respect des délais et de ses engagements, comme remettre sa partie d'un travail d'équipe à temps, est très valorisé.

Parler fort en public

Évitez de parler fort en public, comme les vestiaires, les classes ou les autobus. Ce n'est pas bien vu par la majorité des Québécois et pourrait être jugé comme étant un comportement irrespectueux, agressif.

Regards directs

Lorsqu'ils se parlent, les Québécois se regardent dans les yeux. Le contact visuel est perçu comme une manifestation de respect, de reconnaissance de l'autre et de sincérité. Éviter de regarder son interlocuteur peut être considéré comme un signe d'insécurité ou de malhonnêteté.

Dans les lieux publics, la situation est différente. Dans l'ascenseur, dans les files d'attente ou dans l'autobus, les Québécois évitent plutôt le regard des autres. Ils auront tendance à fixer le plancher, le plafond ou les murs. Fixer quelqu'un dans un lieu public peut être vu comme irrespectueux.

Salutations

Lorsqu'ils rencontrent leurs amis, les Québécois se saluent en se faisant la bise (sur les 2 joues), mais seulement entre homme et femme ou entre 2 femmes. Les hommes et les étrangers se rencontrant pour la 1re fois se saluent plutôt par une poignée de main ferme et brève. Les Québécois considèrent qu'une poignée de main molle ou douce est signe d'une personnalité manquant d'assurance ou de confiance en soi.

Statuts sociaux

Au Québec, le phénomène de classes sociales marque peu les relations interpersonnelles. Il est possible pour une personne issue d'un milieu plus modeste de grimper les échelons, puisque les Québécois partent du principe selon lequel ce qu'une personne fait et comment elle se comporte priment davantage que le milieu social ou le pays d'où elle vient. Dans la plupart des milieux, on privilégiera l'égalité des personnes, peu importe leur classe sociale. Toutefois, les liens sociaux et d'amitié restent généralement plus horizontaux (même statut social) que verticaux.

Sujets de discussion privilégiés lors des premières rencontres

Vous souhaitez amorcer une conversation avec un Québécois ? Abordez-les en parlant d'un de leurs sujets favoris : le temps qu'il fait ! La plupart des Québécois seront curieux et désireront en savoir plus sur votre pays et sa situation politique, vos coutumes, vos mets nationaux et votre musique locale. Ils s'intéresseront aussi à votre vie professionnelle ou à votre domaine d'études.

Les Québécois sont fiers de leur culture. Ils aimeront se faire poser des questions sur leurs coutumes, leur histoire, leurs artistes et sur les joueurs de hockey ! Lors des premières rencontres, évitez les sujets de discussion trop personnels et maintenez un ton de conversation léger.

ACTIVITÉ 7 : COMPARAISONS CULTURELLES

Discutez des questions suivantes en petits groupes :

1. Votre ami·e se rend au Québec pour une réunion de travail. En vous basant sur les informations du texte ci-dessus, dressez une liste de bonnes pratiques à suivre. En créant cette liste, notez vos observations : y a-t-il des pratiques que vous trouvez particulièrement révélatrices de la culture, ou peut-être superflues ?
2. Après avoir lu ce texte, quelles comparaisons pouvez-vous faire entre les Québécois et les Américains des États-Unis ?
3. On suggère d'apporter du vin si vous êtes invité.e à un souper au Québec. À quelle heure allez-vous arriver ? Si vous étiez invité·e à dîner chez quelqu'un en France, qu'apporteriez-vous ? À quelle heure faut-il arriver ? Expliquez votre réponse.
4. D'après la description et d'après ce que vous avez étudié de la culture française, quels malentendus pourriez-vous imaginer se produire entre Québécois et Français ?

ACTIVITÉ 8 : APERÇUS CULTURELS

Il est temps de découvrir des informations culturelles sur d'autres pays francophones. Sélectionnez deux pays francophones que vous voulez explorer; ces pays peuvent se trouver dans une même région (par exemple, pour l'Afrique centrale, vous choisissez le Cameroun et la République démocratique du Congo) ou sur des continents différents (par exemple, la Belgique et Haïti). Ensuite, cherchez des renseignements en ligne en utilisant des termes de recherche spécifiques—par exemple : « les affaires + la Suisse » ou « les pratiques culturelles + le Togo ». Servez-vous du tableau suivant pour prendre des notes. Soyez prêt.e.s à discuter de ces pratiques avec vos collègues.

	Pays 1	Pays 2
Les salutations		
La ponctualité		
Le code vestimentaire		

	Pays 1	Pays 2
La politique des cadeaux		
D'autres détails		

C'est la famille qui occupe la première place des préoccupations aux yeux des Belges, quelle que soit leur région linguistique, même si le mariage récolte de moins en moins de suffrages. Par ailleurs, la formation des couples étant de plus en plus retardée, les jeunes restent plus longtemps sous le toît familial.

La Belgique et ses régions linguistique

- Communauté flamande en jaune
- Communauté française en rouge
- Communauté germanophone en bleu

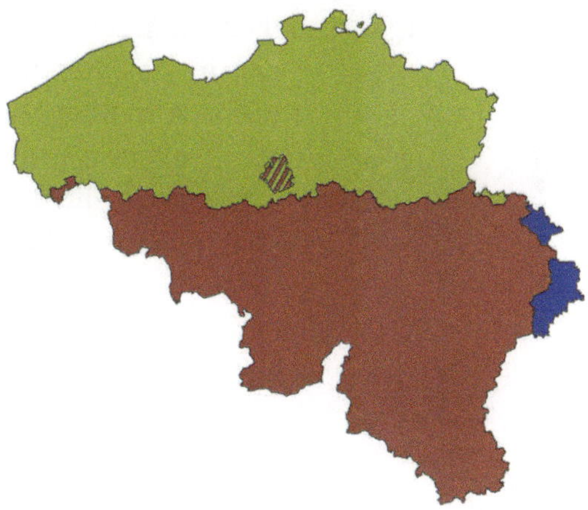

ACTIVITÉ 9 : DES DÉCOUVERTES UTILES ?

Maintenant, réfléchissez à ce que vous avez noté dans le tableau. Y a-t-il de grands écarts entre les pays que vous avez choisis ? Comparez vos découvertes avec celles d'un·e camarade de classe.

En quoi ces informations peuvent-elles être utiles pour quelqu'un qui travaille dans un de ces pays ? Comment peuvent-elles nuire aux rapports personnels ou empêcher le développement des rapports professionnels ?

ACTIVITÉ 10 : ET VOTRE PAYS ?

Sélectionnez votre propre pays et lisez les informations présentées sur le site. Quelle est votre réaction par rapport à celles-ci ? Êtes-vous plutôt d'accord ou plutôt en désaccord avec ce qui est présenté ? Développez votre réponse dans votre blog.

ACTIVITÉ 11 : TOMBER SUR UN RÉPONDEUR

Utilisez-vous votre messagerie vocale ? Expliquez pourquoi vous le faites ou non. Écoutez les messages vocaux et notez les numéros de téléphone entendus.

ACTIVITÉ 12 : ÉPELER LES NOMS

Il est important de savoir épeler les noms correctement. Pratiquez avec les noms suivants. Étudiant·e A épelle les noms 1-3 sans qu'étudiant·e B puisse les voir. Ce dernier écrit le nom qu'il entend. Ensuite étudiant·e B épellera les noms 4-6 sans qu'étudiant·e A puisse les voir. Vérifiez l'orthographe ensemble.

1. Dominique Lefèvre
2. Géraldine Dawant
3. Miloud Chennoufi
4. Yannick Jérôme
5. Zeina Bangagoui
6. Murielle Pépin

ACTIVITÉ 13 : POUVOIR SE CONTACTER

Comment communiquer en dehors de la classe ? Si vous êtes absent·e ou si vous travaillez sur un projet en dehors de la classe, il est utile d'avoir les coordonnées d'un·e collègue. Présentez-vous à un·e étudiant·e de la classe et demandez-lui si vous pouvez noter ses coordonnées. Sortez votre téléphone et notez ses informations. 1. Demandez-lui d'épeler son nom et enregistrez-le dans vos contacts. 2. Ajoutez son adresse mél et 3. Inscrivez son numéro de téléphone dans votre répertoire.

ACTIVITÉ 14 : LAISSER UN MESSAGE

Pour le prochain cours, changez votre messagerie en créant un message en français (par exemple, « Bonjour, vous êtes bien chez Deborah. Merci de laisser un message après le bip sonore. »). Ensuite, échangez vos coordonnées avec un·e collègue et laissez un message sur son portable en français, expliquant une des situations suivantes :

- Excusez-vous d'un retard.
- Demandez des explications sur un devoir à remettre.
- Donnez un rendez-vous à votre ami·e.
- Demandez d'emprunter les notes d'un cours.

RÉUNIONS D'AFFAIRES

Vocabulaire à activer

Préparer une réunion

Il faut établir l'ordre du jour et l'envoyer à vos collègues.
Nous allons nous réunir pour discuter de notre objectif.
Elle enverra une mise à jour en fin de semaine.
J'ai prévu une réunion virtuelle la semaine prochaine.

Pour une vidéoconférence, il faut se connecter à Internet.
La directrice partage son écran, mais la connexion a été coupée.

Intervenir en réunion
Pardon / Vous permettez ? / Si vous le permettez / Je peux ajouter quelque chose ?
À mon avis / Quant à moi / À mes yeux / À ma connaissance...
Je suis persuadé·e que...
Qu'entendez-vous par... ?
Je n'ai pas terminé, je vous prie...
Je partage votre avis, cependant...

Entrée en matière

Quelle est la meilleure façon de participer à une réunion ? Comment faire de son mieux, malgré des tensions ou difficultés ? Seul·e, ou avec un·e camarade, dressez une liste de bonnes astuces pour assurer une réunion réussie.

ANALYSE D'UNE INFOGRAPHIE : Une réunion réussie

Cette infographie explique comment préparer une réunion de qualité.

	Astuces pour une réunion réussie : Quelles questions se poser ?
Qui ?	Quel·le·s participant·e·s ? Pour quel rôle ?
Quoi ?	De quoi va-t-on discuter ?
Où ?	Dans quel endroit ? Quelle salle de réunion ?
Quand ?	À quelle date ? À quelle heure ? Pendant combien de temps ?
Comment?	Quels supports ou documents utiliser ?
Pourquoi ?	Quel est l'objectif? Quel est l'intérêt de se réunir ?

ACTIVITÉ 15 : PLANIFIER UNE RÉUNION

Ces outils servent d'aide-mémoire pour le planning d'une réunion. Vous semblent-ils logiques ? Y a-t-il des infos manquantes ?

1. Imaginez maintenant que vous planifiez une réunion afin d'organiser une activité afterwork pour de nouveaux collègues. Avec un·e camarade de classe, établissez l'ordre du jour de la réunion en vous référant à l'infographie.
2. Maintenant, rédigez un mail invitant vos collègues à la réunion. N'oubliez pas d'indiquer les informations incluses dans votre plan.

ÇA S'EXPLIQUE ! : Bien communiquer en réunion

Dans cette interview, intitulée « Comment s'exprimer et se faire entendre en réunion ? », Fanny Laudicina donne des conseils à de jeunes universitaires. Madame Laudicina est formatrice en communication, principalement en entreprises et dans l'enseignement supérieur. Regardez la vidéo, puis répondez aux questions.

Avez-vous compris ?

Répondez aux questions suivantes :

1. Selon l'étudiante Marie-Alice Kerneis, quels éléments contribuent à une bonne communication ?
2. Selon la formatrice Fanny Laudicina, pourquoi cet atelier serait-il particulièrement utile pour des jeunes femmes ? À votre avis, a-t-elle raison ?
3. Que veut dire Fanny Laudicina lorsqu'elle explique que les femmes ont la possibilité d'exister « à part entière » ? Êtes-vous d'accord avec cette idée ?

ACTIVITÉ 16 : ÉCRIRE UN COMPTE-RENDU

Votre supérieur.e vous demande de résumer les conseils donnés lors de cette interview. Rédigez le compte-rendu de la vidéo que vous venez de regarder. Rappel : le compte-rendu professionnel est un document interne qui rend compte de discussions, de faits ou d'actions, et qui fournit une vue d'ensemble fidèle et complète. Ce type de compte-rendu comprend une introduction, un développement et une conclusion.

Consultez les *Repères professionnels* pour découvrir des astuces vous permettant de bien écrire un compte-rendu.

DÉCOUVERTE D'UNE IDÉE : Organiser une réunion multiculturelle

Dans cet article, publié dans la revue *Courrier Cadres*, Virginia Drummond explore les réunions virtuelles avec des équipes multiculturelles. Lisez l'article, puis répondez aux questions qui suivent.

Managers : comment optimiser une réunion d'équipe multiculturelle virtuelle ?

Du grand groupe à la start-up, les équipes multiculturelles virtuelles ne sont plus une exception. Les collaborateurs sont amenés à travailler à distance. Ils doivent interagir en tenant compte des décalages horaires. La communication via internet limite leur capacité à décoder les messages. L'efficacité du travail en équipe multiculturelle—virtuelle ou non—n'est pas le fruit du hasard. S'il n'existe pas de recette miracle, voici quelques règles basiques à appliquer pour la conduite réussie d'une réunion multiculturelle à distance.

Mythe et réalité

« C'est la pire chose. On doit se connecter des fois à 23 h du soir pour une réunion qui ne mène à rien, on se sent frustré » soupire une ingénieure française, qui travaille à distance avec des ingénieurs japonais. « En plus de la barrière de langue, ils ne parlent pas, ou pas assez, c'est très difficile. Pourtant on est au top des technologies pour les vidéo conférences ».

L'avènement des NTIC ne résout pas les problèmes humains, encore moins ceux des équipes multiculturelles virtuelles. Dans une étude conduite en 2017 auprès de 1 372 managers toutes nationalités confondues, 85 % des managers avaient déjà travaillé dans une équipe virtuelle multiculturelle et avaient éprouvé des défis importants, voire des blocages. 51 % ont eu des problèmes pour comprendre le contexte des autres cultures, 48 % des problèmes de résolution de conflits et 45 % des difficultés pour créer de la confiance au sein des équipes.

Limitez les malentendus

Il est utile de définir quelques règles simples préalables à la tenue des réunions virtuelles de l'équipe. Commencez par endosser le rôle d'organisateur. Il s'agit d'anticiper les aléas humains et techniques de cette collaboration à distance. Cela va au-delà de s'assurer que tous les membres de l'équipe disposent de la technologie adéquate ou d'établir un délai de réponse aux mails tenant compte des fuseaux horaires. Pourtant, croyez-le ou non, ces conditions sine qua non ne sont pas toujours vérifiées. Prenez soin de préciser des « règles de conduite » qui prônent une communication directe afin d'aller à l'essentiel sans craindre de dire ce qu'on a dire. Certaines cultures comme les Chinois, les Japonais ou les Latino-Américains communiquent généralement de façon indirecte et implicite. Dans le cadre d'une collaboration à distance, il est primordial de faire comprendre qu'on est dans un environnement international et que l'atteinte des objectifs visés dépend du respect de ces règles. Il faut sortir de sa zone de confort. Idéalement une réunion initiale en face à face permet de définir ensemble un mode de fonctionnement et de se rencontrer. Des études ont démontré que les équipes virtuelles s'étant rencontrées au moins une fois s'avèrent plus performantes.

Planifiez votre réunion en trois étapes

Avant : Construisez l'ordre du jour. En fonction de celui-ci, il est plus facile d'établir la liste des participants. Encouragez le partage d'informations pré-réunion en envoyant une consigne de recherche, partage et lecture d'informations sur une plateforme dédiée. Un manager qui reçoit des consignes à lire avant la réunion tout comme des informations sur les participants (description de poste, pays d'origine et buts à atteindre à la fin de cette réunion) se préparera mieux pour le moment de l'interaction. Le no-show est un problème récurrent des réunions virtuelles. Les règles de présence et ponctualité doivent être présentées aux participants au moment où ils acceptent l'invitation, comme une option de « case à cocher ».

Veillez à établir un système de contrôle pour rendre compte à l'organisation des absences et retards.

Pendant : En tant que manager organisateur, commencez par vous assurer de la présence de tous, rappelez l'objectif de la réunion et les règles d'interaction (durée de la réunion, temps de parole, respect de l'expression de chacun). Désignez un collaborateur ou demandez un volontaire pour établir le compte-rendu. Tout au long de la réunion jouez le rôle de coordinateur. N'hésitez pas à rappeler les règles, si nécessaire. C'est à vous de résumer chaque item discuté avant de passer au suivant et de conclure en détaillant les étapes à venir. « Je pratique l'écoute active et je m'assure que chaque participant a pu bien s'exprimer en reformulant chaque contribution avant de donner la parole au prochain. Chaque temps d'expression est respecté » raconte un manager anglais qui travaille à distance avec des Français et des Américains : « il a fallu un peu de temps d'adaptation car les Français ont l'habitude de "couper la parole" aux autres et ce trait culturel déjà gênant dans un contexte face à face, devient impraticable dans une réunion à distance ».

Après : L'optimisation d'une réunion d'équipe dépend en grande partie de son suivi après coup. Veillez à ce que la plateforme d'échanges post-réunions soit customisée en fonction des objectifs à atteindre. Le feedback des participants sur le déroulement de la réunion et les objectifs atteints est très important : la réunion a-t-elle été productive ? Assurez-vous également de l'engagement des uns et des autres pour la suite du projet.

Ces règles de fonctionnement peuvent paraître évidentes mais elles sont rarement appliquées. Dans de nombreux cas, elles peuvent éviter des malentendus et des échecs causés par des différences de style de communication, de gestion du temps ou des conflits.

Avez-vous compris ?

Répondez aux questions suivantes :

1. En quoi la réunion virtuelle présente-t-elle un défi particulier ? Nommez les caractéristiques de ce type de réunion qui contribuent aux défis de celui ou celle qui la gère.
2. L'aspect multiculturel d'une réunion virtuelle peut rajouter une complexité supplémentaire aux discussions sur Internet. Citez un exemple de cette complexité.
3. En quoi les règles de bonne gestion des réunions multiculturelles à distance se distinguent-elles des règles des réunions en personne ?
4. L'article se concentre sur les difficultés que présentent les réunions multiculturelles à distance, mais il y a bien évidemment des aspects positifs qui priment sur les challenges. Nommez-en trois.

ACTIVITÉ 17 : L'ÉCHANGE DE PAROLES

Il existe certaines expressions courantes à utiliser pour échanger en réunion. Faites correspondre les expressions avec leur objectif.

A. Pour annoncer l'ordre du jour	____ S'il vous plait, je peux continuer ?
B. Pour conclure	____ Je vais laisser la parole à XY.
C. Pour prendre la parole	____ Je vous remercie de votre attention.
D. Pour garder la parole	____ Nous sommes réunis pour…
E. Pour poser une question	____ Je voudrais faire une remarque.
F. Pour donner la parole	____ Excusez-moi de vous couper la parole.

À votre avis, qui énonce habituellement chacune de ces phrases, un·e patron·ne ou un·e employé·e ? Expliquez votre choix.

ACTIVITÉ 18 : PASSER À LA RÉUNION !

La chef de projet de l'entreprise Boulade doit bientôt prendre une décision : les prochaines réunions avec son équipe doivent-elles avoir lieu sur place ou peuvent-elles se dérouler à distance ? Afin de prendre cette décision, la chef de projet organise une réunion décisionnelle pour bien faire le tour de la question.

Divisez-vous en groupes de cinq à huit personnes. Dans chaque groupe, répartissez les rôles suivants :

- une chef de projet qui pose des questions afin de pouvoir prendre une décision ;
- un secrétaire qui est chargé de prendre des notes et qui pose souvent des questions de clarification ;
- un directeur des ressources humaines rigide qui pense que cette initiative présente un risque de dérive et qui va donc essayer de la bloquer ;
- une responsable technique qui soulève des problèmes de gestion technique ;
- des employés qui représentent les intérêts de l'entreprise, dont :
  - une personne avec des problèmes de santé chroniques,
  - une personne ayant des enfants à la maison et qui aimerait une plus grande flexibilité,
  - une personne très sociable préférant voir ses collègues en chair et en os,
  - etc.

Soyez créatifs et adaptez votre rôle. Avant de passer à l'activité, prenez quelques minutes pour organiser vos pensées et vos objectifs personnels. Consultez les actes de paroles dans l'appendice pour incorporer des expressions de la communication orale.

ACTIVITÉ 19 : ÉCRIRE LE COMPTE-RENDU DE LA RÉUNION

Imaginez que vous êtes la·le secrétaire de l'entreprise et que vous devez écrire un compte-rendu de cette réunion. Le compte-rendu professionnel est un document interne qui rend compte de discussions, de faits ou d'actions, et qui fournit une vue d'ensemble fidèle et complète.

Consultez les *Repères professionnels* pour découvrir des astuces afin de bien rédiger un compte-rendu.

ACTIVITÉ 20 : PRÉSENTER LE BILAN DE LA RÉUNION

Maintenant que vous avez écrit le compte-rendu, préparez le bilan de la réunion pour votre supérieur·e qui demande un résumé de ce qui s'est passé. En trois minutes, présentez celui-ci en respectant toujours les critères du compte-rendu.

COMMUNICATION INTERCULTURELLE

Vocabulaire à activer

Exprimer une convergence d'opinions
C'est vrai que…
Je suis de votre avis.
C'est un excellent conseil !
Cela me convient parfaitement.
On a négocié un compromis.
On a trouvé un accord pour régler ce malentendu.
Nous nous sommes mis d'accord.
Nos vues convergent.

Exprimer une divergence d'opinions
Malheureusement, ce n'est pas de mon ressort.
Je ne peux pas accepter votre opinion.
Je ne suis pas d'accord avec vous.
Je suis opposé·e à cette idée.
C'est inacceptable !
Vous avez tout à fait tort !
Cela ne me convient pas du tout.

Entrée en matière

Comment s'exprimer de manière efficace, surtout lors d'une réunion où il y a plusieurs personnes ayant des perspectives diverses ? Les réunions multiculturelles font maintenant partie de la vie d'entreprise. Vous est-il déjà arrivé de vivre des malentendus dûs aux différences culturelles ? Racontez votre expérience.

ANALYSE D'UNE IMAGE : La négociation interculturelle

Regardez le dessin suivant.

1. Décrivez ce dessin et les habits des deux personnages.
2. Comment interprétez-vous le dessin ?
3. Comment traduit-il les défis et les avantages du travail interculturel ?
4. À votre avis, quels sont les éléments auxquels il faut prêter attention pendant une réunion interculturelle ?

ÇA S'EXPLIQUE ! : La mondialisation

France 24 a récemment consacré son émission *Intelligence Économique* au thème suivant : « Mondialisation des échanges : le défi culturel ». Dans cet entretien, le chroniqueur Ali Laidi parle avec Dominique Rey, auteur de *Management et communication interculturels*.

Avez-vous compris ?

Répondez aux questions suivantes :

1. Depuis quand le phénomène de mondialisation existe-t-il ? Quelle illusion la mondialisation engendre-t-elle ?
2. Citez des exemples de dysfonctionnement qui peuvent survenir en management international.
3. Qu'est-ce qu'une langue véhiculaire ?
4. D'après l'intervenant Dominique Rey, quelles sont les distinctions principales entre les Français, les Américains et les Chinois en ce qui concerne la perception des situations professionnelles ?
5. Qu'est-ce qui expliquerait que des collègues français puissent penser que leurs collègues chinois sont versatiles ?
6. Quelle caractéristique des Français semble surprendre le journaliste ?
7. Quels conseils donne M. Rey afin de bien mener des affaires à l'international ? Êtes-vous d'accord ?

DÉCOUVERTE D'UNE IDÉE : La négociation interculturelle

Dans cet article publié dans *Harvard Business Review France*, Ana Camargo aborde l'importance des différences culturelles lors des négociations.

Différences culturelles : ce qui est dit et ce qui ne l'est pas

On a tendance à sous-estimer l'impact que peuvent avoir les différences culturelles lors de négociations à l'étranger.

Pourquoi est-ce que malgré le partage d'une langue commune et des connaissances sur la culture organisationnelle de votre interlocuteur étranger, le contrat que vous attendiez tant n'est finalement pas signé ? Peut-être que la réponse réside en partie dans la culture de votre interlocuteur. Dire qu'il y a des différences culturelles revient à dire que tout ce qui est rugueux n'est pas lisse. On sait qu'en France les chiens font « Ouaf » alors qu'ils font « Wuff », « Wang », « Guau », « Woof » et « Haw » respectivement en Allemagne, Chine, Espagne, Royaume-Uni et en Algérie. Mais il s'agit bien de différences culturelles visibles. Quid de tous les autres aspects qui restent méconnus par les personnes qui ne baignent pas dans une culture qui n'est pas la leur ? Un même stimulus physique et neutre, tel qu'un éternuement, n'est pas vécu de la même manière (mise à part la différence acoustique du son : Atchoum, Hatschi, Ah-ti, Achis, Achoo, Atchu, en France, Allemagne, Chine, Espagne, Royaume-Uni et en Algérie). Que faut-il faire ou dire ? Faut-il d'abord s'excuser, ou attendre que les autres vous souhaitent une bonne santé, ou vous adresse une bénédiction telle que « bless you » ?

La culture façonne notre manière de percevoir le monde, en conséquence nos pensées, nos comportements (envisageables et implicites) et notre manière de communiquer avec autrui. La culture est un concept clé, d'autant plus aujourd'hui où la digitalisation et la globalisation nous montrent l'importance et l'omniprésence de la culture dans nos vies personnelles et professionnelles.

Mais, concrètement, à quoi fait référence le concept de « culture » et pourquoi est-il important dans le monde des affaires ? Une simple recherche sur Google vous montre une multitude de définitions du terme culture ; c'est à la fois un processus, un mode de vie, une activité et un ensemble de connaissances parmi bien d'autre définitions. Si l'on prend la définition du psychologue américain Harry Triandis, la culture est composée de deux dimensions : une dimension objective et une dimension subjective. La dimension objective est visible et comprend les systèmes juridique, économique, politique, religieux et éducatif. La dimension subjective englobe les valeurs, les croyances, la langue, les habitudes, les différents liens de parenté ainsi que les rituels et régimes matrimoniaux partagés par un groupe de personnes.

Afin d'éviter tout malentendu, mieux comprendre vos homologues étrangers et permettre une collaboration plus fluide, un apprentissage plus poussé des différentes cultures et des aspects subjectifs et insaisissables au premier abord, vous donneront non seulement une meilleure vision et compréhension des autres mais aussi un fort avantage compétitif lors de négociations ou dans le marché du travail. Cela passe par trois étapes.

Adopter le style de votre interlocuteur. Au sein d'une même entreprise multinationale, les messages peuvent être mal compris entre diverses filiales. Certes, la culture organisationnelle est toujours à prendre en compte, mais il ne faut pas sous-estimer l'influence de la culture nationale sur la communication. Certaines cultures privilégient une communication explicite (low-context), où l'information à transmettre est clairement énoncée. D'autres emploient un mode de communication implicite (où le message se situe dans les relations interpersonnelles).

En ce qui concerne la communication non-verbale, au-delà du paralangage (ton, timbre, débit, intonation) et de l'infraverbale (regard, mouvements corporels), la proxémie (l'étude de l'espace interpersonnel) est aussi à prendre en compte. L'anthropologue Edward T. Hall a étudié la distance entre les personnes en fonction de leur culture et du rapport social de l'interlocuteur (ami, famille, connaissance, inconnu). Il s'agit peut-être de vécu pour certains, de se trouver au milieu d'une danse interculturelle inattendue et involontaire, avec un partenaire de danse qui se demande pourquoi la personne en face est désinvestie et désintéressée alors que l'intéressé a au contraire le sentiment que son espace personnel est menacé.

Comprendre le rapport au temps de votre interlocuteur. Certaines cultures sont décrites comme monochroniques (telle que la culture allemande) : une chose est faite à la fois, les retards sont peu tolérés, l'ordre du jour est respecté et les échéances sont sacrées. Au contraire dans les cultures polychroniques (telles que les cultures française et italienne), les tâches s'enchaînent, la ponctualité n'est pas primordiale et le temps est fluctuant. De ce fait, à l'issue d'une réunion, une solution est souhaitée mais pas forcément obligatoire.

Comprendre le rapport à la hiérarchie de votre interlocuteur. Les prises de décision peuvent être une source de stress. Pourquoi faut-il attendre aussi longtemps pour conclure un contrat ? Pourquoi la signature du contrat implique-t-elle autant de personnes ? Lors d'une réunion, pourquoi personne d'autre que le P.-D.G. n'ose s'exprimer, ou à l'inverse comment expliquer les interventions incessantes de toute une équipe dans un désordre total ?

Il arrive que les valeurs sociétales se reflètent en entreprise. Par exemple, lors d'une réunion dans une société japonaise, où il y a un fort respect des personnes âgées, il n'est pas rare de voir que les cadres les plus âgés parlent en premier. À l'opposé, dans les pays nordiques, tel que la Norvège où l'égalité sociale est promue, tout individu a le droit de donner son avis indépendamment de sa position hiérarchique et les décisions sont prises avec l'accord du collectif.

Avez-vous compris ?

Répondez aux questions suivantes :

1. Quel est le rôle de la culture dans les affaires ?
2. Complétez le tableau suivant d'après le contenu de l'article.

	définition	**exemple**
La communication explicite		
L'infraverbale		

	définition	exemple
La proxémie		
Une culture polychronique		
Une culture monochronique		

3. Selon l'auteure, les différences culturelles peuvent être source de stress. Comment gérer ce stress ? Que suggère l'auteure ? Êtes-vous d'accord ?

ACTIVITÉ 21 : COMPARAISONS CULTURELLES

A. Le professeur Geert Hofstede détermine qu'il existe six domaines interculturels qui distinguent les comportements nationaux dans le domaine des affaires : le collectivisme, la distance hiérarchique, l'approche masculine / féminine, le contrôle de l'incertitude, l'orientation à court terme / long terme, et la dimension plaisir / modération. Allez sur le site de Hofstede Insights (www.hofstede-insights.com/product/compare-countries) pour lire la description de ces domaines. Ensuite, notez comment différents pays du monde reflètent ces distinctions. Qu'en pensez-vous ?

B. Choisissez deux pays francophones et notez les six domaines interculturels sur le site qui y sont associés. En vous servant de l'outil de Hofstede, travaillez avec une partenaire pour comparer les résultats des deux pays, puis comparez-les au vôtre (par exemple, la Suisse, le Sénégal et les États-Unis). Que constatez-vous ?

ACTIVITÉ 22 : DIFFÉRENCES OU SIMILARITÉS ?

Après avoir lu les informations à propos des six domaines interculturels, écrivez une réflexion dans votre blog analysant ces domaines. En quoi une telle comparaison entre pays est-elle utile (ou non) ? Certains pensent que les différences culturelles sont moins importantes que les distinctions entre individus. Et vous ?

ACTIVITÉ 23 : UN JUMELAGE LINGUISTIQUE COMMERÇANTS—ÉTUDIANTS

Le gouvernement québécois et la Chambre de commerce de Montréal ont mis en place de multiples mesures pour assurer l'insertion professionnelle des communautés culturelles. Une nouvelle initiative, « J'apprends le français », constitue un jumelage linguistique entre commerçants et étudiants qui permet aux petits commerçants d'améliorer leurs compétences linguistiques au sein de leur propre entreprise. Vous pouvez trouver plus de détails ici : https://acclr.ccmm.ca/fr/services/main-d-oeuvre/jumelage_commercants_etudiants

En groupes, discutez des questions suivantes :

1. Résumez les objectifs de ce programme. À quel besoin répond-il ?
2. Quel est l'intérêt du gouvernement de soutenir ce type de projets ?
3. Pensez-vous que le Québec soit particulièrement innovant dans ce domaine ? Pourquoi ?
4. Connaissez-vous d'autres initiatives, privées ou publiques, dans votre pays ou ailleurs, qui cherchent à améliorer les compétences linguistiques des commerçants ou employés ?
5. Que pensez-vous de ce type d'initiative ?

CAS D'ENTREPRISE : UNE ENTREPRISE MONDIALE AU CANADA

Dans cette étude de cas, il s'agit d'une entreprise canadienne, Gildan, qui fabrique des vêtements de sport. Son siège social se situe à Montréal, mais elle compte plus de 43 000 employés dispersés dans le monde. Elle fait également partie du S&P/TSX 60, l'indice boursier qui regroupe les 60 valeurs les plus importantes à Toronto (l'équivalent du CAC 40 en France ou du S&P 500 aux États-Unis).

Gildan—Vêtements de sport au Québec

Dans les quatre usines de Gildan, un grand nombre de communautés culturelles sont représentées. À leur arrivée dans l'entreprise, plusieurs employés et employées ne parlaient ni le français ni l'anglais. Constatant que la barrière linguistique causait certains obstacles dans l'intégration au travail du personnel employé, l'entreprise décida de mettre sur pied des cours de français pour toutes les personnes immigrantes. Gildan souhaitait leur offrir des cours qui leur permettraient d'obtenir un diplôme. Pour satisfaire à cet objectif, l'entreprise a créé un partenariat avec une commission scolaire qui a fourni le personnel enseignant et le matériel d'enseignement. Les formations ont eu lieu dans les locaux de l'entreprise. Les cours ont été offerts en dehors des heures d'ouverture de l'entreprise et sur une base volontaire. Le taux de participation fut très élevé, car les personnes en cause ont réalisé qu'il s'agissait là d'une occasion donnée par l'employeur d'acquérir des compétences qui auraient des répercussions favorables autant sur le plan professionnel que sur le plan personnel. Ces formations ont permis d'améliorer les communications entre employeur et personnel, entre collègues et entre groupes de travail. Elles ont également engendré la motivation, la mobilisation au travail et la loyauté des membres du personnel.

1. Qu'est-ce qu'une communauté culturelle ? Quelles sont ses caractéristiques ?
2. Quel défi l'entreprise Gildan a-t-elle identifié ? Comment a-t-elle décidé de répondre à ce défi ? Précisez votre réponse.

3. Quels ont été les résultats des mesures mises en place par Gildan ? Élaborez votre réponse en nommant trois résultats.
4. À votre avis, ce défi est-il unique à Gildan ? Développez votre réponse en donnant des exemples précis.
5. Quelles sont d'autres façons de mieux intégrer les communautés culturelles à la vie de l'entreprise ?

PERSPECTIVES PROFESSIONNELLES : UNE PROFESSEURE AMÉRICAINE EN MANAGEMENT INTERCULTUREL

Voici une chronique publiée dans *Harvard Business Review France* par Erin Meyer, professeure affiliée en comportement organisationnel, spécialisée en management interculturel à l'Insead de Fontainebleau en France.

Comment notre culture influence notre mode de raisonnement

D'un pays à l'autre, nous n'avons pas la même façon de penser. Question de culture.

Il y a quatorze ans, j'ai quitté Chicago pour m'installer à Paris. Avant de mener ma première formation en France, je m'étais préparée méticuleusement, j'avais réfléchi en détail à comment être la plus persuasive possible dans ma présentation, j'avais répété mes arguments et j'avais anticipé les questions qui pourraient m'être posées. Le jour venu, je me suis appuyée sur les leçons tirées des nombreuses formations que j'avais animées avec succès pendant des années aux États-Unis. J'ai commencé par aller droit au but, en présentant les stratégies, des exemples pratiques et les prochaines étapes. Toutefois, le groupe n'a pas réagi comme d'habitude et une première main n'a pas tardé à se lever : « Comment en êtes-vous arrivée à ces conclusions ? Vous nous donnez des instructions et des conseils sur les actions à mener mais vous ne nous avez pas donné assez d'explications sur comment vous en êtes arrivée là. Combien de personnes avez-vous interrogées ? Quelles questions leur avez-vous posées ? » Puis, ce fut le tour d'un autre participant : « Pourriez-vous nous expliquer quelle méthodologie vous avez appliquée pour analyser vos données et comment vous êtes parvenue à ces résultats ? »

À ce moment-là, j'ai trouvé les participants arrogants. Je me suis demandé pourquoi ils éprouvaient le besoin de remettre ma crédibilité en question. Le cas étudié était concret, il avait un vrai potentiel exploitable et il était intéressant. Par ailleurs, si j'avais pris le temps de répondre à leurs questions, celles-ci étaient si théoriques qu'elles auraient certainement plongé le groupe dans une profonde léthargie. Je leur ai donc assuré que la méthodologie sur laquelle je m'étais appuyée était fiable et basée sur de nombreuses recherches dont je serais heureuse de leur parler pendant la pause. Je suis donc retournée à mes conclusions, mes instructions et mes exemples pratiques. Autant vous dire que les choses ont alors empiré.

La théorie d'abord, le raisonnement ensuite

Le mur auquel je me suis heurtée était celui de « la théorie d'abord, le raisonnement ensuite », appelé parfois raisonnement déductif, qui déduit des conclusions ou des faits de principes généraux ou de concepts. Les individus issus de cultures où domine le principe de la théorie d'abord, comme la France, l'Espagne, l'Allemagne et la Russie—pour ne citer que ceux-là—cherchent le plus souvent à comprendre le « pourquoi » derrière des propositions ou des demandes avant de passer à l'action.

En tant qu'Américaine, j'avais baigné toute ma vie dans « les applications d'abord, le raisonnement ensuite », appelé parfois le raisonnement inductif, où les conclusions générales sont tirées de l'observation de faits concrets, en extrapolant à partir d'une information initiale. Les cultures où domine le principe des applications d'abord ont tendance à moins se focaliser sur le « pourquoi » et plus sur le « comment ».

Plus tard, quand j'ai commencé à comprendre l'influence des différences culturelles, j'ai entendu des centaines d'exemples sur comment le style de présentation à l'américaine est vu par les Européens.

Jens Hupert, un Allemand habitant depuis de nombreuses années aux États-Unis, raconte l'expérience inverse qu'il a vécue : « Peu de temps après m'être installé aux États-Unis, lorsque j'ai dû faire une présentation à mes collègues américains, j'ai commencé en exposant les fondations de mes conclusions, comme j'avais appris à le faire en Allemagne, en présentant le contexte, en mettant en avant mes données et ma méthodologie et en détaillant mon argumentation ». Jens a alors été très étonné d'entendre son chef lui dire : « La prochaine fois que tu feras une présentation, vas droit au but. Tu as perdu leur attention avant d'arriver à la partie importante. » Dans l'esprit de Jens Hupert, on ne pouvait pas arriver à une conclusion avant d'avoir présenté le contexte.

La plupart des individus sont capables d'appliquer les deux principes de raisonnement, la théorie d'abord ou les applications d'abord, mais votre schéma de pensée habituel est lourdement influencé par le type de raisonnement lié à la structure éducative de votre culture.

Quand la philosophie et les affaires se rencontrent

S'il y a, selon les cultures, des systèmes d'apprentissage différents, c'est en partie à cause des philosophes qui ont influencé la vie intellectuelle. Bien que l'articulation du raisonnement des applications d'abord ait été portée au crédit d'Aristote, un Grec, ce furent des penseurs britanniques, comme Roger Bacon au 18e siècle et Francis Bacon au 19e siècle qui rendirent ces méthodologies populaires. Selon ce schéma, les conclusions générales sont tirées d'observations du monde réel. Par exemple, si vous vous rendez cent fois en janvier dans ma ville natale du Minnesota, et que vous constatez qu'à chacune de ces visites la température est bien en-dessous de zéro, vous en conclurez que les hivers dans le Minnesota sont froids. Vous observez des faits concrets, et en vous appuyant sur des observations empiriques, vous en tirez des conclusions plus générales. Francis Bacon était britannique mais plus tard, les Américains, avec leur esprit pionnier, sont devenus encore plus adeptes du principe des applications d'abord que les Britanniques.

Par contraste, les philosophes du continent européen ont largement suivi le principe de la théorie d'abord. Au 17e siècle, le Français René Descartes a mis au point une méthode de raisonnement fondée sur le principe de la théorie d'abord. Selon cette méthode, le scientifique formule une hypothèse initiale puis cherche une preuve qui crédite ou discrédite l'hypothèse. Par exemple, vous commencez par considérer le principe général qui veut que «tous les hommes sont mortels». Puis vous considérez que «Justin Bieber est un homme», ce qui vous amène à la conclusion que «Justin Bieber va mourir un jour». En s'appuyant d'abord sur un principe général, on en tire ensuite une conclusion pratique. Au 19e siècle, l'Allemand Friedrich Hegel a instauré le modèle dialectique de la déduction, modèle suprême dans les écoles des pays latins et germaniques. La dialectique de Hegel fonctionne avec une thèse initiale, ou un argument fondamental, que l'on oppose à une antithèse, ou à une argumentation contraire, puis les deux sont ensuite réunis dans une synthèse.

Peu importe le pays où vous avez été élevé, et avec quels pays vous travaillez, il est très important de pouvoir adapter votre style pour influencer votre public. Bien que la culture du pays ne soit qu'une pièce du puzzle et que vous ne puissiez jamais être sûr de la préférence d'un individu uniquement selon d'où il vient, voici quelques conseils pour vous guider et vous préparer à travailler dans un contexte international:

Lorsque vous travaillez avec des personnes suivant le principe des applications d'abord (Américains, Anglo-Saxons…):

- Présentation: Allez droit au but. Ne vous éloignez pas des exemples concrets, puis exposez la stratégie et les prochaines étapes. Passez moins de temps à bâtir une théorie ou un concept. Inutile également de passer beaucoup de temps à débattre du concept sous-jacent.
- Persuasion: Fournissez des exemples concrets montrant que cela a fonctionné ailleurs.
- Instructions: Focalisez-vous davantage sur le comment que sur le pourquoi. Lorsque vous travaillez avec des personnes suivant le principe de la théorie d'abord (Européens, Russes…):
- Présentation: Expliquez et validez le concept sous-jacent avant d'en tirer une conclusion et des exemples. Gardez assez de temps pour les questions et le débat sur le concept sous-jacent. Les formations peuvent prendre un peu plus de temps.
- Persuasion: Expliquez le concept et engagez le débat.
- Instructions: Il est important d'expliquer le comment en passant par le pourquoi.

Aujourd'hui, je fais beaucoup de présentations en Europe et dans les deux Amériques et je m'efforce de m'adapter à mon public au lieu de croire que le monde entier pense comme moi. Si je suis face à un groupe de New-Yorkais, je ne vais pas parler plus de quelques minutes de la recherche qui a mené à ma stratégie. Car si je le faisais, ils piqueraient du nez. Il est fort probable qu'ils ne trouvent pas cela pertinent. Ce qu'ils veulent, c'est la stratégie à mener pour qu'eux-mêmes puissent l'appliquer. Alors que si je suis à Moscou, j'essaie de bien préparer le terrain, d'exposer les paramètres de mon argumentation à venir, d'engager le débat avant d'arriver à la conclusion. Si je ne le fais pas, mon auditoire pensera certainement : « Qu'est-ce que cette femme croit ? Que nous sommes stupides ? Que nous allons avaler tout ce qu'elle dit ? » Et cela va alors aller de pire en pire.

LANCER UNE START-UP : OSEZ ÉCHOUER !

La section « Lancer une start-up » figurant à la fin de chaque unité vous permet de développer des compétences pour lancer votre propre entreprise. Vers la fin du semestre, vous ferez un pitch dans lequel vous montrerez ce que vous avez appris en recherche, en stratégie et en marketing.

Peu d'entre nous prennent de risques car nous avons peur d'échouer ou d'être rejetés. Cette vérité s'applique à notre vie professionnelle, académique et personnelle. La meilleure façon de faire face à ces peurs est de les confronter directement. L'échec fait partie intégrante de la réussite.
L'objectif de cette activité est de vous aider à prendre des risques (plusieurs, même !) et de vous donner la liberté d'échouer tôt, et d'échouer souvent. C'est la meilleure façon de réussir. Cette activité développe la flexibilité, la tolérance, l'humour et la persévérance. Elle vous aidera à prendre davantage de risques et à mieux vivre en dehors de votre zone de confort. Ces compétences vous seront utiles, voire nécessaires, lorsque vous travaillerez, que ce soit en tant que bénévole, stagiaire, employé, cadre ou entrepreneur. <u>Vous avez la permission d'échouer</u>.
Voici les indications pour l'activité :

1. Vous avez 30 minutes pour cette activité.
2. Formez des groupes de trois ou quatre, de préférence avec des personnes que vous ne connaissez pas bien.
3. Trouvez un endroit où il y a beaucoup de monde (un centre d'étudiants, le centre-ville, une gare, etc.).
4. Impliquez des gens que vous ne connaissez pas et demandez-leur de vous rendre un service ou de faire quelque chose d'incongru, tout en essayant de créer des situations où vous risquez un vrai rejet. Osez plusieurs fois de manière créative.
5. Échouez un maximum de fois pendant 30 minutes.
6. Soyez créatif ! Soyez absurde ! Riez fort !
7. Voici les seules conditions à respecter.
   Ne vous engagez pas dans :
   - une activité illégale
   - une activité dangereuse (pour vous ou pour les autres)

- une activité sexuelle
- un comportement qui harcèle ou blesse quelqu'un au niveau personnel ou psychologique

8. Comptez combien de fois vous échouez en 30 minutes, ainsi que combien de fois vous parvenez à réussir.
9. Prenez des photos de vos tentatives.
10. Après 30 minutes de tentatives, envoyez les photos à votre professeur. Vous pouvez inclure une légende qui explique où vous êtes (ou ce que vous avez demandé à ces gens de faire, si ce n'est pas évident !).

Ce sont les seules règles ! Il faut juste échouer. Amusez-vous !

Unité 2 Trouver un poste

POINTS INTERCULTURELS

- Bénévolat dans le monde francophone
- À la recherche d'un poste
- Préparation à l'entretien d'embauche

TÂCHES PROFESSIONNELLES

- Présenter le bilan d'une organisation bénévole
- Rédiger un email à un employeur potentiel
- Rédiger une lettre de motivation
- Rencontrer un recruteur et répondre spontanément à ses questions

QUESTIONS CULTURELLES

- Comment mieux se connaître pour optimiser son développement dans les circonstances professionnelles : réseautage, recherches de stages, d'emplois, etc. ?
- Comment les pratiques en matière de recherche d'un emploi et de recrutement changent-elles d'un pays à un autre ?
- Quelles astuces pour écrire son CV et sa lettre de motivation en français ?

BÉNÉVOLAT DANS LE MONDE FRANCOPHONE

Vocabulaire à activer

Faire du bénévolat
C'est un bénévole pour une association caritative.
Elle est bénévole / Elle fait du bénévolat.
Il est volontaire / Il fait du volontariat.
Je prends part à une mission de bénévolat.
Nous nous sommes investis dans un projet de bénévolat.
Nous essayons de mobiliser et fidéliser une base solide de bénévoles.

Tâches bénévoles
On a organisé une collecte de fonds.
J'ai fourni de l'aide humanitaire.
J'ai donné de l'aide d'urgence aux sinistrés.
On comprend les circonstances d'un sinistre.
Les bénévoles ont identifié les services disponibles aux sinistrés.
Ils ont organisé un voyage humanitaire.

Entrée en matière

Faites-vous ou avez-vous fait du bénévolat? Dans quel(s) domaine(s)? Comment s'est passée votre expérience? Qu'est-ce que vous en avez retiré d'un point de vue personnel? Comment l'organisation a-t-elle bénéficié de votre participation? À votre avis, quel type de bénévolat vous convient le mieux?

ANALYSE D'UNE INFOGRAPHIE: Bénévole en France

Cette infographie illustre l'importance du bénévolat en France. Analysez l'engagement bénévole des Français et les tranches d'âge des participants.

Avez-vous compris?

Vrai ou faux? Indiquez si la phrase est vraie ou fausse selon les renseignements présentés dans l'infographie. Corrigez les phrases erronées.

1. Ce sont les jeunes entre 18 et 34 ans qui participent le plus au bénévolat.
2. Les motivations qui poussent les Français vers l'activité bénévole sont très diverses.
3. Dans une association, le passage d'adhérent à bénévole arrive souvent.
4. La participation des Français dans le bénévolat baisse depuis 2016.
5. Les plus diplômés ne s'engagent guère dans le bénévolat.

L'engagement associatif des Français en 2019

Toujours un engagement bénévole aussi fort

1 Français sur 4 donne de son temps gratuitement

12,5 M de bénévoles

Peu de changements depuis 2016 mais le profil des bénévoles a bien évolué

Les femmes rattrapent leur retard

24% de bénévoles chez les femmes comme chez les hommes

Evolution depuis 2016

+1% de femmes

-3% d'hommes

Les jeunes se démarquent et s'engagent davantage

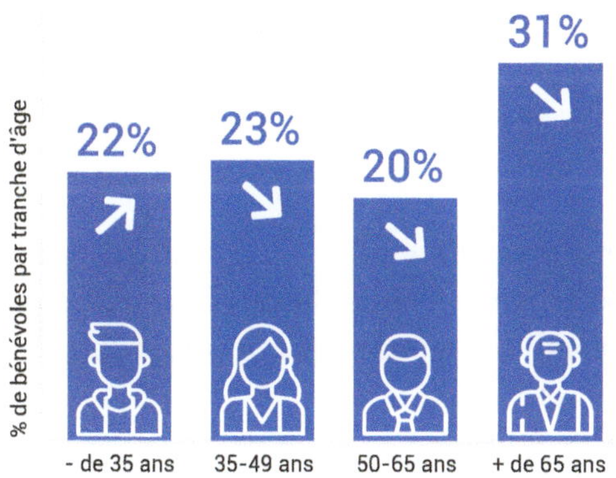

La fracture associative liée au diplôme s'accentue

Les plus diplômés

31% sont bénévoles

55% des adhérents deviennent bénévoles

Les moins diplômés

15% sont bénévoles

80% des adhérents deviennent bénévoles

2 fois moins de bénévoles parmi les moins diplômés, pourtant, le passage d'adhérent à bénévole est plus fréquent.

Les opportunités d'engagement ne manquent pas

Celles et ceux qui n'ont encore jamais été bénévoles pourraient le devenir si...

Plus de disponibilité	Evènement majeur	Sujet ou cause qui touche personnellement
39%	27%	27%

assoconnect

Infographie réalisée par AssoConnect à partir de l'étude de Recherches & Solidarités "La France bénévole 2019 : Evolutions et Perspectives", 16ème édition, Mai 2019. recherches-solidarites.org

ACTIVITÉ 1 : ÇA SE DISCUTE !

Après avoir analysé l'infographie, que constatez-vous du bénévolat en France ? Si vous deviez faire un rapport sur l'état du bénévolat en France, que diriez-vous ? Quelles informations vous semblent les plus importantes ?

ACTIVITÉ 2 : AVEZ-VOUS FAIT DU BÉNÉVOLAT ? PARTAGEZ VOTRE EXPÉRIENCE.

Comment avez-vous découvert l'organisation pour laquelle vous avez travaillé ? Quelles étaient vos tâches ? Comment avez-vous contribué à la mission de l'organisation ? Aimeriez-vous faire du bénévolat dans l'avenir ? Si oui, quel type et pourquoi ? Sinon, pourquoi pas ? Partagez cette expérience sur votre blog. Ensuite, lisez ceux de vos collègues et commentez en posant des questions.

ÇA S'EXPLIQUE ! : Pourquoi devenir bénévole à la Croix-Rouge ?

Dans cette vidéo, on explique ce qu'on peut faire en tant que bénévole à la Croix-Rouge.

croix-rouge française

Pourquoi faire du bénévolat ?

Avez-vous compris ?

Répondez aux questions suivantes :

1. Identifiez les différents types de projets de bénévolat proposés par la Croix-Rouge française. Si vous étiez bénévole à la Croix-Rouge, quel projet choisiriez-vous ? Expliquez votre choix.
2. Décrivez la vestiboutique présentée dans la vidéo. Qui fréquente ce type de magasin ? À votre avis, est-il important de donner aux familles ayant des difficultés financières la possibilité de se vêtir correctement ?
3. À qui s'adresse une épicerie sociale ? Quelle est l'aide apportée par ce type de commerce ?
4. Quelles sont les motivations principales des bénévoles représentés dans la vidéo ? À votre avis, participent-ils à ces projets pour des raisons personnelles ou professionnelles ? Expliquez.
5. Selon la vidéo, la Croix-Rouge propose un engagement sur mesure en fonction de la disponibilité et des aspirations des bénévoles. À votre avis, quel est l'effet de cette approche flexible sur le recrutement et la fidélisation des bénévoles ?

ACTIVITÉ 3 : JEU DE RÔLES

Avec un·e partenaire, inventez un dialogue entre un·e bénévole de longue date à la Croix-Rouge et un·e bénévole potentiel·le. Personne A fait découvrir les différents services proposés par la Croix-Rouge et personne B pose des questions afin d'essayer de trouver le service qui lui convient le mieux.

ACTIVITÉ 4 : FAIRE DU BÉNÉVOLAT CHEZ VOUS ?

Identifiez une situation difficile dans votre ville natale ou dans la ville où se trouve votre université. Discutez avec un·e partenaire du type de bénévolat qui serait utile pour améliorer cette situation.

DÉCOUVERTE D'UNE IDÉE : Le Bénévolat à Montréal

Lisez cet article qui décrit les avantages du bénévolat pour les personnes qui viennent d'arriver dans un nouveau pays.

Bénévolat : une clé d'intégration

Un article de Tina Mulongoy, formatrice bénévole au Centre d'action bénévole de Montréal

Le bénévolat est-il pertinent pour l'immigrant nouvel arrivant?

Au fil du temps, il est de plus en plus évident que le bénévolat représente une occasion pour le nouvel arrivant au Québec de mettre à profit ses talents et d'enrichir, par sa diversité, sa collectivité d'accueil.

Par ailleurs, le bénévolat offre au nouvel arrivant une opportunité de se familiariser avec la culture, les réalités et tendances du marché du travail au Québec et peut aussi faciliter une intégration rapide et réussie dans la société québécoise. Bien plus, par le bénévolat, le nouvel arrivant a la possibilité d'améliorer ses connaissances de la langue, selon les besoins, de développer ses compétences ou d'en acquérir de nouvelles, de faire sa marque dans les organismes à but non lucratif, les corporations professionnelles et surtout de bâtir un réseau de contacts solide. Bref, grâce au réseautage, le nouvel arrivant peut éviter l'isolement, obtenir les références nécessaires et aussi réduire considérablement son éloignement du marché de l'emploi. Bref, une bien belle façon de parachever son immigration au Québec !

En plus, un bon nombre d'employeurs sont influencés positivement par un demandeur d'emploi qui a fait du bénévolat. Parce que tout simplement, la personne bénévole démontre un esprit d'engagement, une certaine fiabilité et une grande habileté à relever les défis. Ainsi, inclure l'action bénévole dans le curriculum vitae est un point positif pour le nouvel arrivant. En d'autres termes, c'est une expérience de travail canadienne valide.

L'engagement bénévole est une expérience bénéfique et enrichissante. Au-delà du don de soi, ou d'un accomplissement personnel, c'est une formidable source d'épanouissement, une occasion de démontrer ses talents, sa fiabilité et sa créativité. Ça représente une valeur ajoutée à son curriculum vitae et il en va sans dire un tremplin et un potentiel d'intégration socioprofessionnelle plutôt bien pensée.

Le bénévolat, une bonne action qui rapporte beaucoup, autant pour la personne qui reçoit que pour celle qui donne ! Ça peut devenir une des expériences les plus précieuses et profitables de la vie !

Mais au fait, le bénévolat: c'est quoi ?

Le bénévolat est un engagement civique non rémunéré au sein d'organismes à but non lucratif (OBNL), comme les associations vertes, scientifiques, artistiques, sportives, culturelles, ethniques, les organismes de bienfaisance, les organisations non-gouvernementales (ONG), ou des structures publiques telles que les hôpitaux et hospices.

Le bénévolat peut se faire comme un engagement personnel ou en groupe de personnes pour mener une action en direction d'autrui, ou pour répondre aux besoins de la société. Par ailleurs, le bénévolat se réalise dans une approche éthique et humanitaire en respectant la dignité humaine.

Se sentir utile et faire quelque chose pour autrui sont les principaux motifs d'engagement des bénévoles.

Le Centre d'action bénévole de Montréal: 75 ans d'expériences !

Le CABM—qui célèbre son 75e anniversaire de fondation en 2012—a pour mission de faire la promotion du bénévolat auprès du grand public de la région métropolitaine et de soutenir sa pratique au sein de plus de 1 000 organismes à but non lucratif à la recherche de bénévoles.

Visitez le www.cabm.net et accédez rapidement à plus de 900 activités bénévoles !

Auteur : Centre d'action bénévole de Montréal
Le Centre d'action bénévole de Montréal est un organisme communautaire dont la mission est de promouvoir le bénévolat. Le Centre aide plus de 1 000 organismes à but non lucratif (OBNL) à recruter des bénévoles.

Avez-vous compris ?

Répondez aux questions suivantes :

1. Pourquoi, à votre avis, le Centre d'action bénévole de Montréal essaie-t-il de recruter des bénévoles parmi les nouveaux arrivants au Québec ?
2. Selon l'auteur, comment le bénévolat peut-il faciliter une intégration plus rapide et réussie pour les immigrant·e·s qui viennent d'arriver à Montréal ?

3. Indiquez les avantages personnels et professionnels d'une expérience bénévole pour les nouveaux arrivants.
4. Décrivez le lien entre l'expérience bénévole et la notion du réseautage.
5. Explorez le site web www.cabm.net et identifiez un projet bénévole qui pourrait convenir à un·e immigrant·e qui cherche à mieux s'intégrer dans la vie québécoise. Expliquez votre choix.

ACTIVITÉ 5 : ÇA SE DISCUTE !

Aimeriez-vous faire du bénévolat dans un autre pays ? Quels sont les pays qui vous attirent et pour quelles raisons ? Quels seraient les aspects les plus difficiles d'une telle expérience ? Qu'est-ce qu'une telle expérience pourrait vous apporter ? Quel serait l'intérêt pour l'organisation ?

ACTIVITÉ 6 : MON BILAN PERSONNEL ET PROFESSIONNEL

Avant de chercher un poste, que ce soit du travail bénévole ou rémunéré, il est important de réfléchir à votre personnalité, vos intérêts, vos aptitudes et vos rêves professionnels. Dans votre blog, utilisez les quatre catégories suivantes pour résumer vos compétences et intérêts :

1. Ma personnalité : points forts et faiblesses
2. Mes compétences et mes aptitudes : connaissances académiques, informatiques, linguistiques ; autres formations et aptitudes
3. Mes intérêts et activités : loisirs et activités bénévoles ou sociales
4. Mon poste idéal : type d'entreprise, tâches principales, compétences à développer ou à améliorer, ambiance au bureau, rapports avec les collègues

ACTIVITÉ 7 : PRÉSENTER LE BILAN D'UNE ORGANISATION BÉNÉVOLE

En classe, présentez une des organisations bénévoles qui vous intéresse en évoquant sa mission et ses projets principaux. N'oubliez pas d'expliquer pourquoi elle vous intéresse et décrivez certains de ses projets.

ACTIVITÉ 8 : RÉDIGER UN EMAIL À UNE ORGANISATION BÉNÉVOLE

Choisissez l'organisation qui vous plaît le plus parmi les trois que vous avez identifiées. Rédigez un mél afin de postuler un poste de bénévole auprès de celle-ci. N'oubliez pas de faire connaître votre motivation et vos aptitudes.

Consultez l'appendice afin de découvrir les règles de base pour rédiger un courriel (email) professionnel.

À LA RECHERCHE D'UN POSTE

Vocabulaire à activer

Postuler

Je me suis renseigné·e sur le poste pour lequel cette entreprise recrute.
Il faut faire du réseautage / réseauter afin de créer un entourage professionnel.
Il est essentiel de définir une stratégie digitale sur les réseaux professionnels.
Il espère trouver / décrocher / dénicher (fam.) un stage rémunéré.
J'ai posé ma candidature pour / j'ai postulé un stage.
Il faut résumer son expérience professionnelle dans son CV.

Être embauché·e / licencié·e

J'ai envie d'acquérir une expérience professionnelle et de concrétiser mon savoir.
Je m'attends à être recruté·e et formé·e sur place.
Elle m'a envoyé une convention de stage.
J'ai accepté un entretien d'embauche.
Elle a effectué un stage de trois mois.
Il a été licencié sans préavis par son supérieur.
Il a licencié deux employé·e·s.

Entrée en matière

Comment se faire des relations professionnelles ? Est-ce que vous privilégiez vos connaissances personnelles ou est-ce que vous vous tournez vers des sites professionnels afin d'élargir votre cercle de connaissances ? Vous servez-vous de sites professionnels tels que LinkedIn ? Pourquoi ? Pour décrocher un stage prometteur, faut-il faire du réseautage ?

ANALYSE D'UNE INFOGRAPHIE : Réussir son réseautage !

Voici une infographie qui présente des suggestions pour développer ses relations professionnelles.

Avez-vous compris ?

Avec un·e camarade de classe, discutez de l'importance de chacun de ces conseils en préparation à une soirée professionnelle. Lesquels de ces conseils trouvez-vous les plus importants pour enrichir vos contacts dans votre domaine d'intérêt ? Expliquez votre réponse.

DÉVELOPPER SON
RÉSEAUTAGE D'AFFAIRES
+ D'OPPORTUNITÉS
Saviez-vous que
Le réseautage crée des opportunités d'affaires uniques
84 %
préfèrent les rencontres en personne
85 % affirment bâtir des relations d'affaires plus fructueuses en personne
77%
Estiment essentiel de lire le langage corporel et les expressions faciales
Réussir son réseautage en 7 étapes
1. Renseignez-vous sur les participants
Vous n'aurez pas le temps de parler à tout le monde, connaissez les participants à l'avance pour mieux cibler ceux à qui vous voulez vraiment parler.
2. Préparez votre discours d'ascenseur
Vous devez être capable de vous présenter en 30 secondes. Ne vendez pas votre produit dans votre discours; suscitez plutôt la curiosité en créant le besoin chez votre interlocuteur. Vulgarisez, faites des phrases courtes et soyez naturel.
3. Arrivez tôt - trop tôt
En arrivant parmi les premiers, vous aurez l'occasion de rencontrer plus de participants et vous pourrez les présenter entre eux lorsque vous croyez à une bonne chimie. Vous donnerez l'impression d'être l'hôte de la soirée comme vous connaissez tout le monde de la soirée. Ils se rappelleront de vous.
4. Soyez généreux - Écoutez
Ne parlez pas de vous lorsque vous rencontrez de nouvelles personnes. Posez des questions à votre interlocuteur et intéressez-vous sincèrement à lui.
Vous ferez preuve d'altruisme. On vous demandera assurément de vous présenter après cette écoute honnête.
5. Trouvez les gens anxieux et inconfortables
Rendez-les à l'aise. Faites les premiers pas, présentez-les à d'autres participants. Ils se rappelleront de vous.
6. Priorisez la qualité, pas la quantité
N'espérez pas rencontrer tous les participants. Fixez-vous un objectif de rencontres réaliste pour développer une vraie relation. Distribuer vos cartes d'affaires à tout le monde sera inefficace. Vous devez créer de véritables liens.
7. Trouvez des prétextes pour les recontacter
Rendez-vous utile à votre interlocuteur sur le plan personnel et d'affaires. P. ex. Si vous apprenez qu'il pense faire des rénovations, envoyez-lui des références deux jours après la rencontre en demandant davantage d'informations sur son entreprise.
→ Vous créez un lien sincère et développez une relation d'affaires.
Découvrez d'autres trucs et participez à la discussion sur
RESEAUTER.OPIASOLUTIONS.COM
Les statistiques proviennent de virgin.com/entrepreneur/infographic-the-importance-of-face-to-face-networking

ÇA S'EXPLIQUE ! : Un expert nous parle

Comment se créer un réseau quand on ne connaît personne ? Regardez l'entretien avec Vincent Roux, entrepreneur nantais.

Avez-vous compris ?

Répondez aux questions suivantes :

1. Selon Vincent Roux, pourquoi est-il avantageux d'assister à des événements professionnels dans le secteur qui vous intéresse ? Avez-vous déjà participé à un colloque ou un autre événement lié à vos intérêts académiques ou professionnels ? Décrivez votre expérience.
2. Comment rencontrer et entamer une conversation avec des intervenants à un événement professionnel ? Quels sont les conseils spécifiques de Vincent Roux ?
3. Identifiez quelques ressources utiles pour trouver des événements qui attirent les spécialistes d'un secteur spécifique.
4. Vincent Roux fait allusion aux « phrases les plus impactantes » dans une lettre ou un email. Inventez deux phrases impactantes qui correspondent à vos intérêts. Comparez vos phrases avec celles de vos camarades de classe et essayez d'en dégager les éléments les plus intéressants.

ACTIVITÉ 9 : STRATÉGIES POUR DÉCROCHER UN STAGE

Inventez un dialogue avec un·e camarade de classe dans lequel vous discutez des stratégies pour décrocher un stage dans le secteur qui vous intéresse. Incorporez les conseils entendus que vous trouvez les plus utiles.

DÉCOUVERTE D'UNE IDÉE : Réussir son stage

Avez-vous envie de faire un stage au Québec ? Lisez cet article qui présente des conseils utiles.

Faire un stage au Québec

Si le Québec attire chaque année des milliers d'étudiants étrangers venus du monde entier, il séduit également bon nombre de stagiaires. Selon votre situation, vous souhaitez peut-être effectuer un stage au Québec :

- parce que vous êtes inscrit dans un établissement d'enseignement québécois et que votre programme d'études exige un stage obligatoire pour l'obtention de votre diplôme,
- parce que vous êtes un étudiant hors Québec et que vous cherchez une expérience de stage à l'international.

Les démarches administratives obligatoires

Que vous soyez dans l'une ou l'autre des situations, vous devrez probablement obtenir un permis de travail pour faire un stage au Québec, même si le stage est de courte durée et non rémunéré. Pour les étudiants étrangers inscrits dans un établissement québécois et devant effectuer un stage pour obtenir leur diplôme, consultez le site de Immigration, Réfugiés et Citoyenneté Canada pour connaître les modalités.

Pour les étudiants hors Québec souhaitant acquérir une expérience professionnelle internationale, par le biais d'un stage, renseignez-vous sur les ententes et accords sur la mobilité des jeunes que le Canada a signés avec nombre de pays.

Pour chaque pays signataire d'un programme de mobilité des jeunes, un quota annuel de places est défini. Renseignez-vous bien sur le nombre de places disponibles et vérifiez la date à laquelle ouvrent les soumissions. Il faut généralement compter huit semaines de délai de traitement de dossier, ainsi que des frais. Anticipez la demande en fonction de la date d'ouverture des soumissions et de celle du début de votre stage.

Pour travailler au Québec, même dans le cadre d'un stage, vous devez obtenir un numéro d'assurance sociale (NAS) auprès d'un Centre Service Canada. Il s'agit d'une formalité gratuite mais obligatoire.

Adapter son CV à la québécoise

Lorsque vous vous lancerez dans votre recherche de stage en envoyant des CV à différentes entreprises, pensez que le CV à la québécoise peut être différent des présentations que vous avez l'habitude de faire. Par exemple, il est inapproprié d'indiquer son âge, son statut matrimonial et de joindre sa photographie d'identité.

Où trouver un stage ?

Les stagiaires témoignent du fait que pour trouver un stage dans la Belle Province, il faut surtout se débrouiller tout seul en contactant les entreprises susceptibles d'être intéressées par votre profil. Néanmoins, si vous êtes un étudiant étranger au Québec, votre établissement d'enseignement pourra vous aider dans votre recherche de stage.

Le site d'Emploi-Québec recense des offres de stages rémunérés.

Les sites d'offres d'emploi recensent parfois des offres de stage. Pensez à les consulter. Les chambres de commerce, québécoises ou étrangères, peuvent aussi vous donner des informations utiles sur les entreprises au Québec.

Qui peut m'aider à réaliser mon projet de stage ?

Pour les Français, l'Office franco-québécois pour la jeunesse (OFQJ) est la référence. Organisme gouvernemental, il accompagne chaque année 7 000 jeunes Français de 18 à 35 ans à mener à bien leur projet professionnel. Il propose des opportunités en matière de stages liés aux études pour les étudiants et apprentis et de perfectionnement pour demandeurs d'emploi. Moyennant une contribution forfaitaire, il peut vous accompagner dans vos démarches administratives, prendre à sa charge votre billet d'avion et les assurances nécessaires à votre séjour. L'OFQJ propose une banque de stages.

L'Association France-Québec offre une aide administrative et une aide à la recherche pour les jeunes français désireux de faire un stage au Québec.

Les ressortissants belges peuvent s'adresser au Bureau International Jeunesse (BIJ) pour réaliser leur projet en lien avec leurs études au Québec.

Vous pouvez aussi vous tourner vers les services (moyennant une contribution financière) de l'AIESEC, une association reconnue d'utilité publique animée par des étudiants, qui grâce à un réseau international aide au placement de stagiaires dans le monde entier.

Il existe aussi des agences de placement spécialisées dans les stages à l'étranger. Les services de ces organismes sont payants.

Avez-vous compris ?

Répondez aux questions suivantes :

1. Faut-il être inscrit·e dans une université québécoise pour faire un stage au Québec ? Expliquez.
2. Décrivez les démarches nécessaires pour un·e étudiant·e étranger·ère qui espère effectuer un stage au Québec. Ces formalités vous semblent-elles compliquées ? Varient-elles selon votre pays d'origine ?
3. Pourquoi, à votre avis, est-il important d'adapter son CV au modèle québécois ? Indiquez quelques éléments à respecter.
4. Indiquez les ressources disponibles pour aider les étudiant·e ·s étranger·ère·s à réaliser un projet de stage.
5. À votre avis, serait-il facile pour un·e étudiant·e étranger·ère de trouver un stage au Québec ? Justifiez votre réponse.

ACTIVITÉ 10: FAIRE UN STAGE À L'ÉTRANGER

Aimeriez-vous faire un stage à l'étranger ? Accepteriez-vous un stage dans un pays que vous n'avez jamais visité auparavant ? Quels sont les avantages professionnels et personnels obtenus après avoir travaillé à l'étranger ? Connaissez-vous un·e étudiant·e qui a déjà fait un stage à l'étranger ? Comment était son expérience ?

ACTIVITÉ 11 : DÉCODER DES OFFRES DE STAGE

Voici une offre de stage au Maroc. Complétez la grille numéro un avec les informations adéquates. Ensuite, faites des recherches en ligne pour trouver une deuxième possibilité de stage dans un pays francophone. Voici quelques sites web à consulter: http://jobs-stages.letudiant.fr, http://placement.emploiquebec.gouv.qc.ca. Enfin, discutez avec un·e camarade de classe du stage qui vous intéresse le plus.

WebAgile

STAGE EN WEB DESIGN (CASABLANCA)

C 3 MOIS PFE

Web Agile accompagne les entreprises marocaines et internationales dans leur transition digitale. Web Agile propose des solutions clé en main ou sur mesure.

Profil recherché :

Un stagiaire
04/03/2019
3 mois
Avec Convention
Stage de fin d'études
Bac+3
Web Design

Descriptif de la mission :

Présentation de la société :
Web Agile, agence digitale en forte croissance, basée à Casablanca.
Détails du poste :

- Conception de publications digitales (campagnes sur les réseaux sociaux, community management, bannières publicitaires, animations, newsletters...)
- Gestion des échanges avec les clients
- Maîtrise des outils Adobe Photoshop, Illustrator Aftereffect, Indesign...
- Connaissance en montage vidéo et GIF
- Notions en Web développement appréciées mais non obligatoires

Compétences recherchées :

- Esprit créatif, sens artistique et bon relationnel
- Aisance en expression orale et écrite (français, arabe)
- Esprit commercial et entrepreneurial
- Fort intérêt pour le digital

Informations de l'offre :

Contrat : stage rémunéré
Date : dès que possible
Durée : minimum 3 mois
Lieu : 18 boulevard Abdelmoumen, Ghali Center, n°28, 6ème étage, Casablanca.
Merci de bien vouloir envoyer votre CV et lettre de motivation mail à : samah.homri@webagile.ma

	1	2
Titre du stage :		
Secteur :		
Tâches principales :		
Connaissances / compétences demandées :		
Lieu :		
Durée :		
Salaire :		
Informations / documents à fournir :		

ACTIVITÉ 12 : IDENTIFIEZ UN POSTE QUI VOUS INTÉRESSE

Faites des recherches afin de dénicher une offre qui correspond à vos intérêts et compétences. Sur votre blog, analysez l'entreprise sélectionnée et décrivez sa culture. Ensuite, expliquez pourquoi ce travail vous intéresse et comment ce poste correspond à vos compétences et vos projets d'avenir.

PRÉPARATION À L'ENTRETIEN D'EMBAUCHE

Vocabulaire à activer

Le CV et la lettre de motivation

Vous a-t-on octroyé des bourses d'étude ?
J'ai des compétences / des capacités dans tel domaine.
Il faut mettre ses coordonnées au début du CV.
L'état civil est indiqué sur le CV français.
La formation académique désigne les études accomplies.
Les niveaux de langues étrangères maîtrisées figurent sur le CV.

L'entretien / l'entrevue d'embauche

Ayez un comportement détendu mais professionnel.
Il faut maintenir un bon contact visuel.
Votre langage corporel sera analysé pendant l'interview.
Le recruteur vous posera des questions sur vos atouts.
Vous pouvez discuter de vos activités extra-scolaires lors de l'entretien.

Entrée en matière

Avez-vous déjà préparé un curriculum vitae ? Rédigé une lettre de motivation ? À votre avis, quels renseignements faut-il présenter et lesquels influencent le plus les recruteurs ? Devrait-on partager des informations personnelles telles que l'âge, l'état civil, les loisirs et ses projets ?

ANALYSE D'UNE INFOGRAPHIE : Deux CV

Voici deux CV à consulter : celui d'une étudiante marocaine et celui d'un cadre québecois. Comparez l'organisation et la présentation des informations.

Imane EL FERGOUCH

22 ans
Adresse : 248 Boulevard Sour Jdid Place du jardin public
Casablanca 20250, Morocco
Téléphone : (212) 6 78 81 49 97
E-mail : ief39@gmail.com

Elève ingénieur
Génie Industriel et Productique
L'Académie Internationale
Mohammed VI
de l'Aviation Civile

FORMATION ACADÉMIQUE

2016/2019 **Cycle ingénieur d'état, Génie Industriel et Productique**
Académie Internationale Mohammed VI de l'Aviation Civile

2014/2016 **Classes préparatoires aux grandes écoles d'ingénieurs-Série MPSI**
CPGE Lycée Technique Mohammedia

2013/2014 **Baccalauréat, Filière Sciences Mathématiques-B, Mention BIEN**
Ibnou Mandour, Casablanca

EXPÉRIENCES PROFESSIONNELLES

Juillet 2017 **Stage d'initiation, Société Centrale des Boissons Gazeuses (COCA-COLA)**
-Département : Production
Connaissance du processus de production des boissons

Février-Mars 2018 **Stage en alternance, Compagnie aérienne AIR ARABIA MAROC**
-Département : Ground Operations
-Maitrise des opérations du sol et les opérations d'assistance au vol

Juillet-Aout 2018 **Stage technique, Compagnie aérienne AIR ARABIA MAROC**
-Département : Ground Operations
-Sujet : Optimisation du TurnAround time TAT (le temps d'escale)
-Elimination des retards critiques générant les retards de la rotation des avions

CONNAISSANCES ET COMPÉTENCES COMPLÉMENTAIRES

Pack Office : Word, Excel, Powerpoint
Logiciels maitrisés : Code Blocks, Arduino, CATIA V5, SPSS, MS-PROJECT, Arena, Minitab
Connaissances techniques et managériales : Ordonnancement et Planification, TPM (Total Productive maintenance, réalisation des cartes de contrôle, les outils de Lean Six Sigma, les outils d'analyse des risques, gestion de la maintenance, Supply Chain Management...

CENTRES D'INTERET

Vice présidente du club Socio-Culturel AIAC
-Membre du comite organisateur de la caravane médicale au village SEBT SAYSS- EL JADIDA
-Organiser des événements sociaux et culturels.
Responsable cellule Solidarité au sein de l'association JEUNES SOLIDAIRES
-Piloter les projets de solidarité.
Membre du club Industriel AIAC

LANGUES

Arabe : Bonne maîtrise **Français : Bonne maîtrise** **Anglais : Niveau moyen**

QUALITE PERSONNELLES

Dynamisme, le travail en groupe, la motivation, la curiosité d'apprendre des nouvelles choses, le travail associatif.

LinkedIn

Jean-Baptiste Pierre

[Phone] 613-555-0144

[Email] jbpierre369@gmail.com

[LinkedIn] linkedin.com/jbpierre

Objectif

Positif à l'écoute, je recherche un nouveau challenge dans le marketing. J'aime les projets d'équipe qui évoluent au sein d'un environnement dynamique.

Formation

MBA Commerce International, UQAM 2018
Bachelor en gestion web
Université de Montréal, 2014

Compétences

- français, anglais, espagnol
- marché canadien et américain
- développement produit
- gestion portefeuille clients

Expérience professionnelle

Responsable Commercial, 2018-aujourd'hui

Groupe MTY, Saint Laurent, Québec—http://mtygroup.com

- Créer une nouvelle gamme de services pour l'entreprise
- Réaliser l'étude marketing: le marché, la concurrence, le business plan détaillé
- Responsable de la promotion et publicité en ligne: blog français/anglais; Facebook, Twitter, Instagram

Chargé de communication/promotion, 2014-2018

Groupe Cloutier, Montréal—http://groupecloutier.com

- Identifier les opportunités de business
- Assister les clients: réponse aux mails, assistance via le live chat en ligne
- Responsable social media

Gestionnaire administratif, 2012-2014

Ubisoft—http://montréal.ubisoft.com

- Gestion comptable et administrative
- Suivi plannings commerciaux
- Accueil téléphonique
- Rédaction et traitement du courrier

Loisirs: Photographie, cinéma, vélo
Accréditations: Google Analytics Certification, 2020

Avez-vous compris ?

Répondez aux questions suivantes :

1. Comparez la mise en page de chaque modèle et notez les différences.
2. Quelles informations personnelles sont partagées sur chaque CV ? Comment ces informations aident-elles à développer le portrait du·de la candidat·e ?
3. Quelles différences remarquez-vous dans le contenu fourni dans chaque CV ? Comment expliquer ces différences ?
4. Quelle différences linguistiques remarquez-vous ? Comparez la nominalisation à la verbalisation dans les deux CV.

Maintenant utilisez ce format pour indiquer vos informations personnelles.

Les renseignements	Votre CV
Coordonnées	
Études académiques	
Expériences professionnelles	
Compétences linguistiques	
Compétences complémentaires	
Centres d'intérêt	
Informations supplémentaires	

Rédigez votre curriculum vitae et partagez des conseils. Choisissez un modèle pour votre CV et rédigez une première version. Ensuite, échangez votre CV avec un·e camarade de classe. Dans un email, expliquez-lui pourquoi vous avez choisi votre format, puis demandez des conseils concernant les questions ou difficultés que vous avez eues lors de la rédaction du CV. Votre échange de courriels vous permettra de rédiger une version finale. Remettez-la à votre professeur·e.

ACTIVITÉ 13 : L'ANALYSE DES LETTRES DE MOTIVATION

Cherchez deux lettres de motivation en ligne. Observez la mise en page et dégagez les éléments principaux de ces deux lettres. Ensuite, indiquez le thème de chaque paragraphe. Trouvez-vous la présentation et l'organisation de la lettre claire et efficace ? Consultez l'appendice afin de découvrir les expressions utiles dans la rédaction d'une lettre de motivation.

ACTIVITÉ 14 : RÉDACTION D'UNE LETTRE DE MOTIVATION

Vous avez déjà identifié un poste qui vous intéresse. Maintenant, vous allez écrire votre lettre de motivation. Réfléchissez à vos compétences qui correspondent à la description du poste. Comment est-ce que le poste correspond à votre objectif professionnel ? Lorsque vous écrivez votre lettre, respectez la mise en page appropriée ainsi que les formules de politesse d'usage dans ce type de correspondance. Vous partagerez votre lettre avec votre professeur·e ainsi que deux étudiant·e·s pour avoir leurs conseils.

Consultez l'appendice pour identifier les formules de politesse requises dans ce type de correspondance.

ÇA S'EXPLIQUE : Préparation pour l'entretien d'embauche

Comment se présenter en quelques mots ? Écoutez les conseils de Marianne Champion, spécialiste des techniques de recrutement.

Avez-vous compris ?

Répondez aux questions suivantes :

1. D'après Marianne Champion, pourquoi faut-il s'entraîner chez soi ?
2. Elle indique les trois étapes clé de l'entretien d'embauche. Indiquez ces trois étapes et expliquez les informations à présenter pendant l'entretien.
3. Après avoir écouté cet exposé, prenez des notes sur la manière de vous présenter en quelques mots. Ensuite, pratiquez seul·e, puis avec un·e camarade de classe.

DÉCOUVERTE D'UNE IDÉE : L'entretien d'embauche

Voici un article qui discute des considérations importantes lorsque l'on se prépare pour une entrevue d'embauche au Québec.

L'entrevue d'embauche : concrétiser son expérience

L'entrevue a pour but de permettre au recruteur de vous connaître, de vérifier l'adéquation de votre profil au poste, d'appréhender votre personnalité, d'évaluer si vous pourriez vous intégrer dans l'équipe et avoir une bonne alchimie avec les autres membres. Il cherche simplement à trouver le candidat qui correspondra le mieux au poste. Il s'agit donc de lui prouver que c'est bien vous !

Avant l'entrevue d'embauche

Il est important de bien se préparer lorsqu'on est convoqué à une entrevue. Prenez des renseignements sur l'entreprise (site Internet ou autre), posez-vous les questions susceptibles de vous être demandées par le recruteur et préparez-vous à y répondre (vous trouverez une petite liste de questions ci-dessous). Étudiez votre itinéraire et les moyens de vous rendre sur place de manière à arriver en avance le jour J, pensez à choisir une tenue soignée pour vous montrer professionnel. Vous aurez peut-être entendu que les Québécois se fient moins aux apparences : il n'empêche qu'il sera apprécié que vous n'ayez pas une tenue décontractée.

Au besoin, faites appel à un conseiller en emploi qui pourra vous préparer au déroulement d'une entrevue au Québec et vous entraîner à répondre à d'éventuelles questions afin de bien présenter. Des organismes financés par Emploi-Québec offrent des services de préparation à l'entrevue.

Déroulement de l'entrevue d'embauche

La première étape, la prise de contact est déterminante puisque la première impression que laisse le candidat va souvent influencer le reste de l'entrevue. Une bonne présentation est donc indispensable. Soyez souriant, sûr de vous et calme. Une poignée de main ferme sera toujours appréciée.

Laissez l'employeur entamer la conversation et diriger l'entrevue. Il cherchera bien souvent à vous mettre à l'aise. Il est important de bien regarder les gens présents dans les yeux. Prenez garde au tutoiement : il est spontané au Québec, mais n'indique absolument pas que vous pouvez avoir plus de familiarité. Si le recruteur vous tutoie, continuez à le vouvoyer, sauf s'il vous propose de le tutoyer.

L'entrevue se poursuit ensuite par un échange d'informations souvent via une série de questions.

Quelques questions courantes :

- Présentez-vous !
- Pourquoi pensez-vous être un bon candidat pour le poste ? Qu'est-ce qui vous rend meilleur qu'un autre candidat ?
- Citez-moi vos 3 principales qualités, et vos 3 principaux points à améliorer ?
- Parlez-moi d'une situation difficile que vous avez rencontrée lors d'une expérience de travail précédente et comment vous vous en êtes sorti ?
- Avez-vous déjà travaillé sous pression et comment l'avez-vous gérée ?
- Qu'est-ce que votre ancien employeur dirait de vous ?
- Où vous vous voyez dans 5 ans ?
- Pourquoi vouloir travailler chez nous ?

- Qu'avez-vous compris du poste à pourvoir ?
- Quelle serait, pour vous, votre plus grande réalisation ?

Le recruteur appréciera des réponses courtes et précises basées sur des exemples concrets. N'hésitez pas à expliquer une situation difficile à laquelle vous avez été confronté dans le cadre professionnel et les solutions que vous avez mises en œuvre pour surmonter l'obstacle.

N'oubliez pas que les compétences se trouvent partout: dans la vie professionnelle, mais également personnelle, sociale, sportive... Pour les candidats ayant encore peu d'expériences, il est tout à fait positif de parler de ses compétences et aptitudes hors champ du travail (par exemple, celles que vous avez développées dans un engagement associatif). Certains candidats peuvent se sentir déstabilisés par le rythme de l'entrevue. Au Québec, les temps de pause dans la conversation sont naturels. Ne vous sentez pas gêné par quelques secondes de silence et n'en profitez pas pour le combler à tout prix : vous risquez de tenir des propos inutiles à l'entrevue.

Rappel de quelques éléments clés de présentation :

- Avoir une poignée de main ferme.
- Regarder son interlocuteur dans les yeux.
- Être souriant et calme.
- Conserver le vouvoiement sauf si l'employeur souhaite le contraire.

À la fin de l'entretien d'embauche

Il sera bienvenu que vous posiez une ou deux questions sur l'entreprise: cela prouvera que vous avez un intérêt réel et que vous êtes curieux et motivé. Vous pouvez également demander des précisions au niveau du salaire. Pour terminer, remerciez votre interlocuteur pour le temps qu'il vous a accordé et ré-exprimez votre motivation pour le poste. Mettez-vous également d'accord sur la poursuite du processus d'embauche.

Quelques conseils pour mettre les chances de votre côté

Suivez bien les instructions de l'employeur
Par exemple, si l'employeur demande que les candidats mettent le numéro de l'annonce dans l'objet de leur candidature, n'oubliez pas de l'indiquer. S'il demande que le CV et la lettre de présentation soient dans un même document, ne lui envoyez pas deux documents distincts.

Ne répondez pas à une offre + pour laquelle vous êtes sur ou sous-qualifié

Vous allez perdre votre temps et celui de l'employeur. Ne vous dites donc pas : « je n'ai rien à perdre », il faut être rigoureux dans sa recherche et cibler correctement ses candidatures.

Utilisez les mots clés de l'annonce

En effet, certains employeurs ont recours à des logiciels d'extraction de données qui repèrent des mots clés et y associent un CV. À ce titre, il est préférable de faire parvenir le CV et la lettre de présentation en format de texte et non en PDF.

Arrivez à l'heure à l'entretien d'embauche

La ponctualité est de mise au Québec. Arrivez même une dizaine de minutes à l'avance : cela vous permettra d'observer l'environnement.

Parlez en positif de vos précédentes expériences professionnelles

Un recruteur n'a pas de temps à perdre à vous entendre formuler des reproches à l'encontre de l'entreprise dans laquelle vous avez travaillé.

Respectez le temps que le recruteur a annoncé au début de l'entretien

S'il a indiqué que vous disposiez d'une demi-heure, à vous de maîtriser le temps et de dire l'essentiel dans le délai imparti.

Ne relancez pas sans cesse au téléphone le recruteur suite à l'entrevue

Il risque de se lasser de vous. La bonne attitude est de compter environ 15 jours après la date de clôture des entretiens pour recontacter l'employeur.

Remerciez l'employeur suite à l'entretien

Il sera apprécié que vous envoyiez un bref courriel à la personne que vous avez rencontrée pour la remercier de la qualité de vos échanges et lui confirmer que vous êtes très motivé par le poste.

Avez-vous compris ?

Un·e de vos ami·e·s vous demande des conseils pour une entrevue d'embauche à Montréal. Donnez-lui des conseils en parlant des aspects suivants de l'entrevue d'embauche :

- Le langage corporel
- Le rapport et le dialogue entre le·la recruteur·euse et le·la candidat·e
- Les questions du·de la candidat·e
- La conclusion

ACTIVITÉ 15 : RÉFLEXIONS SUR L'ENTRETIEN D'EMBAUCHE

Avez-vous déjà eu un entretien d'embauche ? Quels étaient les aspects les plus difficiles de cette expérience ? Quels types de recherche sont utiles pour se préparer à un entretien d'embauche ? Est-ce qu'on devrait parler du salaire au moment d'un premier entretien? Pensez-vous que les questions insolites visant à exposer votre créativité augmentent le stress pendant l'entretien ou bien sont-elles révélatrices ?

ACTIVITÉ 16 : ANALYSE DES QUESTIONS !

Voici quelques questions typiques du·de la recruteur·euse. Avec un·e partenaire, identifiez les questions les plus difficiles, les plus probables et les plus pertinentes ; expliquez vos réponses.

1. Quels sont vos objectifs à court et à long terme ?
2. Quel poste souhaiteriez-vous occuper dans cinq ans ?
3. Pourquoi sollicitez-vous un stage dans cette entreprise / organisation ?
4. Si vous aviez à faire votre portrait, comment vous décririez-vous ?
5. Préférez-vous le travail d'équipe ou être indépendant·e ?
6. Êtes-vous prêt·e à faire des heures supplémentaires ?
7. Pouvez-vous travailler selon un horaire flexible ou préférez-vous des heures fixes ?
8. Si vous pouviez recommencer vos études demain, choisiriez-vous la même orientation ?

Maintenant, à vous d'inventer cinq questions pour le·la candidat·e.

ACTIVITÉ 17 : ENTRETIEN D'EMBAUCHE

La recruteuse a déjà reçu votre CV et votre lettre de motivation et vous a invité·e à passer un entretien d'embauche. En binômes, jouez le rôle de la recruteuse et du candidat. La recruteuse aura préparé une liste de 10 questions à vous poser ; le candidat répondra spontanément aux questions posées. Ensuite inversez les rôles. Demandez à une tierce personne de filmer les entretiens pour une éventuelle analyse.

CAS D'ENTREPRISE : LA GRAPHOLOGIE EN FRANCE

Dans cet article, la journaliste Farah Sadallah aborde la graphologie qui est encore parfois utilisée en France. Lisez l'article, puis discutez de cette pratique.

Tests graphologiques pour le recrutement: faut-il en avoir peur?

Votre écriture peut-elle révéler vos compétences et votre savoir être? C'est ce que croient certains cabinets de recrutement et leurs clients. Pour des postes de direction, ils soumettent leurs candidats à des tests graphologiques. On a voulu en savoir plus sur cette méthode.

Décrocher un poste. Ça peut se jouer sur la manière dont vous faites la boucle de vos L. Le graphologue dresse votre profil à partir de votre écriture et détermine ainsi si vous êtes en adéquation avec le poste. Cette pratique est légale et a été légitimée en 2001 par la Commission de Normalisation (AFNOR). Proche de la divination pour certains, d'autres s'appuient encore dessus pour recruter.

C'est le cas de CNPG Conseil et ses clients. Le cabinet spécialisé dans le recrutement et les ressources humaines revendique l'utilisation de la graphologie. Plus efficace qu'un test psychométrique selon Bertrand Durand, fondateur du cabinet. «Le test graphologique vient en complément des entretiens, pour éviter aux DRH de se tromper». Pour livrer son analyse, le graphologue étudie, en plus de l'écriture du candidat, son parcours (son CV) ainsi que les attentes et les spécificités de l'entreprise (profil du poste). Cette pratique ne peut constituer le critère principal sur lequel le cabinet fonde son évaluation, selon la Commission de Normalisation (AFNOR). Pas étonnant quand on sait que cette méthode manque de fiabilité.

La graphologie et l'astrologie même combat?

Le niveau de prédictibilité de la graphologie est très proche de celui de l'astrologie selon le ministère du Travail, de la Solidarité et de la Fonction publique, c'est-à-dire moins de 1%. «La validité scientifique de cette méthode de recrutement est douteuse… la graphologie et l'astrologie font une recherche sur la personnalité du candidat et non sur ses aptitudes professionnelles» déclare le ministère du Travail. Les graphologues, eux, vous diront qu'ils arrivent à faire le lien entre la structure de la personnalité du candidat et ses aptitudes professionnelles.

«C'est une illusion. La graphologie rassure au même titre que l'horoscope», affirme Laurent Brouat, directeur de Link Humans qui forme des professionnels du recrutement. On l'appelle l'effet Barnum, selon Laurent Bègue, professeur de psychologie sociale à Grenoble. Les résultats sont suffisamment vagues et généralistes pour coller à tout le monde. Ils rassurent le recruteur sur le candidat choisi. Tout comme l'horoscope, plus les descriptions sont agréables et renforcent l'estime de soi, plus la personne est prête à y adhérer. Une méthode grotesque selon Laurent Brouat, qui conseille plutôt aux recruteurs d'évaluer le comportement des candidats lors de mises en situation.

Manque d'objectivité

Les adeptes de la graphologie comme Bertrand Durand plaident aussi pour son objectivité : « Le test de personnalité se faisant à part entière, il permet au recruteur de ne pas se laisser influencer par la sympathie que peut lui inspirer le candidat ». Mais comme le graphologue a accès à des informations sur le parcours du candidat grâce au CV, il peut avoir un jugement subjectif au même titre que le recruteur. Christophe Rosenberger, chercheur à l'ENSI à Caen, déclare : « s'il y a de l'humain et du manuel dans une technique d'analyse, les résultats seront forcément subjectifs ».

De la graphologie à la frappologie

Une nouvelle méthode graphologique pourrait être détournée par les recruteurs : la frappologie. Cette graphologie sur clavier permet d'étudier le comportement d'une personne en analysant la manière dont elle tape sur le clavier (temps de pression, relâchement des touches, temps de survol entre chaque touche). Si pour le moment elle permet uniquement de savoir à 80 % si nous avons affaire à un homme ou une femme, le chercheur Christophe Rosenberger annonce qu'il est tout à fait envisageable qu'un jour, on puisse extraire les traits de personnalité d'un candidat pendant qu'il remplit son CV en ligne sur le site de l'entreprise. Une éventualité qui fait froid dans le dos.

ACTIVITÉ 18 : ÇA SE DISCUTE !

Selon les experts cités dans l'article, quels sont les arguments pour et contre l'utilisation de cette pratique dans le recrutement? Qu'en pensez-vous? En groupes de trois ou quatre, identifiez des facteurs dont on devrait discuter pour évaluer un·e candidat·e. En quoi vos avis divergent-ils?

PERSPECTIVES PROFESSIONNELLES : UNE STAGIAIRE EN FRANCE

Voici un entretien avec Marie, une stagiaire ingénieur développement produit chez Davricourt, une société de conseil en France spécialisée dans le recrutement d'ingénieur·es et de technicien·nes.

Si tu devais définir le secteur de l'automobile tel que tu le perçois en quelques mots ?

L'automobile est un secteur très innovant et stimulant. Nous sommes en train de créer le futur de l'automobile. Il y a beaucoup de défis à relever notamment au niveau des véhicules autonomes et des contraintes données par le client. La diversification des métiers permet le plein épanouissement dans ce secteur.

Pourrais-tu nous expliquer ton stage en utilisant le moins de termes techniques possible ?

Étudiante à Centrale Lyon, j'ai décidé d'intégrer Davricourt pour mon stage de Césure, entre ma 2e et ma 3e année. Je suis ingénieure développement produit chez un équipementier automobile. Ma mission consiste au développement d'un concept innovant de planche de bord. L'innovation vient de l'implémentation d'écrans sur cette planche de bord, dont un tactile. Je conçois des pièces sous le logiciel CATIA, puis je suis amenée à modifier leur forme et leur épaisseur.

Je réponds principalement à la demande du chef de projet. Par exemple, il peut me demander d'effectuer des calculs de résistance sur des matériaux différents (calcul de la déformation en millimètre, et calcul des contraintes au sein des matériaux) qui lui permettront de choisir la pièce adéquate et le processus de fabrication. Pour cela, je lui explique ma méthode en présentant les hypothèses et les résultats obtenus.

Quelle est ta journée type et qu'est-ce qui te motive au quotidien ?

En arrivant le matin, je consulte mes mails pour vérifier si je dois modifier des pièces. Le travail se détermine au jour le jour en fonction de la demande de mon chef de projet. Je n'ai pas de journée type, mais je passe une grande partie de mon temps sur le logiciel CATIA.

Ce qui me plaît, c'est de travailler sur un projet innovant. A l'école nous apprenons la théorie. En entreprise c'est très concret, car ce que je conçois verra le jour dans quelques années.

Ce stage me permet d'apprendre des informations techniques et de m'enrichir avec l'expérience de mes collègues.

Pourrais-tu nous citer une phrase que vous employez régulièrement et qui est difficile à comprendre ?

Le couple SMC / verre est celui qui minimise l'écart de dilatation et donc les contraintes de cisaillement de la colle optique.

Est-ce que tu connais le monde du conseil ? Quelle image en avais-tu ? Et qu'est-ce que le conseil t'apporte aujourd'hui ?

Je connaissais le monde du conseil à Centrale Lyon car nous avons des conférences et des sociétés de conseil comme partenaire. J'en avais une image relativement négative car la plupart de mes amis embauchés en stage dans ces entreprises ne se sentaient pas utiles et avaient la sensation d'être embauchés pour remplir une base de données.

Les stagiaires dans les entreprises ont une mission qui répond uniquement à un besoin précis. En revanche, en société de conseil, j'ai l'opportunité d'effectuer des tâches plus variées.

LANCER UNE START-UP : INTERVIEWEZ UNE START-UP !

Faites des recherches afin d'identifier une start-up qui vous intéresse. Contactez le·la fondateur·rice afin de l'inviter à passer un entretien avec vous. Pendant l'entretien, posez des questions afin d'en apprendre plus sur la genèse et le développement de l'entreprise.

Renseignements à chercher	Réponses
Dénomination sociale de l'entreprise	
Nom de la fondatrice / du fondateur	
Origine	
Naissance de l'idée	
Produit ou service	
Clientèle ciblée	
Étapes importantes pour l'entreprise	
Principaux défis	

Unité 3 Travailler dans le monde francophone

POINTS INTERCULTURELS

- Secteurs et classification des entreprises
- Lois et conditions du monde du travail
- Négociations syndicales

TÂCHES PROFESSIONNELLES

- Rédiger une note de synthèse pour préparer une réunion visant à favoriser l'emploi
- Rédiger une note de synthèse pour préparer une réunion afin d'améliorer des conditions de travail
- Rencontrer un·e interlocuteur·rice et défendre le droit de faire du télétravail lors d'une négociation au sein de l'entreprise
- Rédiger un courriel sur une mesure réglementaire relative au télétravail

QUESTIONS CULTURELLES

- Comment la culture d'une entreprise varie-t-elle selon son secteur et sa taille ?
- Faut-il travailler pour vivre ou vivre pour travailler ?
- Le taux de syndicalisation d'un pays reflète-t-il les valeurs de ce pays ?

SECTEURS ET CLASSIFICATION DES ENTREPRISES

Vocabulaire à activer

Secteurs

Les secteurs d'activité économique comprennent le primaire, le secondaire et le tertiaire.

Le PIB est le Produit Intérieur Brut.

Le CAC 40 est un indice boursier similaire au Dow Jones en France.

L'étendue du marché s'étend sur les cinq continents.

Les lieux d'implantation de cette entreprise sont Bruxelles et Paris.

Le siège social de cette entreprise se situe à Alger.

Types d'entreprises

Une TPE (très petite entreprise, moins de 10 salariés)

Des PME (petites et moyennes entreprises, moins de 250 salariés)

Une ETI (entreprise de taille intermédiaire, de 250 à 4 999 salariés)

Une GE (grande entreprise, 5 000 salariés et plus)

Une SA (société anonyme)

Une SARL (société à responsabilité limitée)

Entrée en matière

On définit une entreprise par son secteur d'activité (par exemple, agroalimentaire, bancaire, informatique), son secteur économique (primaire, secondaire ou tertiaire) et sa taille (quel en est son effectif).

Dans quel type d'entreprise voudriez-vous travailler ? Quels secteurs vous attirent le plus ? Quels sont les facteurs qui ont influencé ou qui influencent le choix de vos études et des cours que vous suivez ? Préféreriez-vous travailler pour une TPE, une PME ou une GE ? Expliquez ce qui influence vos préférences.

ANALYSE D'UNE INFOGRAPHIE : Le job idéal !

Dans cette infographie tirée d'un article intitulé « Les Français dressent le portrait-robot de leur job idéal : Le CAC 40 ne va pas être content », on découvre les préférences des Français dans le milieu du travail. Analysez-la, puis répondez aux questions.

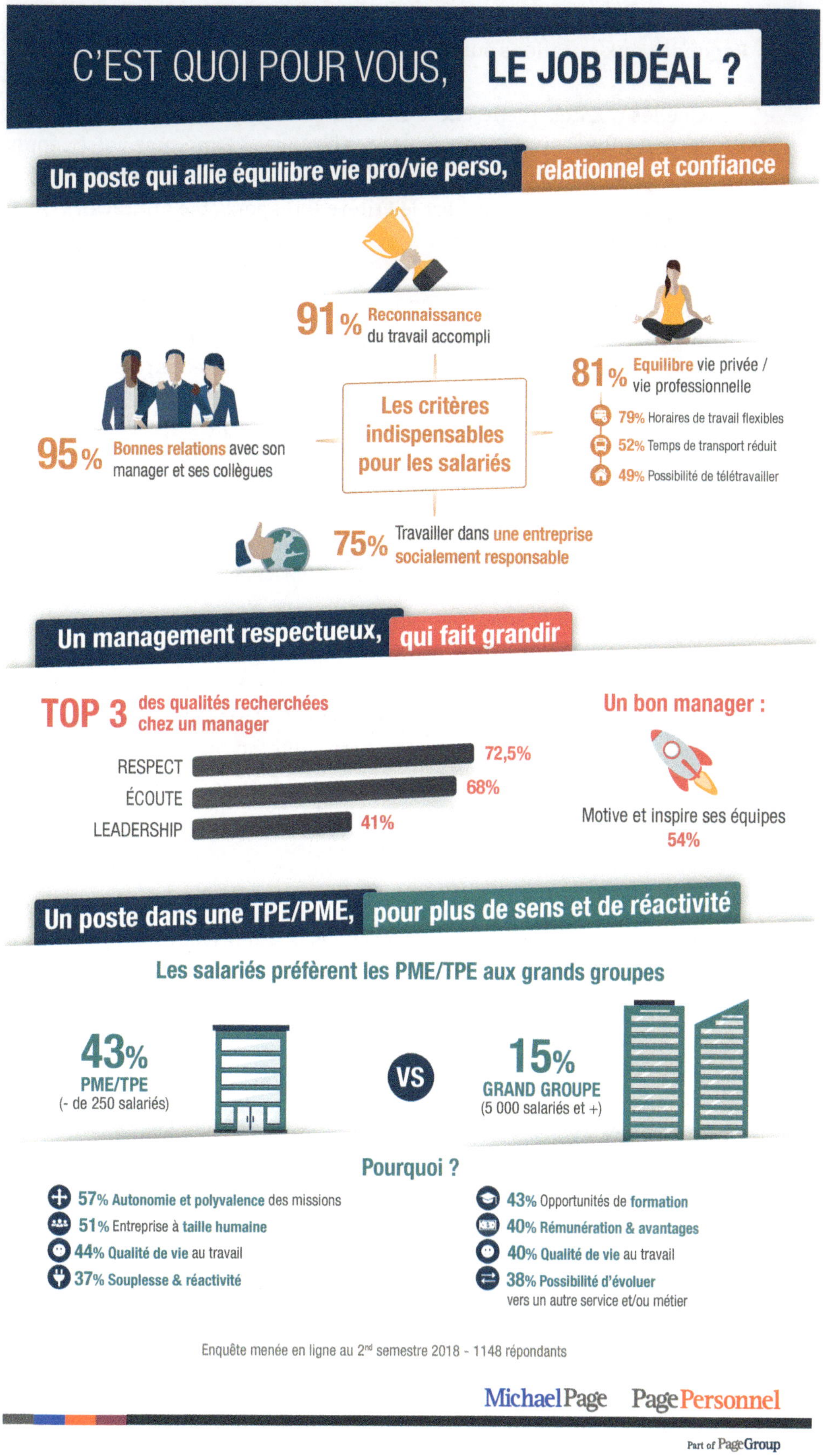
C'EST QUOI POUR VOUS, LE JOB IDÉAL ?
Un poste qui allie équilibre vie pro/vie perso, relationnel et confiance
91% Reconnaissance du travail accompli
81% Equilibre vie privée / vie professionnelle
79% Horaires de travail flexibles
52% Temps de transport réduit
49% Possibilité de télétravailler
Les critères indispensables pour les salariés
95% Bonnes relations avec son manager et ses collègues
75% Travailler dans une entreprise socialement responsable
Un management respectueux, qui fait grandir
TOP 3 des qualités recherchées chez un manager
RESPECT 72,5%
ÉCOUTE 68%
LEADERSHIP 41%
Un bon manager :
Motive et inspire ses équipes 54%
Un poste dans une TPE/PME, pour plus de sens et de réactivité
Les salariés préfèrent les PME/TPE aux grands groupes
43% PME/TPE (- de 250 salariés)
VS
15% GRAND GROUPE (5 000 salariés et +)
Pourquoi ?
57% Autonomie et polyvalence des missions
51% Entreprise à taille humaine
44% Qualité de vie au travail
37% Souplesse & réactivité
43% Opportunités de formation
40% Rémunération & avantages
40% Qualité de vie au travail
38% Possibilité d'évoluer vers un autre service et/ou métier
Enquête menée en ligne au 2nd semestre 2018 - 1148 répondants
MichaelPage PagePersonnel
Part of PageGroup

Avez-vous compris ?

Répondez aux questions suivantes :

1. Quelles qualités recherche-t-on chez son·sa patron·ne ? Lesquelles sont moins importantes ? Partagez-vous ces préférences ? Expliquez votre réponse.
2. Pourquoi autant de Français préfèrent-ils travailler dans une PME ?
3. D'après le sondage, quel est le critère indispensable au travail ? Qu'en déduisez-vous ?
4. L'auteur de l'infographie conclut que « Le CAC 40 ne va pas être content ». Qu'est-ce que le CAC 40 et pourquoi ne serait-il pas content ?
5. À votre avis, ces résultats seraient-ils différents dans d'autres pays ? Dans votre pays ? Faites un sondage parmi vos ami·e·s et partagez les résultats avec la classe.

ÇA S'EXPLIQUE ! : Le jeunes et l'entreprise de demain

Cette vidéo vous explique ce que recherchent les jeunes dans le travail. Notez les questions posées dans l'enquête.

ACTIVITÉ 1 : ÇA SE DISCUTE !

Vous avez écrit les questions posées dans l'enquête décrite dans la vidéo précédente. Posez-les à vos camarades de classe et notez leurs réponses. En groupes de trois, discutez des réponses et de votre opinion personnelle. En quoi vos avis divergent-ils ?

DÉCOUVERTE D'UNE IDÉE : Qui recrute en Afrique ?

Dans cet article du journaliste Quentin Velluet, on aborde le développement de certains secteurs en Afrique de l'Ouest. Lisez attentivement.

Afrique de l'Ouest : ces secteurs qui recrutent

Portées par d'ambitieux projets d'infrastructures, de nouvelles filières représentent des gisements d'emplois très prometteurs. Mais les candidats manquent.

L'agriculture a encore de beaux jours devant elle. À l'image d'un continent où la majorité de la population vit en zone rurale, 80 % à 90 % des personnes en âge de travailler en Afrique de l'Ouest sont actuellement employées dans le secteur agricole, pour la grande majorité de manière informelle. Les premiers pourvoyeurs d'emplois restent les activités d'élevage et le travail de la terre.

En revanche, sur les fonctions cadres, le marché de l'emploi ouest-africain offre des opportunités dans des secteurs en pleine émergence. « On prévoit une augmentation des recrutements à long terme dans toute la chaîne de valeur de la construction », avance Dramane Haidara, directeur du bureau de pays de l'Organisation internationale du travail (OIT), à Abidjan.

Projet monstre, estimé à 52 milliards d'euros, le Programme pour le développement des infrastructures en Afrique (Pida) ambitionne de construire 40 000 km de routes, 30 000 km de voies ferrées et 20 000 km de lignes électriques à travers tout le continent d'ici à 2040. Cinquante et un chantiers seront mis en route dans le cadre de ce dispositif. Bien que son impact sur l'emploi n'ait pas été chiffré, ce projet pharaonique va entraîner de nombreux recrutements dans les bureaux d'études, mais aussi sur le terrain.

Ingénieurs, BTP, fonctions support...

Les ingénieurs profiteront en priorité des différents chantiers mis en route par le Pida. « La tendance est encore à la domination des offres de postes pour des ingénieurs, surtout en génie civil. Et comme toujours, les recruteurs sont confrontés à une pénurie de candidats », résume Fanta Traoré-Ginzburg, fondatrice du cabinet de recrutement Empower Talents & Careers. Selon elle, les filières du BTP et du logement devraient elles aussi recruter à court terme. Tout comme la transformation de matières premières au Mali, en Côte d'Ivoire, mais aussi au Burkina Faso, où l'agriculture dynamise le secteur.

Le contexte financier actuel a aussi des conséquences positives sur l'emploi. Les récents prêts accordés par les bailleurs de fonds, ajoutés aux levées de fonds menées auprès d'investisseurs internationaux—à l'image du quatrième eurobond émis mi-mars par la Côte d'Ivoire pour une valeur de 1,7 milliard d'euros ou des 2,2 milliards de dollars récemment récoltés par le Sénégal –, instaurent un climat de confiance chez les entrepreneurs.

Ces derniers laissent libre cours à leurs projections sur l'avenir et passent un cap en structurant davantage leurs entreprises. Sur le front de l'emploi, ces tendances aboutissent à des recrutements croissants dans les fonctions support. Ce que confirme Fanta Traoré-Ginzburg : « Ces six derniers mois, nous sommes très sollicités par des entreprises de 50 à 60 salariés pour des postes de directeur et de responsable des ressources humaines, qui avaient largement été négligés jusqu'ici dans tous les pays. Même chose pour des postes de comptable, responsable financier et contrôleur de gestion ».

Plus timidement, les métiers du numérique, du développement informatique à l'intelligence artificielle, commencent eux aussi à avoir la cote chez les recruteurs. « Le secteur va croître de 20 % à 30 % au cours des années à venir », note Dramane Haidara.

À surveiller également, l'emploi vert. Les métiers liés à la réduction de la consommation d'énergie et de matières premières, à la diminution des émissions de gaz à effet de serre, à la gestion des déchets ou encore ceux qui concernent la protection et la restauration des écosystèmes devraient commencer à se développer dans la sous-région. Au Sénégal, le secteur est par exemple soutenu par le Programme d'appui à la création d'emplois verts (Pacev), qui table sur la création de 5000 postes à moyen terme.

Malheureusement, toutes ces opportunités ne sont pas encore précisément chiffrées. « Il est difficile de livrer des données exactes secteur par secteur car les études sont encore en cours », souligne le représentant de l'OIT. Ce chantier, qui revient aux observatoires nationaux des métiers et de l'emploi, n'est, selon lui, pas près d'aboutir : « Ces structures manquent d'informations chiffrées pour plusieurs raisons.

D'abord parce qu'il est difficile de collecter des données que les entreprises elles-mêmes ne produisent pas, mais aussi parce que certains de ces projets dissimulent en réalité des coquilles vides, incapables de fonctionner faute de moyens adéquats », déplore-t-il. Cette situation complique les politiques de planification et la prise de décision au niveau des gouvernements.

Comment trouver la perle rare ?

Si la tendance se confirme, les employeurs auront bientôt beaucoup de mal à recruter de nouveaux talents pour les fonctions de responsable des ressources humaines.

« C'est compliqué de trouver les bons profils pour pourvoir ces postes. Pour le moment, on se tourne plutôt vers la diaspora », explique la fondatrice du cabinet Empower Talents & Careers.

Pour les ingénieurs, en revanche, le vivier existe localement grâce aux bonnes formations dispensées par des écoles comme INP-HB en Côte d'Ivoire ou 2iE au Burkina Faso.

Des freins à la mobilité géographique

Si la Cedeao a pour but de faciliter les échanges entre ressortissants d'Afrique de l'Ouest, la mobilité géographique dans un contexte professionnel reste encore compliquée, même pour les fonctions cadres. « Les ingénieurs ivoiriens s'exportent très bien mais rencontrent des difficultés d'adaptation dans les autres pays. Et parfois, il y a tout simplement la barrière de la langue », explique Fanta Traoré-Ginzburg.

La standardisation des formations pose aussi problème : « Au Mali, le système de diplômes LMD est arrivé très tard, ce qui fait que certains étudiants ont dû doubler une année en cours de route et se retrouvent diplômés à 28 ou 29 ans. Ils ne peuvent pas rivaliser avec des profils venus d'autres pays, diplômés et recrutés plus tôt et dont l'expérience professionnelle s'avère plus riche », regrette la spécialiste du recrutement.

Avez-vous compris ?

Répondez aux questions suivantes :

1. Dans quel secteur la majorité de la population travaille-t-elle en Afrique de l'Ouest ? Comment expliquer la concentration de la population en zone rurale ?
2. Décrivez l'évolution récente du marché d'emploi en Afrique de l'Ouest. Nommez les filières les plus prometteuses pour l'emploi dans cette région.

3. Selon l'article, pourquoi est-ce que le Programme pour le développement des infrastructures en Afrique (Pida) a du mal à recruter des ingénieur·e·s en Afrique de l'Ouest ? Comment les employeurs réagissent-ils à cette situation ?
   a. Expliquez ce qui signifie le terme « emploi vert ». Dans quel pays de l'Afrique de l'Ouest voit-on une augmentation dans la création d'emplois verts ?
   b. Pourquoi est-il difficile de collecter des données en ce qui concerne le nombre de postes disponibles dans les différents secteurs ?
   c. Selon l'article, quels sont les défis associés avec le recrutement des employé·e·s de différents pays de l'Afrique de l'Ouest ? Avez-vous des suggestions pour surmonter ces défis ?

ACTIVITÉ 2 : SECTEURS D'ACTIVITÉ

Selon la définition de l'Institut national de la statistique et des études économiques, « un secteur d'activité regroupe des entreprises de fabrication, de commerce ou de service qui ont la même activité principale. » Quelles entreprises francophones connaissez-vous ? Pouvez-vous nommer une entreprise dans les secteurs d'activités suivants ? Faites un remue-méninges en petits groupes.

Agriculture /Agroalimentaire | Alimentaire | Automobile | Aviation
Bancaire | Cosmétiques | Énergie | Finance et Assurance
Luxe | Pharmaceutique | Presse | Recherche et Développement
Restauration | Télécommunication | Tourisme

ACTIVITÉ 3 : LES CATÉGORIES D'INDUSTRIES

Le secteur économique est un autre facteur qui définit une entreprise. Il correspond à un regroupement d'activités qui apparaissent similaires. On distingue ainsi quatre secteurs économiques. Complétez ce tableau avec les noms d'entreprises que vous connaissez qui appartiennent à ces quatre secteurs de l'économie. Ajoutez-y les noms des entreprises dont vous avez parlé lors de l'exercice précédent.

Secteur primaire	Secteur secondaire	Secteur tertiaire	Secteur quaternaire
Extrait des matières premières	Transforme des matières premières	Offre des services à la population	Englobe les technologies de communication et gestion

ACTIVITÉ 4 : QUELLE TAILLE D'ENTERPRISE ?

Faites des recherches pour compléter le tableau suivant avec les informations qui manquent.

Micro-entreprises	Petites et moyennes entreprises (PME)	Entreprises de taille intermédiaire (ETI)	Grandes entreprises (GE)
	Moins de 250 salariés		Plus de 5 000 salariés
Chiffre d'affaires < 2 millions d'euros ou total du bilan < 2 millions d'euros		Chiffre d'affaires < 1,5 milliard d'euros Ou total du bilan < 2 milliards d'euros	

Le chiffre d'affaires (C.A.) mesuré par la valeur des ventes réalisées sur une période donnée.
Le bilan montre ce que l'entreprise possède (actif) et ce qu'elle doit (passif).
Ce bilan montre la situation financière de l'entreprise à un moment donné.

ACTIVITÉ 5 : L'ENVIRONNEMENT AU TRAVAIL

À votre avis, comment est-ce que la taille de l'entreprise influence les conditions de travail (les horaires, les pauses, le code vestimentaire, la flexibilité) ? Pensez à des exemples précis d'entreprises. Pensez-vous que l'avancée des technologies est un facteur favorisant l'accroissement de la taille des entreprises ou au contraire la diminution de celle-ci ? Expliquez votre avis.

ACTIVITÉ 6 : FICHE D'ENTREPRISE

Voici un texte qui concerne l'entreprise L'Oréal. Après avoir lu le texte, complétez la fiche d'entreprise qui suit. Ensuite, cherchez deux autres entreprises, une du CAC 40 et une plus petite que vous connaissez. Complétez le tableau selon les résultats de vos recherches.

Leader mondial de la beauté, L'Oréal est le 1er grand groupe cosmétique au monde, présent dans 150 pays sur tous les continents. Le groupe s'est donné pour mission d'offrir le meilleur de l'innovation cosmétique aux femmes et aux hommes du monde entier dans le respect de leur diversité. Avec plus de 36 marques dont Lancôme, Armani, Yves Saint Laurent Beauté, Kérastase et Garnier, L'Oréal est fier de la richesse de son portefeuille de marques et emploie plus de 86 000 personnes sur les cinq continents. En 2018, elle a réalisé un chiffre d'affaires de 26,9 milliards d'euros.

La petite entreprise fondée par Eugène Schueller en 1909 est devenue le premier groupe cosmétique du monde. En France, son siège social se situe au 41 rue Martre à Clichy. À travers son programme emblématique, Pour les Femmes et la Science, la Fondation L'Oréal a pour ambition de mettre au service de la science, toutes disciplines confondues, la force créatrice des femmes et d'instaurer une réelle parité. Elle fédère ainsi une communauté passionnée, inspirante et solidaire. Avec son volet Pour les Filles et la Science, ce sont maintenant les lycéennes et les collégiennes qui se rallient aux couleurs de la science grâce au travail de terrain de leurs ambassadrices. Jean-Paul Agon est l'actuel PDG de L'Oréal et de sa Fondation.

Fiche d'entreprise			
Dénomination sociale	**L'Oréal**		
Secteur d'activité			
Marques			
Effectifs (combien de salariés y travaillent ?)			
PDG			
Chiffre d'affaires (quel est le montant des ventes ?)			
Siège social (où se trouve la direction ?)			
Lieux d'implantation (où se trouvent ses bureaux et usines ?)			
Étendue du marché (où vend-elle, dans quels pays ?)			
Autres caractéristiques			

ACTIVITÉ 7 : PRÉSENTER UNE ENTREPRISE

En vous servant de l'information dans le tableau ci-dessus, créez une présentation sur une des entreprises pour un groupe d'investisseurs.

LOIS ET CONDITIONS DU MONDE DU TRAVAIL

Vocabulaire à activer

Catégories professionnelles

Un CDD est un contrat à durée déterminée.

Un CDI signifie un contrat à durée indéterminée.

Ce sont des travailleur·euse·s indépendant·e·s / des saisonnier·ère·s / des travailleur. ·euse·s temporaires.

Il est apprenti ; il va apprendre le métier de boulanger grâce à cet apprentissage.

Elle a décroché un travail en intérim ; elle est intérimaire.

Le Président-Directeur général (PDG) embauche du personnel.

Nous devons recruter un cadre pour cette entreprise.

Le salariat est l'ensemble des salariés.

Droits, congés et primes

La fiche de paie vous permet, parmi beaucoup de choses, de voir les congés que vous avez pris.

On a droit à un congé payé pour maladie.

On peut prendre un congé de maternité / paternité rémunéré.

Les Ressources humaines (RH) est le service où adresser vos questions concernant les congés.

Les primes (d'assiduité, d'ancienneté, du 13e mois) sont des rétributions financières octroyées selon des circonstances spécifiques.

Les indemnités de licenciement dépendent des circonstances du licenciement.

Je me suis fait licencier / J'ai été viré (fam.).

Un·e chômeur·euse reçoit des allocations chômage.

Entrée en matière

Réfléchissez aux conditions de travail qui régissent le monde professionnel : code vestimentaire, télétravail, horaires flexibles ou heures supplémentaires, activités sociales, congés, vacances, primes, etc. Faites-en une liste. À votre avis, varient-elles selon les pays ?

ANALYSE D'UNE INFOGRAPHIE : Faut-il généraliser le travail flexible ?

Selon cette étude, le travail flexible est indispensable. Découvrez les résultats de l'étude à travers cette infographie.

LE TRAVAIL FLEXIBLE EN FRANCE
TRAVAILLER DIFFÉREMMENT POUR VIVRE MIEUX
LES FRANÇAIS VEULENT TRAVAILLER DIFFÉREMMENT
PLUS DE POUVOIR D'ACHAT ET PLUS DE TEMPS LIBRE
BOOSTER LE MARCHÉ DE L'EMPLOI ET L'ÉCONOMIE FRANÇAISE
93%
de salariés qui ont la possibilité de travailler à distance le font.
Ils déclarent:
-Pouvoir travailler à leur propre rythme (83%)
-Accomplir plus de tâches en perdant moins de temps dans les transports (76%)
+75%
des français indiquent que si le travail flexible leur était proposé cela améliorerait leur bien-être
+ d' 1/3 des employés français qui télétravaillent se déclarent plus productifs
2 JOURS DE TRAVAIL À DISTANCE/SEMAINE
=
Réduction de 40% du temps passé dans les transports et des coûts liés à ceux-ci
Une économie totale de 1,7 milliard € et 247 millions d'heures pour les travailleurs éligibles, soit:
85 HEURES/AN
• 12 JOURS DE CONGÉS EN PLUS DANS L'ANNÉE
• L'INTÉGRALITÉ DES SAISONS DE GAME OF THRONES, HOUSE OF CARDS, ET ORANGE IS THE NEW BLACK!
300 €/AN/PERSONNE
€
• 7 PLACES DE CONCERT (PRIX MOYEN D'UN CONCERT 45€)
• 6 MOIS D'ABONNEMENT À UNE SALLE DE SPORT (SUR UNE BASE D'UN ABONNEMENT MENSUEL À 50€)
• UN IPAD MINI 2 16GB WIFI
€
PIB
EN TRAVAILLANT 2 JOURS PAR SEMAINE les knowledge workers font grimper le PIB de la France de 0,5 %
78%
des inactifs et chômeurs affirment qu'ils seraient plus attirés par un emploi leur offrant des conditions de travail flexible
65%
des travailleurs partiels pourraient augmenter le PIB de 0.2% par an en utilisant le travail flexible
L'étude commandée par Citrix en partenariat avec Cebr a été menée par Opinium, cabinet de recherche spécialisé, du 23 au 27 octobre 2014 auprès de 1265 personnes en France.
Le rapport Cebr commissionné par Citrix et les résultats complets de l'étude sont disponibles sur demande.

Avez-vous compris ?

Vrai ou faux ? Dites si les affirmations suivantes sont vraies ou fausses. Corrigez celles qui sont fausses.

1. Le travail flexible augmente le pouvoir d'achat du·de la télétravailleur·euse.
2. La majorité des Français est favorable au travail flexible.
3. Le travail flexible diminue le PIB de la France.
4. Le bien-être des télétravailleur·euse·s augmente grâce au travail flexible.
5. Le travail flexible engendre davantage de chômage.

ACTIVITÉ 8 : LE TÉLÉTRAVAIL POUR TOUT LE MONDE ?

Le télétravail est parfois un choix, et parfois une nécessité. En petits groupes, discutez de votre opinion sur le télétravail. Quels sont les avantages et inconvénients de cette pratique ?

ACTIVITÉ 9 : DÉFENDRE UNE OPTION DANS UNE NÉGOCIATION

Vous travaillez dans une entreprise qui ne pratique pas le télétravail. Vous rencontrez la DRH pour essayer de la convaincre d'instaurer ce dernier. La DRH s'y oppose fermement. Chaque interlocuteur défendra vivement son opinion.

ACTIVITÉ 10 : RÉDIGER UN EMAIL SUR LE TÉLÉTRAVAIL

Mettez-vous à la place de la DRH. En vous servant des discussions et études que vous avez faites sur le télétravail, rédigez un email aux employé·e·s de votre entreprise expliquant la décision que vous avez prise. Si vous avez été convaincu·e par les arguments présentés, expliquez la mise en place des nouvelles procédures concernant le télétravail. Si vous êtes encore contre la pratique du télétravail, renforcez votre position.

ÇA S'EXPLIQUE ! : L'apprentissage, c'est quoi ?

Regardez attentivement cette vidéo, « Micro-trottoir : questions-réponses sur l'apprentissage », dans laquelle des jeunes discutent de l'apprentissage.

Avez-vous compris ?

Vrai ou faux ? Dites si les affirmations suivantes sont vraies ou fausses. Corrigez celles qui sont fausses.

1. Durant l'apprentissage, on alterne des périodes de travail avec des périodes d'études.

2. Les limites d'âge de l'apprentissage sont entre 15 et 25 ans.
3. L'apprentissage est répandu dans le secteur manuel ainsi que dans de nombreux autres secteurs tels que le digital, la pharmacie, etc.
4. Un·e apprenti·e n'est pas rémunéré·e.
5. Les structures du gouvernement rendent difficile le placement d'une personne handicapée.
6. CFA signifie Centre de Formation Agricole.

Si vous avez des questions ou commentaires, suivez les conseils des commentateurs et laissez-les directement sur le site !

DÉCOUVERTE D'UNE IDÉE : Les jeunes et le chômage

Dans cet article, la journaliste Nataša Laporte résume les tendances démographiques en matière de chômage chez les jeunes, selon un rapport de l'Organisation internationale de la Francophonie.

Dans l'espace francophone, un jeune sur quatre est au chômage

Un nouveau rapport de l'Organisation Internationale de la Francophonie brosse le portrait d'une jeunesse qui, à travers la plupart des pays membres et observateurs, subit le chômage de plein fouet. Sur d'autres plans, de l'éducation à l'accès au numérique en passant par la confiance à l'égard des institutions politiques, les situations, d'une région à l'autre, révèlent des situations très contrastées.

Pas moins de 775 millions de jeunes de moins de 35 ans, sur 1,3 milliard d'habitants qui vivent dans les États membres et observateurs de l'Organisation Internationale de la Francophonie (OIF) : les jeunes, dans la démographie de l'espace francophone, pèsent lourd, en particulier dans les pays d'Afrique subsaharienne. C'est ce qui ressort de la troisième édition du « Rapport sur la situation des jeunes dans l'espace francophone » de l'OIF, présenté mardi au Village de la francophonie, dressé du 7 au 12 octobre à l'occasion du XVIIe sommet de la Francophonie à Erevan. Une tendance démographique qui certes est un gage de dynamisme, mais qui n'est pas sans poser des « défis importants », que ce soit en matière d'accès aux moyens d'information et de communication, de réalisation d'aspirations familiales, d'engagement citoyen… et, surtout, en matière d'éducation et d'emploi.

Un chômage persistant

De fait, dans la majorité des 84 États membres ou observateurs réunis au sein de l'organisation, le chômage frappe de plein fouet les jeunes de 15 à 24 ans. Un phénomène persistant qui touche aussi bien certaines économies francophones développées que celles en développement. Ainsi, si en Suisse, au Canada et au Luxembourg, le taux de chômage des jeunes se situe entre 8 et 15%, il atteint 22% en France ou 19% en Belgique. En Afrique du Nord, entre un cinquième (Maroc) et plus du tiers (Égypte, Tunisie) des 15–24 ans sont sans emploi. Les chiffres sont similaires, voire plus élevés dans les pays d'Afrique subsaharienne tels que le Mozambique ou le Gabon, tandis que les faibles taux de chômage affichés (5%) dans certains pays de cette zone comme le Bénin, le Burundi ou le Rwanda, semblent pour leur part, selon l'étude, sous-estimés.

Dans la région des Balkans, le tableau n'est pas moins sombre : le chômage chez les jeunes grimpe jusqu'à 47% en Ancienne République yougoslave de Macédoine et même à 55% en Bosnie-Herzégovine... À l'inverse, les pays asiatiques comme le Cambodge, la Thaïlande et le Vietnam affichent des taux de chômage bien plus faibles : seuls 7% des jeunes y seraient sans emploi. Autre tendance, les jeunes sont souvent des travailleurs indépendants, surtout dans les pays d'Afrique francophone : au Bénin, au Burkina Faso, en Guinée et à Madagascar, ils sont ainsi plus de 80% des 18 à 29 ans à être à leur compte. En Europe, cette proportion est bien moindre, avoisinant en moyenne 10%.

L'énorme défi de l'éducation

De son côté, l'analyse des données sur l'éducation dans l'espace francophone pointe une situation plus que contrastée. D'une part, une scolarisation généralisée en Europe et en Amérique du Nord. D'autre part, l'Afrique subsaharienne, à la traîne en matière de taux brut de scolarisation, de taux de diplômés, ou encore d'indice de parité dans l'enseignement secondaire et supérieur. Illustration, le taux brut de scolarisation (nombre d'élèves inscrits par la population en âge de scolarisation) ne dépasse pas 15% en République centrafricaine, 23% au Tchad, 24% au Niger, ou encore 37% au Rwanda... Les auteurs du rapport de résumer : « Dans l'ensemble, malgré quelques signes encourageants sur le continent africain, les défis demeurent encore énormes ».

Quant à l'enseignement supérieur, l'étude relève une grande concentration des diplômés en sciences sociales, en commerce et en droit dans tous les pays de l'espace francophone. Et si en Europe et outre-Atlantique l'ingénierie et la transformation occupent la deuxième place du podium, en Afrique du Nord et en Afrique subsaharienne, la préférence va aux sciences, tandis que les taux d'ingénieurs diplômés restent faibles.

La fracture numérique

C'est sans oublier une autre fracture, celle de l'accès aux technologies d'information et de communication, à l'heure où plus aucune sphère de nos vies n'échappe au digital. Sans surprise, entre 80 et 90 % des foyers en Europe et au Canada sont équipés d'un ordinateur alors que dans la moitié des pays francophones d'Afrique subsaharienne, moins de 5 % des foyers en possèdent un. Et si le Luxembourg se hisse au premier rang pour l'accès à Internet, dans les pays francophones du Sud, seuls le Maroc, l'Égypte et le Maurice demeurent dans la course numérique, avec au moins la moitié des foyers connectés. En revanche, l'utilisation du téléphone portable se généralise : 96 % des 18-29 ans possèdent un téléphone portable en Afrique du Nord ; ils sont 78 % dans les pays d'Afrique subsaharienne.

Enfin, le rapport recèle une mine d'informations en matière d'aspirations familiales des jeunes francophones, de leur confiance à l'égard des institutions politiques, de leur engagement citoyen… qui toutes, sans surprise, soulignent de fortes divergences des situations. Autant de constats qui ne sont pas sans rappeler ceux de la précédente édition du rapport, publié il y a deux ans.

Avez-vous compris ?

Répondez aux questions suivantes :

1. D'après le rapport, quel est le pourcentage de jeunes dans le monde francophone ? Quel est l'impact de cette population sur la population générale ?
2. Quel segment de la population est le plus touché par le chômage ? Les pays en développement sont-ils plus frappés que les pays développés ? Comparez le taux de chômage dans des pays francophones avec celui des autres pays.
3. Expliquez l'expression « de plein fouet » telle qu'elle est utilisée dans les premier et troisième paragraphes.
4. Quel rôle joue l'éducation dans les pays francophones ? Comparez la place de l'ingénierie dans les pays européens aux pays africains. À votre avis, qu'est-ce qui explique cette distinction ? Faites des hypothèses.
5. Qu'est-ce que la fracture numérique et comment se manifeste-elle dans différents pays ?
6. Vous venez de lire le résumé du rapport de l'OIF. Maintenant, préparez une mini-présentation sur ce que vous avez appris pour partager ces informations avec un·e collègue qui s'intéresse à diminuer le taux de chômage chez les jeunes.

ACTIVITÉ 11 : LES ALLOCATIONS EN FRANCE

Qu'est-ce que le SMIC ? Le RSA ? Quelles sont les allocations dont vous bénéficiez si vous habitez en France ? Faites des recherches et remplissez la grille suivante. Vous pouvez consultez le site suivant pour vous aider : www.regionsjob.com/conseils/types-primes-salaries.html.

	SMIC	RSA	Primes de travail	Congé parental
Quelle en est la définition ?				
Quel en est le montant ?				
Y a-t-il une durée limitée ?				
Qui peut en bénéficier ?				

De quoi bénéficient les personnes suivantes ?

a. Une femme travaille comme caissière à l'épicerie du coin et gagne le salaire minimum. Combien gagne-t-elle par an ? À combien de jours de congés payés a-t-elle droit ?
b. Un homme de 24 ans cherche du travail depuis cinq mois. Combien reçoit-il par mois ? Bénéficie-t-il d'autres allocations ?
c. Un couple va bientôt avoir son 3e enfant. Quel sera le montant des allocations familiales dont il bénéficiera ? Comment peut-il bénéficier du congé parental ?
d. Un employé de la SNCF veut prendre sa retraite. Quel âge doit-il avoir ? De quelles primes a-t-il pu bénéficier pendant son travail au sein de la SNCF ?

Pour aller plus loin, comparez ces allocations à celle de votre pays, ou d'un autre pays francophone.

ACTIVITÉ 12 : ENFIN LES VACANCES ?

Les Français ont cinq semaines de congés payés et 11 jours fériés, mais ce n'est pas le pays le plus généreux. La France est loin de rivaliser avec la Colombie (18 jours fériés), la Malaisie (16) et le Japon (15). En revanche, l'Hexagone se situe bien devant le Mexique (7), la Roumanie et les Pays-Bas (8). En France comme dans de nombreux autres pays, il faut rappeler que les jours fériés peuvent être travaillés et payés selon les secteurs et les conventions collectives.

1. À combien de jours de congé avez-vous droit dans votre pays respectif ? Comment sont-ils calculés ? Existe-t-il différentes formes de congés chez vous ?
2. En petits groupes, choisissez un pays francophone et faites des recherches sur les lois de travail dans celui-ci. Discutez-en au sein de votre groupe.
3. Créez une présentation du type PowerPoint pour partager le résultat de vos recherches avec vos collègues.

ACTIVITÉ 13 : LES JEUNES FRANCOPHONES ET L'EMPLOI

Rédigez une note de synthèse pour préparer une réunion de travail sur des mesures à prendre pour favoriser le travail des jeunes. Utilisez les documents suivants que vous venez d'étudier : « C'est quoi pour vous le job idéal ? », « Le monde et l'entreprise de demain : Quelle vision chez les 18-30 ans ? », « Dans l'Afrique de l'Ouest » et « Dans l'espace francophone, un jeune sur quatre » pour rédiger cette note.

Consultez les *Repères professionnels* pour trouver le modèle de la note de synthèse.

NÉGOCIATIONS SYNDICALES

Vocabulaire à activer

Syndicats et syndiqué·e·s

Un·e syndiqué·e est une personne qui adhère à un syndicat.
Un des rôles des syndicats est de défendre les intérêts communs des employé·e·s.
Les cotisations des adhérent·e·s sont primordiales au financement du syndicat.
Les revendications concernent la rémunération, les conditions de travail et les protections sociales.
Il faut comparer le taux de syndicalisation et voir qui est syndiqué·e.
La contribution patronale joue un rôle essentiel dans le financement des activités sociales et culturelles.

Faire la grève

Un·e gréviste est une personne qui fait la grève et qui revendique ses droits.
Faire la grève n'est pas hors du commun dans de nombreux pays.
Les grévistes s'indignent contre leurs conditions de travail.
Les travailleur·euse·s réclament de meilleures primes.

Entrée en matière

Connaissez-vous l'historique de la syndicalisation dans votre pays ? Dans quels secteurs est-ce que la syndicalisation joue un rôle important ? Y a-t-il souvent des grèves dans des secteurs spécifiques ? Lesquels et pourquoi, à votre avis ?

ANALYSE D'UNE INFOGRAPHIE : Les syndiqué·e ·s

Dans cette infographie, on présente le financement des syndicats en France et dans d'autres pays.

2,6 millions de syndiqués
salariés et retraités

Uniquement 7,7 % des salariés sont syndiqués
C'est le taux de syndicalisation le plus bas du monde occidental

cgt
1er syndicat de la fonction publique

Cfdt
1er syndicat du secteur privé

Fonction publique
50 000 syndiqués
« équivalents temps plein »
sont mis à disposition de leur syndicat

3 millions
Total des journées de grève en 2016

78 % des Français
jugent les syndicats trop politisés
Source : TNS/Sofres – 2015

Budgets sociaux gérés par les syndicats
Retraites complémentaires, assurance chômage, formation professionnelle
130 milliards d'euros par an
6 % du PIB

Ressources des syndicats
90 % **proviennent des employeurs public/privé**
soit 3,5 milliards d'euros par an
Ressources propres : de 3 à 4 %

Taxe syndicale
instituée en 2015
83,2 millions d'euros
prélevés par l'État sur le salaire brut au profit des syndicats

Subventions publiques
Plus de 175 millions d'euros par an

Financement de l'activité syndicale
par an en milliards d'euros

France	Allemagne	Grande-Bretagne	Italie
4	1,3	1	1

Avez-vous compris ?

Répondez aux questions suivantes :

1. Quel est le pourcentage des salarié·e·s syndiqué·e·s en France ? Comment expliquer ce chiffre à votre avis ?
2. Dans cette infographie, quel aspect du syndicalisme est accentué ? Présente-elle une image globale des activités syndicales ou se focalise-t-elle sur un aspect particulier ?
3. Selon les informations présentées dans l'infographie, comment les syndicats soutiennent-ils leurs membres ?
4. Qui a publié cette infographie ? À votre avis, comment est-ce que les chiffres présentés dévoilent la motivation de cette organisation ? Qu'en pensez-vous ?

ÇA S'EXPLIQUE ! : Pourquoi se syndicaliser ?

Écoutez cette vidéo de promotion conçue par la Confédération générale du travail.

Avez-vous compris ?

Complétez le tableau suivant en vous basant sur les informations de la vidéo.

Nom	Métier	Deux de leurs arguments expliquant leur syndicalisation
Clément		1. 2.
Fatima		1. 2.
Nadia		1. 2.
Éric		1. 2.
Josiane		1. 2.

Répondez aux questions suivantes :

1. À votre avis, que veut expliquer Nadia quand elle dit « Je me suis décidée à m'engager syndicalement pour ne pas refaire le monde seulement à la machine à café ? »
2. Pourquoi parle-t-elle de machine à café dans ce contexte ?

DÉCOUVERTE D'UNE IDÉE : Les syndicats en France

Cet article examine l'historique, le rôle et le financement des syndicats en France. Lisez attentivement.

Les syndicats : quel est leur rôle en France ?

Les syndicats défendent les intérêts communs d'un groupement de personnes (salariés, chômeurs, retraités…). Ils permettent de conserver un dialogue social entre employeurs et employés et de faire valoir des revendications.

Syndicat : définition

Les syndicats défendent les droits et intérêts économiques et professionnels, tant collectifs qu' individuels, des salariés pour l'essentiel. Les syndicats professionnels, souvent organisés par branches d'activité ou par régions, sont regroupés en fédérations au plan national. Ils se composent d'un secrétaire général, de responsables syndicaux et de délégués. Les revendications portent souvent sur les conditions de travail, les rémunérations ou les protections sociales. Les syndicats sont consultés par le gouvernement lors des réformes sociales. En effet, la loi Larcher de 2007 stipule que toute modification du code du travail doit se faire après consultation des syndicats. Ainsi, les syndicats prennent part à la réforme du code du travail que le gouvernement d'Edouard Philippe veut faire passer par ordonnances durant l'été 2017.

Financement des syndicats

Les syndicats sont financés par les cotisations des adhérents mais aussi par certaines taxes comme la contribution patronale au financement des organisations syndicales. La loi impose une publicité des comptes des syndicats. Ainsi, les syndicats dont les ressources annuelles sont comprises entre 2 000 euros et 230 000 euros doivent produire chaque année un bilan et un compte de résultats. Ces documents doivent être certifiés par un commissaire aux comptes.

Les cinq syndicats historiques et les nouveaux syndicats

En France, il existe huit principales organisations syndicales, mais les plus représentatives sont la CGT (Confédération générale des travailleurs), la CFDT (Confédération française démocratique du travail), FO (Force ouvrière), la CFE-CGC (Confédération française de l'encadrement—Confédération générale des cadres) et la CFTC (Confédération française des travailleurs chrétiens). Ces cinq confédérations sont historiques et depuis plus de 40 ans, elles sont reconnues représentatives au niveau national et interprofessionnel. Lors d'accords professionnels collectifs, elles ont un poids différencié : 30,63 % pour la CGT, 29,71 % pour la CFDT, 18,28 % pour FO, 10,76 % pour la CFE-CGC et 10,62 % pour la CFTC (chiffres pour 2013-2016). Tous les quatre ans, l'audience est réévaluée. Concernant les trois autres syndicats, l'UNSA (Union nationale des syndicats autonomes), la FSU (Fédération syndicale unitaire) et l'Union syndicale solidaire, ils sont plus récents et ne jouissent pas encore d'un poids officiellement reconnu.

Qui sont les principaux syndicats en France ?

Il existe de nombreux syndicats en France. Les principaux que les médias mentionnent souvent sont :

- La Confédération française démocratique du travail (CFDT)
- La Confédération générale du travail (CGT)
- Force Ouvrière (FO)
- La Confédération générale des travailleurs chrétiens (CFTC)
- Solidaires Unitaires Démocratiques (Sud)

Ces syndicats sont présents dans tous les secteurs d'activité. Mais il existe également des syndicats qui représentent des catégories particulières. Ainsi, le patronat est représenté par le Medef, c'est-à-dire le mouvement des entreprises de France et les cadres par la confédération française de l'encadrement ou confédération générale des cadres (CFE-CGC).Parmi les syndicats représentant une catégorie particulière citons par exemple l'union nationale des étudiants de France (Unef), la confédération des syndicats médicaux français (CSFM) ou encore le syndicat national des journalistes (SNJ).

Quel est le rôle des syndicats dans l'entreprise et au-delà ?

Suite à une récente réforme, pour qu'un accord collectif de branche soit validé, il doit être signé par un ou plusieurs syndicats représentants 30 % des voix et ne pas être rejeté par les syndicats représentant 50 % des voix.

Le taux de syndicalisation n'aurait cessé de baisser depuis l'après-guerre, ne représentant que 8 % des salariés environ. Mais leur rôle reste essentiel pour porter des revendications collectives et attirer les médias dans leurs combats. Pour relancer le syndicalisme en France, la réforme du travail souhaite généraliser le système du chèque syndical déjà en vigueur dans certaines entreprises dont Axa.

Avez-vous compris ?

Répondez aux questions suivantes :

1. Selon l'article, quels sont les objectifs principaux des syndicats ?
2. Décrivez l'organisation typique d'un syndicat professionnel. Les syndicats sont-ils présents dans tous les secteurs d'activité en France ?
3. Pourquoi des consultations sont-elles organisées entre le gouvernement et les syndicats lors des discussions de réformes sociales ? Imaginez une situation où les conseils d'un syndicat pourraient influencer la discussion.
4. Donnez des exemples de revendications souvent proposées par les syndicats.
5. Expliquez le système de financement des syndicats.
6. À votre avis, quels seraient les avantages et les inconvénients d'un relancement du syndicalisme en France ?

ACTIVITÉ 14 : JEU DE RÔLES

Jouez le rôle d'un·e représentant·e de syndicat qui essaie de protéger les emplois d'une entreprise contre le licenciement abusif dans une industrie de fabrication d'automobiles. Préparez un dialogue entre quelques représentant·e·s de syndicat et plusieurs responsables financiers de cette usine.

CAS D'ENTREPRISE : NÉGOCIER EN HAÏTI

Lisez cet article publié par le Centre International de formation sur la négociation dans le secteur de l'habillement en Haïti.

Techniques de négociation dans le secteur de l'habillement en Haïti

- Groupes cibles : représentants des employeurs et des travailleurs du secteur de l'habillement
- Atelier coorganisé avec le programme Better Work de l'OIT

Le secteur de l'habillement en Haïti emploie environ 26 000 travailleurs et représente 75 pour cent des exportations haïtiennes. Le programme Better Work de l'OIT vise à améliorer les conditions de travail et à promouvoir la compétitivité dans ce secteur. En raison de l'importance stratégique de ce secteur, la promotion de relations professionnelles saines entre les travailleurs et les employeurs constitue un enjeu majeur.

En 2013, il a été demandé au Centre international de formation de l'OIT de créer trois activités de formation afin de renforcer les compétences des représentants des travailleurs et des employeurs dans le secteur de l'habillement en Haïti. Ces ateliers conçus sur mesure visaient à perfectionner les techniques de négociation et à aider les participants à comprendre comment les conflits pouvaient être évités et mieux gérés sur le lieu de travail. L'accent a été mis sur les moyens de passer d'un mode de négociation axé sur la confrontation à un mode de négociation permettant d'obtenir des gains réciproques et renforçant les relations entre les parties.

Les ateliers se sont déroulés de manière très interactive et étaient basés sur l'expérience des participants en matière de gestion des conflits. Les jeux de rôle et les exercices de modélisation et participatifs ont aidé à la création d'une atmosphère favorable au partage d'idées et de préoccupations. Les jeux de rôles ont permis d'évaluer les progrès réalisés par les participants. Lors du troisième atelier, les participants ont élaboré des lignes directrices pour prévenir les causes profondes de l'émergence de conflits sur le lieu de travail. Un participant, responsable des ressources humaines au sein d'une grande usine, a déclaré à la fin de la formation: «Auparavant, je percevais les syndicats comme des adversaires. Aujourd'hui, je les considère comme des partenaires sociaux.»

ACTIVITÉ 15: LA GESTION DES CONFLITS

Rédigez une note de synthèse pour préparer une réunion sur des mesures à prendre pour gérer des conflits internes. Après avoir lu l'article ci-dessus, trouvez deux autres documents en ligne qui discutent de différentes méthodes de gestion de conflit. Rédigez cette note de synthèse pour votre patron·ne afin de l'informer efficacement des techniques diverses.

Consultez l'appendice pour trouver le modèle de la note de synthèse.

PERSPECTIVES PROFESSIONNELLES: LE MINISTRE DE L'ÉCONOMIE NUMÉRIQUE EN TUNISIE

Voici un entretien avec Anouar Maârouf, le ministre des Technologies de la communication de l'Économie numérique de Tunisie.

Tunisie: «Le Start-up Act a été élaboré par les acteurs eux-mêmes»

Entretien. En tant que ministre de l'Économie numérique, Anouar Maârouf a présidé à la mise en place du Start-up Act, un dispositif pour faciliter l'accès à l'entrepreneuriat pour les Tunisiens. Dans un entretien avec le journaliste Samir Abdelkrim, il en explique la teneur.

En Tunisie, le numérique est perçu comme un pare-feu à l'exil des talents et la progression du chômage des jeunes.

Mais il faut pour cela d'abord et surtout répondre aux espoirs de la jeunesse tunisienne. C'est le pari ambitieux du Start-up Act. Un dispositif juridique inédit en Afrique. Presque « organique » dans le sens où cette loi n'a pas été décidée en « haut » mais vient du vraiment du « bas », du terrain, dans un réel esprit de co-construction. Car le Start-up Act est d'abord le fruit d'un long processus de concertation entre le gouvernement et la société civile tunisienne autour d'une vision : éliminer les barrières et démocratiser l'accès à l'entrepreneuriat pour tous les Tunisiens, y compris dans les régions les plus reculées. Et *in fine* permettre aussi à la Tunisie de rester souveraine en conservant ses cerveaux (et de maîtriser ainsi la « digital literacy ») à l'ère du tout-numérique. Rencontre avec Anouar Maârouf, le ministre tunisien des Technologies de la communication et de l'Économie numérique (MTCEN) et l'un des chefs d'orchestre du Start-up Act.

Comment le développement des start-up peut-il aujourd'hui apporter de l'espoir à la jeunesse tunisienne et contribuer à lutter contre le chômage ?

La jeunesse et l'espoir sont souvent associés, surtout lorsqu'il s'agit du numérique. Par exemple, le Start-up Act a généré beaucoup d'attente positive chez la jeunesse en Tunisie. À un premier niveau, il y avait l'espoir de pouvoir enfin créer son projet, transformer son idée dans son pays. À un second niveau, le Start-up Act représentait enfin une initiative qui sort de l'écosystème et qui aboutit. Habituellement, chez la jeunesse, les initiatives viennent d'en haut, de l'État, alors que celle-ci vient d'en bas. Elle a été élaborée par les acteurs eux-mêmes, par les jeunes, notamment l'écosystème des start-up, et elle a abouti. J'étais impressionné et ému par l'euphorie ambiante lorsque le Parlement a validé le Start-up Act. Les jeunes considéraient qu'ils avaient une victoire historique.

L'espoir vient de là, mais est nourri également par l'énergie déclenchée par la révolution tunisienne, qui, à plusieurs reprises, a été confrontée à des freins et désillusions. L'idée est de lancer des initiatives comme le Start-up Act et de réussir rapidement dans le numérique. Le numérique, c'est l'avenir, c'est le changement, c'est la rupture, c'est l'espoir. La jeunesse tunisienne, aujourd'hui, à travers le Start-up Act et cette dynamique créée dans les régions, se rend compte que finalement, si on a une bonne idée entrepreneuriale, une tête bien faite, de l'envie et une bonne connexion Internet, il est possible de créer son projet et faire des miracles.

Où en est le Start-up Act après son adoption au Parlement en 2018 ?

Le Start-up Act, c'est tout un process. Il ne faut pas le réduire au projet de loi, au texte. Le Start-up Act, c'est un nouvel esprit, c'est une nouvelle dynamique créée par les jeunes et par l'écosystème, et adopté et accéléré par l'État. Je définis mon rôle comme accélérateur de cette dynamique qui est née au sein de l'écosystème. Le Start-up Act est lancé depuis ce 4 avril. Cela signifie que les premiers labels vont commencer à être attribués et que le portail à partir duquel tout le processus de gestion défini dans le Start-up Act est désormais dématérialisé.

Ce sont des labels qui vont être attribués par le collège des start-up qui vient tout juste d'être nommé?

Le collège des start-up vient d'être nommé à travers une décision du chef du gouvernement. Ce sont neuf personnes qui représentent l'écosystème des start-up: notamment les experts, les organisations de l'État en relation avec ce domaine, les VCs, les institutions d'investissement ou d'accompagnement des start-uppers. C'est un collège représentatif de l'écosystème. Leur rôle est de donner des labels, c'est-à-dire de traiter des dossiers de candidature de start-up et de les labelliser.

* Samir Abdelkrim, fondateur du sommet international Emerging Valley et de l'entreprise de conseil StartupBRICS, a parcouru une vingtaine d'écosystèmes numériques africains et en a tiré un livre, « Startup Lions, au cœur de l'African Tech », disponible sur Amazon.

LANCER UNE START-UP : TROUVEZ VOTRE CONCEPT !

Identifiez un produit ou un service que vous aimeriez vendre. Avant de lancer votre idée, informez-vous sur l'existence de start-up similaires. Faites des recherches en ligne et identifiez deux entreprises qui offrent un produit ou un service qui ressemble à celui que vous comptez développer. Comparez les deux start-up et indiquez les similarités et les différences avec votre idée.

	Start-up #1	Start-up #2	Ma start-up
Dénomination sociale			
Secteur d'activité			
Description du produit / service			
Clientèle ciblée			
Étendue du marché			
Autres caractéristiques			

Unité 4 Vendre à l'international

POINTS INTERCULTURELS

- Habitudes de consommation
- Stratégies de marketing
- Marques et publicités

TÂCHES PROFESSIONNELLES

- Présenter en assemblée le bilan d'une activité sur une période de temps donnée
- Écrire une lettre de réclamation
- Rédiger un publi-reportage sur un produit
- Rédiger le compte-rendu d'une intervention orale

QUESTIONS CULTURELLES

- Comment la culture influence-t-elle les habitudes de consommation ?
- Comment adapter une campagne de marketing à une autre culture/à l'international ?
- La publicité, est-elle éthique ?

HABITUDES DE CONSOMMATION

Vocabulaire à activer

Acheter en ligne ou en magasin

J'ai vérifié mes données personnelles avant de passer une commande en ligne.
J'ai vérifié la date de livraison et j'ai payé les frais de livraison.
La commande a été expédiée et le colis est arrivé sans délai.
J'aime tester les échantillons de produits cosmétiques.
Il n'y avait pas d'attente à la caisse.
J'ai fait la queue pendant cinq minutes à l'accueil.
Une PLV (publicité sur lieu de vente) se trouve en magasin.
Le positionnement des produits incite à les mettre dans votre caddie.

Faire une réclamation

L'article ne correspondait pas à mes attentes.
Le produit ne fonctionnait pas.
L'article n'était pas conforme à sa description.
Le produit était endommagé.
L'emballage n'était pas conforme.
Je n'ai pas voulu échanger le produit.
J'ai renvoyé l'article commandé en ligne.
J'ai été remboursé·e.
Le remboursement a été crédité / effectué directement sur ma carte bancaire.

Entrée en matière

Quel type de consommateur·rice êtes-vous ? Combien d'argent dépensez-vous par mois, et pour quels produits et services ? Achetez-vous principalement en ligne ou préférez-vous vous rendre au magasin pour acheter sur place ? Pourquoi ? Réfléchissez à vos préférences selon les types d'achat que vous faites (nourriture, vêtements, musique, objets liés aux loisirs).

ANALYSE D'UNE INFOGRAPHIE : Portrait de l'acheteur·euse en ligne

L'infographie suivante montre les habitudes des acheteurs et acheteuses français·e·s en ligne en 2016. Lisez puis répondez aux questions.

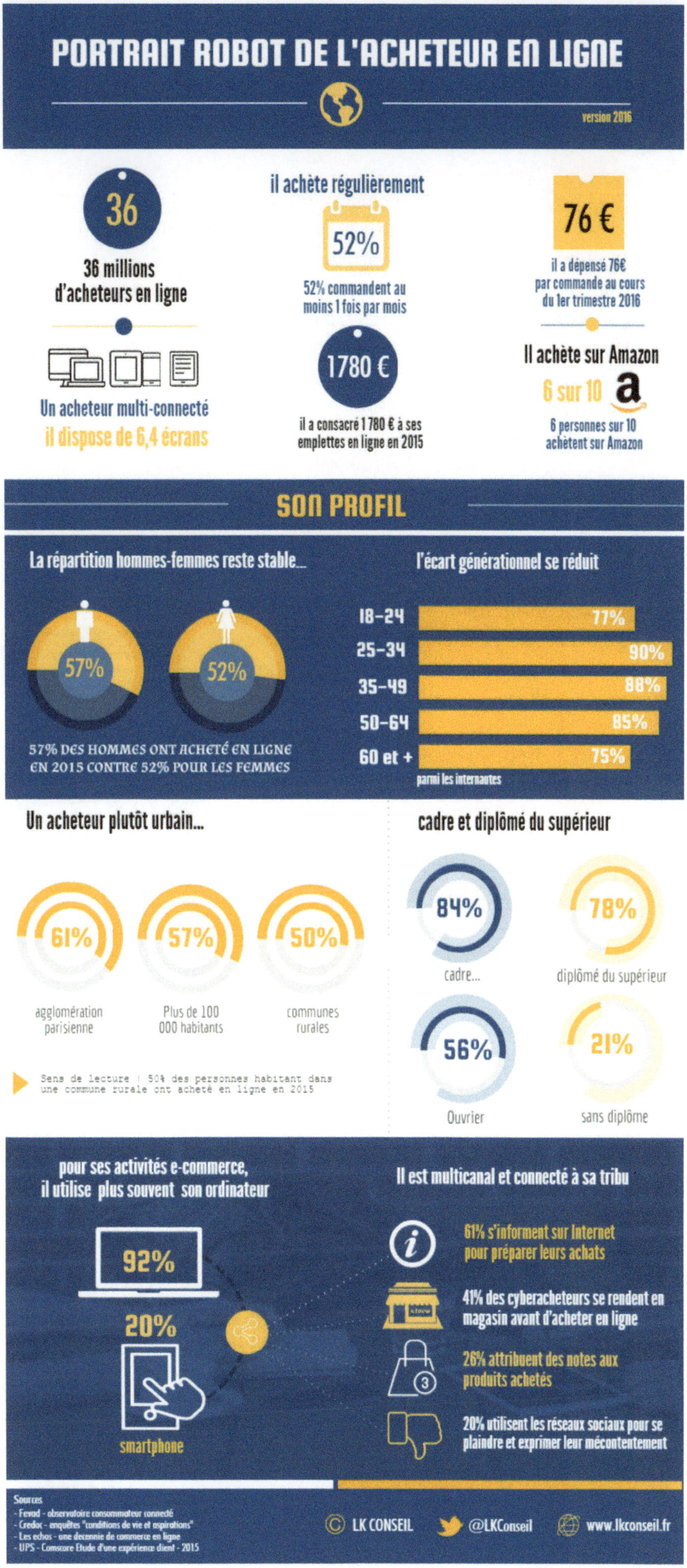
PORTRAIT ROBOT DE L'ACHETEUR EN LIGNE
version 2016
36
36 millions d'acheteurs en ligne
Un acheteur multi-connecté
il dispose de 6,4 écrans
il achète régulièrement
52%
52% commandent au moins 1 fois par mois
1780 €
il a consacré 1 780 € à ses emplettes en ligne en 2015
76 €
il a dépensé 76€ par commande au cours du 1er trimestre 2016
Il achète sur Amazon
6 sur 10
6 personnes sur 10 achètent sur Amazon
SON PROFIL
La répartition hommes-femmes reste stable...
57%
52%
57% DES HOMMES ONT ACHETÉ EN LIGNE EN 2015 CONTRE 52% POUR LES FEMMES
l'écart générationnel se réduit
18-24 77%
25-34 90%
35-49 88%
50-64 85%
60 et + 75%
parmi les internautes
Un acheteur plutôt urbain...
61% agglomération parisienne
57% Plus de 100 000 habitants
50% communes rurales
Sens de lecture : 50% des personnes habitant dans une commune rurale ont acheté en ligne en 2015
cadre et diplômé du supérieur
84% cadre...
78% diplômé du supérieur
56% Ouvrier
21% sans diplôme
pour ses activités e-commerce, il utilise plus souvent son ordinateur
92%
20%
smartphone
Il est multicanal et connecté à sa tribu
61% s'informent sur Internet pour préparer leurs achats
41% des cyberacheteurs se rendent en magasin avant d'acheter en ligne
26% attribuent des notes aux produits achetés
20% utilisent les réseaux sociaux pour se plaindre et exprimer leur mécontentement
Sources
- Fevad - observatoire consommateur connecté
- Credoc - enquêtes "conditions de vie et aspirations"
- Les echos - une decennie de commerce en ligne
- UPS - Comscore Etude d'une expérience client - 2015
© LK CONSEIL
@LKConseil
www.lkconseil.fr

Avez-vous compris ?

Répondez aux questions suivantes :

1. Quel pourcentage de Français·es ont acheté en ligne en 2016 ?
2. Faites un résumé du portrait typique du·de la consommateur·rice en ligne. Quel est son âge, sexe et statut social ?
3. Quelle proportion des Français·es laissent des commentaires sur les produits qu'ils·elles achètent ? Combien s'en plaignent ?
4. De toutes les statistiques présentées, lesquelles trouvez-vous les plus utiles pour comprendre le·la consommateur·rice ?
5. Correspondez-vous au portrait-robot du·de la consommateur·rice typique ? Expliquez.

ÇA S'EXPLIQUE ! : C'est qui, le consommateur québécois ?

D'après les auteurs de l'ouvrage, *Le Code Québec* (2016), il y sept caractéristiques qui distinguent le consommateur québécois du reste du monde. Écoutez l'interview avec Jean-Marc Léger, co-auteur et cofondateur de Léger Marketing sur le site web: http://lecodequebec.com.

Avez-vous compris ?

Répondez aux questions suivantes :

1. Quelle est l'importance du livre de Jacques Bouchard, *Les 36 Cordes Sensibles des Québécois* ?
2. Combien de temps Léger a-t-il mis pour écrire le livre *Le Code Québec* ? Pourquoi ?
3. Pourquoi Léger compare-t-il la lecture du livre au fait de « se regarder dans le miroir » ?
4. Quels traits les Québécois partagent-ils avec leurs compatriotes canadiens ?
5. Qu'est-ce qui distingue les Québécois des Canadiens anglophones quant au bonheur ?

ACTIVITÉ 1 : LES SEPT TRAITS QUÉBÉCOIS

Pour aller plus loin, découvrez le site du livre *Le Code Québec*, http://lecodequebec.com, qui développe les sept traits québécois à travers des sondages et des publicités. Comment est-ce que les marketeurs ont utilisé cette information afin de mieux cibler le marché québécois ? Regardez les publicités sur le site.

Connaissez-vous d'autres œuvres ou études qui essaient de saisir l'identité d'un peuple afin de mieux cibler leur marché ? Faites des recherches.

ACTIVITÉ 2 : LA LOCALISATION

Lorsqu'une entreprise se lance sur un nouveau marché à l'étranger, elle embauche des publicitaires pour créer des campagnes de localisation qui adaptent leur stratégie publicitaire (slogan, accroche, images) à la culture locale. Ces stratégies proposent d'utiliser la connaissance de la culture locale pour conquérir ce nouveau marché. Prenez l'exemple de l'entreprise Staples qui a changé son nom en Bureau en Gros pour le marché québécois, ou bien comparez comment une entreprise comme Bell a adapté son slogan pour le Canada anglophone (« Today just got better ») au marché québécois (« La vie est BELL »). Parfois l'entreprise va même jusqu'à localiser le produit lui-même ; prenez l'exemple du McBaguette que McDonalds France a créé pour le marché français.

À votre avis, est-ce que ces adaptations publicitaires reflètent une connaissance de la culture locale ou est-ce qu'elles se reposent plutôt sur des stéréotypes (par exemple, type d'humour, envie de luxe, préférence pour la couleur bleue) ? Cherchez des exemples de publicités dans votre culture ou une culture que vous connaissez bien, et ensuite utilisez-les pour soutenir vos arguments.

DÉCOUVERTE D'UNE IDÉE : Le consommateur type

Cet article, publié sur le site *Nos pensées*, présente une déclinaison de différents types de consommateurs.

Il existe sept types de consommateurs : lequel d'entre eux êtes-vous ?

Il existe différents types de consommateurs et cela est bien connu des experts en marketing. Par ceux qui sont impliqués dans le monde des affaires également. Les stratégies de vente prennent en compte ces différences. C'est pourquoi les produits et les campagnes sont orientés pour activer ces mécanismes d'achat, en fonction de la personnalité des clients.

Ceci est particulièrement visible sur Internet. Il existe ici une infinie quantité de mécanismes permettant de détecter et de classer le comportement des différents types de consommateurs. Par conséquent, l'offre est affinée au fur et à mesure que l'information est collectée. L'objectif est ici unique : que nous achetions davantage et plus cher.

Acheter et en ressentir du plaisir n'est pas une mauvaise chose en soi. Ce qui peut être problématique en revanche est que nous soyons incités à le faire plus souvent que ce qui est raisonnable ou que nous recourrions à ce comportement pour couvrir d'autres déficiences qui ne seront pas couvertes par le produit que nous achetons, telles que les déficiences émotionnelles. Ou que nous soyons incités d'une manière ou d'une autre à acheter des choses inutiles, en utilisant l'analyse de notre comportement. C'est pourquoi il est utile de prendre conscience de la façon dont nous achetons. Voici les sept types de consommateurs les plus courants.

« Achetez ce qui est nécessaire, non ce qu'il convient. » —Ovide

1. Celui qui achète seulement le meilleur

Selon une étude réalisée par la société Euromonitor, il s'agit de l'un des groupes de consommateurs dans lesquels il n'existe aucune différence de genre en ce qui concerne sa composition. Environ la moitié du groupe sont des hommes et l'autre moitié sont des femmes.

L'âge moyen est de 35 ans et correspond à 17 % du nombre total de consommateurs. Il s'agit de personnes confiantes, bien informées et très technologiques. Elles n'achètent que ce qui leur accorde un statut. Elles achètent des choses jolies et chères, même si elles doivent acheter moins de produits.

2. L'impulsif, l'un des types de consommateurs les plus fréquents

Il s'agit du type de consommateur rêvé de tout vendeur. Nous estimons que ce segment est composé de 52 % de femmes et de 48 % d'hommes. L'âge moyen est de 34 ans et leur principale caractéristique est qu'ils adorent faire du shopping.

Il s'agit de personnes sociables, spontanées et, bien sûr, impulsives. Le mot magique pour ce type de consommateurs est « offre ». Près de la moitié de leurs achats sont effectués sur Internet, notamment via les téléphones portables. Ils ne passent pas plus d'un mois sans acheter quelque chose.

3. L'optimiste équilibré

Ce type de consommateurs représente 20 % de l'échantillon étudié par Euromonitor. 51 % sont des femmes et 49 % sont des hommes. Leur âge moyen est de 39 ans et leur principale caractéristique est qu'ils analysent bien leurs achats et ne se laissent pas emporter par la première impression ou ce que la publicité leur montre. Il s'agit de personnes qui posent des questions et tentent d'aller au-delà de ce qui leur est présenté.

Ce type de consommateurs est pratique et confiant. Ils évaluent le rapport qualité / prix et n'acquièrent quelque chose que lorsqu'ils y trouvent un réel bénéfice. Ils sont disciplinés vis-à-vis de leurs dettes et préfèrent ne pas en contracter.

4. Le lutteur en herbe

Le plus caractéristique de ce type de consommateurs est qu'ils sont angoissés. Ils veulent que leur vie soit meilleure et associent cette évolution aux achats. Ils correspondent à 7 % des acheteurs. 53 % de ce groupe sont des femmes et le reste sont des hommes.

Leurs habitudes d'achat sont très émotives. Ils peuvent parfois ne rien acheter du tout, même s'il s'agit d'une véritable affaire. Ils pourraient par ailleurs tout acheter, même si le produit est cher et qu'il leur est inutile. Tout dépend de leur humeur.

5. Le casanier conservateur

Ce groupe est le plus « féminin » : 58 % de ce segment est composé de femmes. Ils correspondent à 20 % des acheteurs et ont une moyenne d'âge de 44 ans. Leur principale caractéristique est qu'ils pensent en termes de famille.

Il s'agit de l'un des types de consommateurs qui prêtent le plus attention aux détails. Ils regardent tout. Ils ne se soucient pas du fait d'être ou non en retard sur les tendances ou s'ils ne possèdent pas l'appareil dernier cri. Ils achètent seulement ce dont ils ont vraiment besoin, lorsqu'ils en ont besoin. Il s'agit des consommateurs les moins manipulables.

6. Le sceptique indépendant

Il s'agit du segment le plus masculin de tous : 55 % sont des hommes. Ils ont en moyenne 35 ans. Ils sont très indépendants et prétendent vivre la vie « selon leurs propres termes ». Ils se méfient du commerce en général.

Ils correspondent à 10 % des consommateurs. Une chose est très marquée chez eux : ils détestent les achats. Ils achètent seulement un produit lorsque cela est absolument essentiel. En effet, ils préfèrent déléguer les achats à d'autres. En outre, Internet ne joue pas un rôle important dans leur vie en termes d'achats de produits.

7. Le traditionaliste sécuritaire

Ils correspondent à 22 % des consommateurs. Il s'agit d'un autre « groupe masculin », puisque 58 % de ceux qui le composent sont des hommes. A l'instar du segment précédent, ils détestent faire du shopping. Il s'agit de l'un des types de consommateurs qui représentent un problème pour n'importe quel vendeur.

Contrairement aux sceptiques, ce segment est totalement confiant. Ils sentent que leur vie se déroule dans un grand bien-être. C'est pourquoi ce dernier n'est en rien fonction d'une quelconque acquisition. Ils se sentent bien avec ce qu'ils ont.

Tous ces types de consommateurs sont étudiés de façon approfondie par les départements de marketing, de sorte que dans de nombreux cas chaque type de consommateurs dispose d'une offre différenciée. En fin de compte, « le client a toujours raison » et ce que recherchent précisément les gourous du marketing sont de bonnes stratégies afin que nous disposions des informations que nous recherchons en fonction de notre profil de consommateur... et que nous achetions.

Avez-vous compris?

Répondez aux questions suivantes:

1. Complétez le tableau suivant selon les informations que vous trouvez dans l'article.

Type de consommateur	Tranche d'âge	Genre (% en majorité)	Trait principal	Défi pour celui qui le cible

2. Pourquoi est-ce important de bien comprendre nos préférences vis-à-vis des achats que nous faisons?
3. Selon l'article, l'impulsif est le consommateur de rêve. Pourquoi, à votre avis?
4. Expliquez le terme «lutteur en herbe».
5. Dans cette étude, on remarque des différences de genre quant aux habitudes. Où voit-on le plus de différence entre les habitudes masculines et féminines? Le moins? Pourquoi, à votre avis? À part le genre, quelles sont d'autres façons de définir le consommateur?
6. Quel type de consommateur·rice êtes-vous? Expliquez votre réponse.
7. L'article a été publié sur le site *Nos pensées*, un blog qui se définit comme étant «sur la psychologie et la philosophie». Quel est le lien entre la psychologie et le marketing? Comment l'étude de la psychologie, voire la philosophie, pourrait-elle être utile pour le publicitaire?
8. Analysez la citation d'Ovide qui figure dans l'article («Achetez ce qui est nécessaire, non ce qu'il convient.»). En quoi soutient-elle le message principal de l'article?

ACTIVITÉ 3 : UN ACHAT D'IMPULSION OU UN ACHAT RÉFLÉCHI ?

Un achat d'impulsion est différent d'un achat réfléchi ou spécialisé, où le consommateur fait une sélection ou évaluation du produit (voiture, machine à laver). Dans les cas suivants, notez les achats dits « d'impulsion » et ceux dits « réfléchis ». Soutenez votre choix avec des exemples précis.

AI AR Aïcha achète un produit qui se trouve devant la caisse.
AI AR Achille consulte décision-achats.fr avant de prendre une décision.
AI AR Agnès voit une publicité sur le lieu de vente (PLV) et décide d'essayer le produit.
AI AR Ahmed achète une paire de chaussures de tennis.
AI AR Armand va au supermarché pour acheter du lait.

ACTIVITÉ 4 : TECHNIQUES DE MARKETING

Faites correspondre les termes à la définition qui leur est appropriée.

a. Un tournoi de tennis célèbre est souvent sponsorisé par une certaine marque
b. Une publicité à la radio
c. LVMH possède beaucoup de marques différentes
d. Coca-Cola
e. Kroger Cola
f. Le packaging d'une boîte de biscuits
g. La mise en avant d'un aspect du produit
h. À la pharmacie on vous donne une crème pour la peau gratuite.

____ Le positionnement
____ Une marque de fabrique
____ Un spot
____ Une marque de distributeur
____ Le conditionnement
____ Le parrainage
____ Un échantillon
____ Une gamme de produit

ACTIVITÉ 5 : COMMENT CHOISIR LE MEILLEUR PRODUIT ?

Les consommateur·rice·s d'aujourd'hui ont de plus en plus de choix. Ceux-ci sont rendus plus difficiles par la quantité de commentaires partagés sur des produits en ligne et dans des forums. Comment prendre une bonne décision sans devenir fou ou folle ? En prenant l'exemple d'un achat réfléchi que vous avez fait récemment, expliquez comment vous avez décidé d'acheter tel produit et quels éléments ont influencé votre décision.

ACTIVITÉ 6 : ÉCRIRE UNE LETTRE DE RÉCLAMATION

Suite à un achat sur Internet, vous trouvez que l'article que vous avez acheté n'est pas conforme à sa description en ligne. Selon la loi, vous avez le droit de contester cet achat et de demander un remboursement. Dans votre lettre, mentionnez l'objet de votre contestation et décrivez en quoi l'article ne vous convient pas.

Consultez l'appendice pour un exemple d'une lettre de réclamation.

STRATÉGIES DE MARKETING

Vocabulaire à activer

Positionner un produit ou un service

Il faut écrire un questionnaire pour réaliser un sondage.

On a sondé des gens sur leurs habitudes d'achat en tête-à-tête.

Il est nécessaire de trouver un moyen afin de s'implanter dans un marché. Il faut bien segmenter le marché en établissant un réseau de distribution.

Il est essentiel de bien positionner son produit dans le marché.

Dans un marché saturé, il faut bien choisir sa stratégie pour percer le marché.

Il faut vérifier que l'emballage / le conditionnement soit efficace.

L'utilisation des médias sociaux peut promouvoir un produit ou un service.

Les influenceurs aident à créer un buzz autour d'un produit grâce aux campagnes digitales.

Lancer une campagne de marketing

Il est nécessaire de mettre en place une stratégie qui suit les tendances du marché.

Le principe du bouche à l'oreille est fondé sur la recommandation des clients à leur cercle, à travers différents canaux.

Nissan a confié son projet de street marketing à l'agence Engagia de Marrakech.

La marque de vêtements Benetton a lancé une campagne de pub insolite dans les années 1990.

Dans le cadre du marketing viral, l'offre se diffuse comme un virus.

Il est utile de mettre en place un programme de fidélisation client.

Le but du neuromarketing est de mieux comprendre les comportements des consommateurs.

Entrée en matière

Le travail du publicitaire est de vendre un produit à des client·e·s. Ceci est loin d'être simple car le·la client·e d'aujourd'hui est de moins en moins fidèle aux marques. Quelle est donc la meilleure façon de vendre un produit et quels sont des exemples de stratégies efficaces pour séduire les client·e·s ?

Réfléchissez à un achat que vous avez fait où vous avez décidé d'acheter le produit malgré vous, c'est-à-dire, que vous n'aviez pas l'intention de l'acheter, mais vous avez fini par le faire. Pourquoi avez-vous changé d'avis ? Quels éléments ont contribué à votre décision ?

ANALYSE D'UNE INFOGRAPHIE : Les 4 P et les 4 C

Dans les années 1960, Jérôme McCarthy a identifié quatre éléments essentiels pour une stratégie de marketing réussie : les 4 P. Trente ans plus tard, Robert Lauterborn, puis Philip Kotler ont proposé les 4 C. Étudiez les infographies suivantes afin de comprendre l'évolution des stratégies.

Les 4 P

PRODUIT

Marque

Gamme

Fonctions

Packaging

PRIX

Tarifs

Remises

Rabais, ristournes

Conditions de paiement

PROMOTION

Publicité

Promotion des ventes

Marketing direct

Relations publiques

PLACE

Points de vente

Canaux de distribution

Assortiment

Logistique

Les 4 C

CLIENT : Quels sont les besoins et attentes fondamentales du client ?
COÛT : Quel budget le client est-il prêt à mettre ; à quels arbitrages procède-t-il ?
COMMUNAUTÉ : Quelles sont les interactions à développer avec le client sur le long terme ?
COMMODITÉ D'ACHAT : Où et comment le consommateur veut-il acheter / consommer ?

Avez-vous compris ?

Répondez aux questions suivantes :

1. Cette infographie présente l'évolution du marketing. Expliquez comment les 4 P renforcent l'idée que le produit est central.
2. Quelle est la place du·de la client·e dans le modèle des 4 P ?
3. Comment est-ce que les 4 C changent le focus du marketeur ? Quelle est la différence, par exemple, entre Prix et Coût ? entre Place et Commodité d'achat ?
4. Des marketeurs récents ont inventé des 4 D (disruption, digitalisation, dé-silotage, diffusion) et des 4 E (émotion, expérience, exclusivité, engagement). Discutez de ce que ces nouveaux éléments apportent aux modèles classiques. Que concluez-vous sur le domaine du marketing ?

ACTIVITÉ 7 : 4P OU 4C ?

Êtes-vous d'accord avec l'idée que le·la client·e est plutôt actif·ve et qu'il·elle achète ce qu'il·elle veut, quand il·elle veut ? La classe se divise en deux groupes, l'un qui soutient la formule d'origine des 4 P et l'autre qui défend l'adoption des 4 C. Préparez vos arguments avec des exemples qui soutiennent votre position.

ÇA S'EXPLIQUE ! : Comment choisir ?

Dans ce reportage, on évoque l'évolution du marché du yaourt au Cameroun.

Avez-vous compris ?

Répondez aux questions suivantes :

1. Quel pourcentage du marché détient les deux principales entreprises de yaourt au Cameroun ?
2. Selon vous, s'agit-il d'une bataille entre Dolait et Camlait ou non ? Expliquez votre opinion.
3. Résumez l'histoire de l'entreprise Camlait. Quelle est leur stratégie principale ?
4. Qu'a fait Dolait pour concurrencer la marque Camlait ? Quel en a été le résultat ?
5. Quelles stratégies de marketing utilisent les deux marques pour se mettre en avant ?
6. Décrivez le nouveau produit introduit récemment par Camlait. Quels en sont les avantages ?

ACTIVITÉ 8 : LOCALISER

Maintenant que vous connaissez mieux le marché camerounais, créez une stratégie publicitaire pour une entreprise qui veut y vendre son produit. Comment localiser votre produit pour le marché du Cameroun ?

DÉCOUVERTE D'UNE IDÉE : Storyliving

Dans cet article, publié dans le magazine *Stratégies*, Marie Caroline Royet évoque de nouvelles tendances en marketing. Lisez bien, puis répondez aux questions.

Du storytelling au storyliving

En prise avec les nouvelles technologies, les marques doivent redoubler d'efforts pour fidéliser la clientèle en magasin. BETC Design s'est chargé à l'aide d'une étude de mettre en lumière ces nouvelles tendances du retail.

Avec l'avènement des réseaux sociaux, la discussion entre les marques et les consommateurs a été facilitée. Tout en restant virtuelle... Sur fond de boom du e-commerce, cette tendance schizophrène du consommateur à vouloir tout, tout de suite sans faire l'impasse sur l'expérience client pousse les entreprises à se creuser la tête. Nombreuses sont les phrases jetées à la figure des millennials : « *Les écrans c'est la fin du contact humain, Internet vous enferme, vous ne communiquez pas assez...* ». À en croire les spécialistes, nous serions à la limite de la dystopie façon Black Mirror. En réalité, les populations n'ont jamais autant communiqué entre elles. Les marques l'ont bien compris et œuvrent pour atteindre plus facilement leurs communautés de consommateurs. Il s'agit donc de changer la stratégie de communication en repensant les contenus afin de créer un lien direct avec les consommateurs, notamment à travers tous les médias sociaux, pour leur faire découvrir leur univers in situ.

Écris l'histoire

Le retail, c'est une grande histoire entre les consommateurs et les distributeurs. Tout a commencé avec des produits empilés les uns sur les autres dans des entrepôts fades, sans peinture ni cadre aux murs. En plus de stocks au plus proche du consommateur, une économie de place est dégagée et le face-à-face avec les vendeurs n'est plus utile. Seulement, le produit en lui-même ne suffit plus. « *Il faut redonner du sens à ce qui entoure le consommateur, raconter une histoire pour l'amener en magasin* », explique Christophe Pradère, CEO de BETC Design. Les magasins ont donc commencé à créer un imaginaire autour des services et produits proposés. Un des exemples les plus parlants reste la chaîne Nature & Découvertes. Outre ses diffuseurs d'huiles essentielles hors de prix et sa caisse à outils du parfait globe-trotter, les locaux ont installé tout un univers de détente. Le plafond est étoilé, les murs sont inondés de végétaux avec au centre une fontaine apaisante. Très feng shui. Mais non sans raison puisque la promesse de l'enseigne est de faire voyager le consommateur comme s'il était en pleine escapade en forêt. Un lien commercial basé sur un concept pédagogique mais surtout unique. « *Nous avons créé cette notion de storytelling en magasin car les marques elle-même sont une forme d'expression* », lance Christophe Pradère. Dans l'univers des marketeux, le storytelling est l'un des leviers de différenciations pour les marques. Il est assimilé comme un outil de communication narratif, diffusé par les marques tout en incluant dans leur discours le consommateur. Pas de jaloux. En plus de ces histoires, les enseignes génèrent des émotions, des liens affectifs qui laissent place par la suite à une fidélisation presque comparable à de la monogamie. L'art de raconter des histoires, tout un art! Le problème est qu'avec le temps, l'histoire racontée est, dans certains cas, devenue trop envahissante. Des bars Hard Rock Café avec de la musique à vous brûler les tympans aux restaurants au look trashy de Planet Hollywood, la limite est atteinte. «*Le service vendu s'est vu engloutir par l'intérêt que suscitait le décor. À part attiser la curiosité, ils ne sont pas arrivés à fidéliser*», analyse Christophe Pradère.

Laboratoire d'expériences

Ces contre-exemples sont la preuve que les durées de vie des enseignes ne sont pas éternelles. Au contraire, sans cesse remises en question, les marques doivent défendre de vraies valeurs, des valeurs dans lesquelles le client pourrait se retrouver. C'est ce qu'on appelle le storyliving. Le niveau au-dessus du storytelling, c'est-à-dire qu'elles font entrer les consommateurs dans leur récit en les invitant à participer, comme le «Just do it» de Nike, ou «Venez comme vous êtes» de McDonald's. Il s'agit de faire vivre le storytelling de la marque en retail. Le shopping est un facteur clé de l'attachement affectif à la marque. L'expérience magasin poussée à son paroxysme donc... «*Les retailers veulent vous faire vivre une expérience. Prenez les* Apple Stores*: les consommateurs peuvent tapoter sur les tablettes en libre-service, ils ont accès à des «news bars», qui comme leur nom l'indique, vous permettent de consulter les informations avec leurs produits. À certains moments, ils font même appel à des experts pour partager leurs expériences aux clients. L'espace devient un lieu à la fois ludique et initiatique*», relate le CEO de BETC Design. Une intégration de l'expérience visible à la fois dans la technologie, le design du magasin et le parcours client. Quand d'autres protagonistes préfèrent faire appel aux sens des consommateurs, notamment dans les boutiques de cosmétiques où les odeurs embaument les locaux, les magasins de vêtements où la musique est tellement forte qu'elle est semblable à celle des boîtes de nuit. «Finalement les boutiques s'affranchissent des stocks afin d'investir les lieux autrement, en créant de l'expérience», rectifie le dirigeant de BETC Design.

Avez-vous compris?

Répondez aux questions suivantes:

1. Quelle critique des millennials est rejetée au début de l'article? Pourquoi l'auteure parle-t-elle d'une «tendance schizophrène» du consommateur? Comment les marketeurs ont-ils réagi?
2. Expliquez l'évolution de la vente, du retail au e-commerce. Quel en a été l'effet?
3. Quel défi présente la création d'une histoire?
4. Comment définissez-vous le storyliving et comment se différencie-t-il du storytelling? Soutenez votre réponse avec des exemples, puis essayez d'en identifier quelques-uns dans votre culture.

5. Connaissez-vous d'autres stratégies innovatrices, telles que la guérilla marketing, le street marketing et le neuro-marketing? Faites des recherches et trouvez des exemples pour chacune d'entre elles.

ACTIVITÉ 9 : PITCHER

Regardez des extraits de l'émission, *Dans l'œil du dragon*, qui met en scène des pitchs de nouveaux produits. Après avoir regardé les extraits, choisissez-en un qui vous attire et identifiez les techniques utilisées pour vendre le produit en question. Le pitch est-il réussi ? Pourquoi l'est-il ou ne l'est-il pas, à votre avis ? Faites l'analyse.

MARQUES ET PUBLICITÉS

Créer et évaluer une marque

Une marque émerge d'un consensus dans la vision et dans les valeurs de l'entreprise.

Il est possible de tracer l'évolution d'une marque à travers ses campagnes publicitaires.

On peut évaluer la valeur d'une marque selon différents critères.

Cette étude dévoile les marques les plus valorisées du secteur.

Une marque globale est souvent désignée sous la même appellation dans tous les pays.

Les entreprises internationales développent souvent des marques locales sur des marchés particuliers.

Une marque doit s'adapter au contexte local.

Faire de la publicité

Une marque compte sur la publicité pour asseoir sa position sur le marché.

Les publicitaires écrivent un claim, ou la promesse du produit.

Une réclame désigne toute forme de publicité commerciale.

Un slogan est une formule concise et frappante qui exprime une idée, qu'un émetteur veut diffuser.

Une agence décline une campagne publicitaire / de publicité.

Une publicité cible souvent un certain public.

Les agences gouvernementales rédigent des publi-reportages dans le but d'informer le public.

Entrée en matière

Dans un chapitre précédent, vous avez classifié des entreprises francophones selon différents critères. Maintenant, à vous de nommer des *marques* francophones que vous connaissez. Catégorisez-les selon leur secteur économique. Dans quels secteurs les marques que vous connaissez sont-elles distribuées ?

ANALYSE D'UNE INFOGRAPHIE : Les 50 marques les plus valorisées

Dans cette image, il s'agit des marques les plus valorisées en France.

Le classement BrandZ™ TOP50 France 2019

#1 Luxury **Louis Vuitton** $46 357Md Brand Contribution Index 5	#2 Luxury **Chanel** $39 241Md Brand Contribution Index 5	#3 Luxury **Hermès Paris** $31 520Md Brand Contribution Index 5	#4 Personal Care **L'Oréal Paris** $26 127Md Brand Contribution Index 4	#5 Telecom Providers **Orange** $20 117Md Brand Contribution Index 3
#6 Personal Care **Lancôme Paris** $11 452Md Brand Contribution Index 5	#7 Luxury **Cartier** $7 476Md Brand Contribution Index 4	#8 Telecom Providers **SFR** $7 475Md Brand Contribution Index 3	#9 Insurance **AXA** $7 011Md Brand Contribution Index 2	#10 Personal Care **Garnier** $6 847Md Brand Contribution Index 4
#11 Tires **Michelin** $6 385Md Brand Contribution Index 4	#12 Retail **Carrefour** $6 100Md Brand Contribution Index 3	#13 Oil & Gas **Total** $5 880Md Brand Contribution Index 1	#14 Retail **Auchan** $4 719Md Brand Contribution Index 3	#15 Cars **Renault** $4 617Md Brand Contribution Index 3
#16 Banks **BNP Paribas** $4 543Md Brand Contribution Index 3	#17 Luxury **Dior** $4 393Md Brand Contribution Index 3	#18 Alcohol **Hennessy** $3 990Md Brand Contribution Index 4	#19 Luxury **Saint Laurent** $3 596Md Brand Contribution Index 3	#20 Food & Dairy **Activia** $2 904Md Brand Contribution Index 4
#21 Alcohol **Moët & Chandon Champagne** $2 616Md Brand Contribution Index 5	#22 Telecom Providers **Free** $2 603Md Brand Contribution Index 2	#23 Banks **Crédit Agricole** $2 352Md Brand Contribution Index 2	#24 Retail **Decathlon** $2 211Md Brand Contribution Index 3	#25 Alcohol **Rémy Martin** $2 209Md Brand Contribution Index 5
#26 Retail **Sephora** $2 204Md Brand Contribution Index 3	#27 Utilities **EDF** $2 162Md Brand Contribution Index 3	#28 Luxury **Givenchy Paris** $1 939Md Brand Contribution Index 2	#29 Alcohol **Veuve Clicquot Reims France** $1 813Md Brand Contribution Index 5	#30 Banks **Société Generale** $1 804Md Brand Contribution Index 2
#31 Soft Drinks **Évian** $1 672Md Brand Contribution Index 5	#32 Personal Care **La Roche-Posay** $1 424Md Brand Contribution Index 5	#33 Retail **Leroy Merlin** $1 347Md Brand Contribution Index 3	#34 Utilities **ENGIE** $1 334Md Brand Contribution Index 2	#35 Alcohol **Ricard** $1 196Md Brand Contribution Index 4
#36 Personal Care **Clarins** $1 140Md Brand Contribution Index 5	#37 Cars **Peugeot** $1 114Md Brand Contribution Index 4	#38 Luxury **Celine** $1 094Md Brand Contribution Index 2	#39 Banks **Crédit Mutuel** $1 031Md Brand Contribution Index 2	#40 Soft Drinks **Volvic** $960Md Brand Contribution Index 4
#41 Personal Care **Vichy** $954Md Brand Contribution Index 5	#42 Soft Drinks **Perrier** $952Md Brand Contribution Index 3	#43 Luxury **Van Cleef & Arpels** $937Md Brand Contribution Index 2	#44 Food & Dairy **Carte d'Or** $931Md Brand Contribution Index 5	#45 Alcohol **Martell** $791Md Brand Contribution Index 5
#46 Home Appliances **Tefal** $774Md Brand Contribution Index 3	#47 Personal Care **L'Occitane en Provence** $754Md Brand Contribution Index 4	#48 Cars **Citroén** $707Md Brand Contribution Index 3	#49 Retail **Maisons du Monde** $665Md Brand Contribution Index 5	#50 Airlines **Air France** $658Md Brand Contribution Index 3

Avez-vous compris ?

Répondez aux questions suivantes :

1. Quelles marques connaissez-vous dans cette liste de BrandZ TOP50 ?
2. Organisez les marques par secteurs. Dans quelles catégories les marques se distribuent-elles ?
3. Pouvez-vous dégager des tendances ? Faites des recherches.
4. Certaines marques appartiennent-elles à la même entreprise ? Sephora, par exemple, est une entreprise et aussi une marque. Lancôme, par contre, est une marque détenue par L'Oréal, qui est à la fois une entreprise et une marque. Faites des recherches.
5. Ces marques sont-elles connues hors de France ?

ÇA S'EXPLIQUE ! : L'évolution d'une marque

Regardez l'émission *La saga Évian*, qui rapporte l'histoire de la publicité chez Évian au cours des dernières décennies.

Avez-vous compris ?

Répondez aux questions suivantes :

1. Depuis quand la marque Évian utilise-t-elle des bébés dans ses publicités ? D'où vient cette association entre les bébés et la marque ?
2. Pourquoi peut-on dire que le tournage de la campagne publicitaire phare d'Évian de 2009 est international ? Expliquez.
3. Avant la publicité iconique des « bébés nageurs », la marque ne comptait pas vraiment sur la publicité pour asseoir sa position. Quelle était sa stratégie ? En quoi était-elle innovante ? Donnez des exemples.
4. Les volumes de vente de la marque Évian ont-ils augmenté depuis les années 1950 ? Présentez les chiffres.

ACTIVITÉ 10 : DES ANCIENNES PUBLICITÉS

Faites une recherche des anciennes publicités d'Évian. Regardez-en cinq. Laquelle préférez-vous ? À votre avis, ces publicités auraient-elles le même succès au niveau global que celui qu'elles ont eu en France ? Pourquoi ?

ACTIVITÉ 11 : RÉDIGER UN PUBLI-REPORTAGE SUR UN PRODUIT

Maintenant que vous connaissez bien la marque Évian, créez une nouvelle campagne pour une eau en bouteille. Sachant que ce produit est emballé dans des bouteilles en plastique, comment l'adapter pour un marché « vert » ? Considérez les 4 P ainsi que les 4 C, lorsque vous créez votre campagne.

ACTIVITÉ 12 : UNE MARQUE BIEN CONNUE

Rendez-vous sur le site www.culturepub.fr et cliquez sur « spots », ce qui vous permettra de faire une sélection de produits selon la marque, le pays, l'année, le thème ou le secteur. Choisissez une marque française qui existe depuis longtemps (par exemple, Chanel, Orangina, Renault) et regardez cinq publicités provenant de décennies différentes. Ensuite, présentez l'évolution de cette marque à la classe.

ACTIVITÉ 13 : LE POSITIONNEMENT D'UNE MARQUE

Choisissez une des marques suivantes et regardez au moins trois de leurs publicités : Le Parisien (France, 1999), Familiprix (Québec, 2003-5), Monoprix (2017), Moov (Côte d'Ivoire 2019). Dans votre blog, analysez leur stratégie marketing : Quel est le slogan et le claim de la marque ? Quel est le public ciblé par la publicité ? Quel est le positionnement du produit ? À votre avis, la publicité est-elle convaincante ou pas ? Pourquoi ?

ACTIVITÉ 14 : JEU DE RÔLES

Interprétez le jeu de rôle suivant avec un·e camarade de classe : une personne est en création marketing et l'autre est en stratégie. Celle en création avance son idée brillante sur un nouveau produit (un achat impulsif dans un marché serré). Celle en stratégie réagit en s'inspirant des cas dans le chapitre pour donner des conseils pour s'implanter dans le marché.

ACTIVITÉ 15 : UNE CARTE PERCEPTUELLE

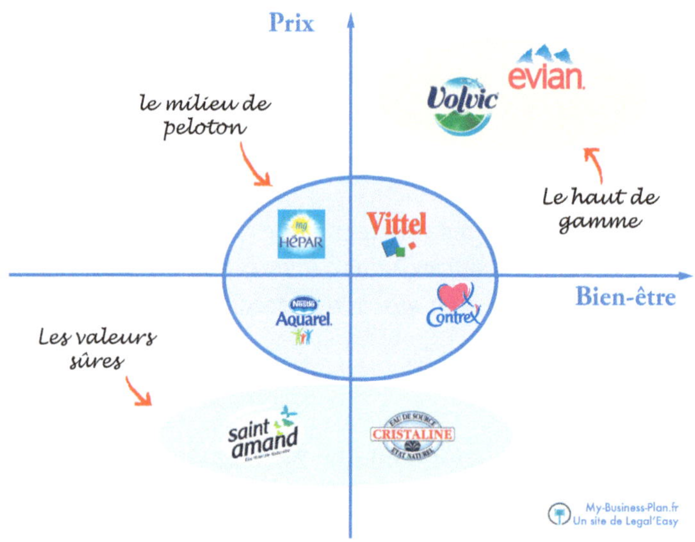

Le positionnement d'un produit ou d'un service permet de mieux cibler les client·e·s. Son avantage ou sa caractéristique première est mis en avant, ce qui permet au·à la consommateur·rice de mieux le placer et de mieux le comparer à d'autres produits.

Une carte de positionnement, ou une carte perceptuelle, est une représentation graphique sur deux axes qui permet de visualiser comment un produit est visualisé par le·la client·e. Les axes peuvent désigner des attributs forts ou faibles, ou des traits qui distinguent le produit de ses concurrents (ou d'autres produits totalement différents). L'eau en bouteille, par exemple, peut être positionnée sur la carte selon son prix (de bon marché à cher) ou selon l'une de ses caractéristiques principales (selon la position qu'elle défend vis-à-vis d'un attribut en particulier, par exemple, santé ou plaisir).

En groupes de deux, créez une carte perceptuelle pour un achat courant (par exemple, du jus d'orange ou des tablettes de chocolat). Sur quels axes allez-vous positionner ces produits de marque différents ? Ensuite, créez-en une pour un achat réfléchi (par exemple, des chaussures de tennis ou une voiture). Comparez vos cartes avec un autre groupe.

ACTIVITÉ 16 : LES PUBLICITÉS MONOPRIX

Regardez ces publicités de Monoprix. En quoi sont-elles réussies ? Quelle(s) figure(s) de style emploient-elles ?

À votre avis, quels sont les produits qui correspondent aux slogans suivants ?

Le slogan	Le français standard	Le produit associé
« Que tous tes rêves céréalisent »	Que tous tes rêves se réalisent	Les céréales
« Je trouve qu'on a des choses en cumin »		
« Même pas un tout petit pois sur vos épaules »		
« Il pleut, il nouille »		
« Ton regard m'a crevette les yeux »		
« Quand je t'ai vu j'ai eu artichaut »		

Le slogan	Le français standard	Le produit associé
« J'ai un coup de poudre pour toi »		
« Souriez, on n'est pas pressé »		

ACTIVITÉ 17 : LES MOTS-VALISES

Un mot-valise est un néologisme (une invention lexicale) formé par la fusion de deux mots. Cette stratégie publicitaire puise dans le jeu de mots français, une figure de style par excellence. Dans l'exemple suivant, le publicitaire se sert du verbe se revitaliser pour créer un nouvel impératif qui incorpore la marque Vittel. La recomposition des deux mots (revittelisez-vous) soutient aussi l'idée que l'eau va redonner de l'énergie à l'homme qui baille.

Dans l'exercice suivant, construisez des mots-valises à partir de deux éléments de la liste suivante. Ensuite, cherchez sur Internet la publicité qui correspond au slogan.

Jex (produits de nettoyage)	Révolution	
Halogène	Extraordinaire	
Halal (préparé selon des préceptes de la religion musulmane)	Génial	
Confiture	Délice	
Bridel (marque de fromages)	Régal	
Waterman (marque de stylos)	Manie	
Crédit	Disponible	
Volvo (marque de voitures)	Compote	

ACTIVITÉ 18 : RÉDIGEZ UN COMPTE-RENDU

Écoutez cette interview avec Claude Cossette, père de la publicité québécoise et auteur d'*Éthique et Publicité* (2008). Imaginez que votre patron n'ait pas pu assister à cette intervention de Cossette et qu'il vous ait demandé de lui en faire un résumé. Rédigez le compte-rendu de ce discours auquel vous avez assisté en tant qu' auditeur·rice.

Consultez les *Repères professionnels* afin de découvrir des astuces pour bien écrire un compte-rendu.

DÉCOUVERTE D'UNE IDÉE : La publicité africaine

Dans cet article publié dans *Le Point*, la journaliste Viviane Forson analyse les changements récents dans la publicité africaine.

Publicité : l'Afrique impose ses canons

Les agences multinationales se ruent sur l'Afrique, mais le vrai tempo est donné par des agences africaines, plus au fait des codes locaux.

Métamorphosé. C'est la classe moyenne africaine estimée à 300 millions de personnes qui redonne de la vigueur au secteur de la publicité en Afrique délaissé après les années d'indépendance par les géants mondiaux. S'il est vrai que l'Afrique manque d'infrastructures, de structures de distribution et de réseaux publicitaires, selon le dernier rapport de Boston Consulting Group (BCG), paru en mai 2016, le continent possède un atout économique que les économies dites « matures » n'ont plus : des consommateurs « optimistes qui ont envie de dépenser ».

Une campagne d'affichage du groupe Voodoo Communication pour le compte du brasseur Flag dans les rues d'Abidjan.

L'Afrique passe en mode consommation

Les perspectives de développement économique, le boom démographique et l'urbanisation laissent donc entrevoir des opportunités fructueuses pour les publicitaires internationaux, mais aussi pour les locaux, qui, dans les faits, se taillent la plus importante part du butin. Il faut savoir que l'un des plus importants et prestigieux groupes de publicité en Afrique est ivoirien. Voodoo Communication, fondé en 1999 par Fabrice Sawegnon avec des capitaux ivoiriens, tire son épingle du jeu sur plusieurs terrains—en investissant massivement le secteur publicitaire et en s'ouvrant à la communication politique, la presse, aujourd'hui, il agit en véritable conglomérat. En 2002, Sawegnon remportait à Beyrouth, au Liban, le Mondial d'or de la publicité francophone pour sa campagne de rebranding d'Orange. Depuis, il a implanté son groupe au Sénégal, au Cameroun et au Gabon, y emploie plus d'une centaine de personnes et réalise un chiffre d'affaires de 15 millions d'euros. Car le marché publicitaire africain (soit 5 % des dépenses mondiales du secteur) reste encore méconnu pour les grandes multinationales comme Publicis, McCann, JWT ou encore Ogilvy, parfois présentées comme « l'oligopole des agences étrangères ». Comment le secteur s'est-il structuré sur place ? Eh bien, en se transformant de l'intérieur. La réclame a laissé place à la stratégie publicitaire. En ligne de mire de cette nouvelle impulsion : les contenus. Adieu la contemplation, bonjour l'interaction !

Les agences locales sonnent la fin de la réclame

Dans cette bataille, les multinationales ne font plus automatiquement recette. Voodoo et d'autres agences panafricaines comme Océan Ogilvy, dirigée par Martine Coffi-Studer, D-Médias au Sénégal, créée par Bougane Guèye Dany, Pygma Group en RD Congo ont démontré qu'il y avait une manière de faire de la publicité à « l'africaine », avec une marque de fabrique, des messages et valeurs qui se veulent plus fidèles aux sociétés africaines.

Campagne d'affichage d'une publicité du groupe ivoirien Voodoo Communication dans les rues d'Abidjan à l'occasion de la nouvelle année 2009.

Dans son étude, Hélène Quénot-vSuarez, chercheur associée au programme Afrique subsaharienne de l'Ifri, décrypte l'approche plus locale empruntée par plusieurs agences africaines. « Il faut intégrer des éléments d'histoire et de positionnement pour décrypter les motivations ou les freins à l'acte d'achat. La publicité, supposée servir et motiver cette consommation, intègre pourtant peu—ou fort mal—ces dimensions sociologiques. Ainsi, MTN propose à ses clients de gagner un mouton pour la Tabaski. On hésite alors entre se réjouir qu'un opérateur prenne en compte le quotidien de ses clients et pointer l'usage étonnant d'un jeu de hasard pour une fête religieuse majeure. On peut par ailleurs regretter que, alors que les marchés européens, par exemple, *surfent* sur la vague de *l'authentique*, du *retour à la tradition* et du *naturel*, cette dimension ne soit pas plus explorée pour les marchés africains. Même si ceux-ci sont moins matures que les marchés occidentaux, ces tendances occidentales leur sont connues et seront peut-être intégrées plus rapidement qu'elles ne l'ont été au nord. » L'Afrique n'est décidément pas un marché. Et les groupes habitués à faire une campagne pour plusieurs pays n'ont pas survécu à la nouvelle vague, comprenant que le client africain, comme tout consommateur, n'est pas dupe. C'est ce qu'on appelle la culture de la proximité, ou le « glocal ». Cela consiste, pour une marque, à être fidèle à ses valeurs, à sa charte graphique, tout en s'adaptant dès qu'il le faut au contexte local. C'est le cas des marques Maggi ou Omo, qui font figure de pionnières car elles pratiquent le « glocal » depuis les années 1960, date où des filiales ont été installées en Afrique.

La guerre des marques bat son plein

Affiche publicitaire de la marque Maggi dans les rues de Dakar, au Sénégal.

Dans ce contexte, une guerre des marques fait rage. Avec un marché de 1,1 milliard de personnes, l'Afrique dispose donc de solides atouts pour attirer les publicitaires internationaux en quête de nouveaux marchés pour développer leur business. On ne compte plus les implantations de sociétés de communication. Outre les pays du Maghreb et l'Afrique du Sud, où la publicité est solidement implantée dans le paysage, c'est l'Afrique subsaharienne qui se positionne comme un nouveau relais naturel pour le développement de ce secteur : notamment la région du sahel, la Côte d'Ivoire, la RD Congo, le Cameroun ou le Sénégal. La demande y explose. Notamment dans les secteurs des télécommunications (la part de marché des télécoms en Afrique subsaharienne, qui ne représentait que 2,9 % des revenus mondiaux en 2013, devrait atteindre 3,6 % à horizon 2018), des banques et assurances et l'agroalimentaire, avec une présence très forte des brasseurs. Des secteurs qui investissent peu dans les budgets créatifs. Jacques Séguéla déclarait lors de la 2e édition de l'African Cristal Festival en 2014 : « Pour moi, il y a deux Afrique : Cap Town, l'Égypte et le Maghreb, des pays qui ont de gros moyens publicitaires. L'autre Afrique est celle de pays où tout reste à faire avec des pays qui manquent de moyens mais vont se réveiller. »

Avez-vous compris ?

Répondez aux questions suivantes :

1. Quels facteurs ont contribué à la croissance du marché de la publicité en Afrique ?

2. Comparez le succès des agences étrangères avec celui des agences locales. Qu'est-ce qui explique cette différence ?
3. Qu'est-ce qui caractérise la publicité africaine locale ? Quelles stratégies emploie-t-elle pour attirer ses client·e·s ? Donnez des exemples.
4. Dans quel secteur voit-on le plus de croissance ? et de concurrence ?
5. Pourquoi parle-t-on de deux Afriques ?
6. Après avoir lu l'article, cherchez certaines des publicités signalées dans l'article. Correspondent-elles à la description dans l'article ?

L'agence sud-africaine de marketing numérique Ad Dynamo est devenue le partenaire publicitaire exclusif de l'Américain Twitter en Afrique du Sud, au Nigéria, au Ghana, en Tanzanie, au Kenya, en Ouganda et en Zambie.

ACTIVITÉ 19 : LA PUBLICITÉ, EST-ELLE ÉTHIQUE ?

Réfléchissez à tout ce que vous avez lu et vu dans ce chapitre. À votre avis, la publicité est-elle, peut-elle être, éthique ? Cette question est-elle importante à poser ? Pourquoi oui ou pourquoi non ? Développez votre réponse.

CAS D'ENTREPRISE : UNE CAMPAGNE DE PRÉVENTION AU QUÉBEC

Les campagnes de service public sont aussi des formes de publicité. Dans ce cas, une organisation partage des ressources afin de sensibiliser le public à propos d'un problème social ou d'encourager une certaine action. Consultez cette campagne québécoise contre les textos au volant, réalisée en 2016 par l'agence som.ca pour la Société de l'assurance des automobiles de Québec (SAAQ).

DESCRIPTION DE LA CAMPAGNE

Message télévisé et Web
Un message a été diffusé à la télé francophone et sur le Web, du 19 septembre au 16 octobre 2016. On y voit un jeune garçon en réadaptation en train d'apprendre à marcher avec deux prothèses. On revoit l'historique à rebours de ce qui lui est arrivé, soit se faire frapper par un véhicule alors que le conducteur textait. À chacune des scènes, on voit en arrière-plan le responsable de l'accident qui ricane, faisant ainsi écho aux réactions associées à la réception de messages textes. Le poids média était de 1000 pebs.

Un message radiophonique (LOL) a été diffusé à la radio **anglophone** du 19 septembre au 16 octobre 2016. On y entend en alternance une femme décrivant l'accident qu'elle a subi et un homme épeler L-O-L faisant ainsi écho à la réaction associée à la réception de messages textes. Le poids média était de 750 pebs.

Un coup d'éclat à la radio francophone, sur les médias sociaux et sur le Web permettait de renforcer le message « Texter au volant, c'est se foutre des conséquences ».

- **À la radio**, un homme y fait la promotion d'un concours morbide. Pour participer au triste événement décrit, il suffit de texter n'importe quoi au volant!
- **Une animation diffusée sur Facebook et un microsite** complétaient la diffusion du coup d'éclat. Dans la mesure 2016, seuls le message radio et l'animation ont été évalués.

Messages imprimés
Des panneaux ont été placés aux abords des autoroutes et sur les autobus urbains de la province.

Autocollant électrostatique
Un autocollant à apposer sur une vitre de véhicule pour lutter contre les textos sur la route.

ACTIVITÉ 20 : ÇA SE DISCUTE !

1. Pourquoi ce problème social mérite-t-il une campagne de prévention ?
2. En quoi la campagne est-elle réussie ? Comment le savez-vous ?
3. Que pensez-vous des approches utilisées ? À votre avis, laquelle des cinq approches est la plus innovante ? Et la plus efficace ?
4. Comparez les différents messages radiophoniques. Comment le message francophone se distingue-t-il du message anglophone ?
5. Connaissez-vous d'autres problèmes sociaux ciblés par des campagnes de prévention ? Lesquels?

PERSPECTIVES PROFESSIONNELLES : UNE RESPONSABLE MARKETING EN CÔTE D'IVOIRE

Tania Diallo, responsable en charge du Département Voodoo Digital, décrit son approche du marketing digital dans cet entretien.

Entretien avec Tania Diallo, responsable en charge du département Voodoo Digital

Franco-guinéenne née à Abidjan, Tania Diallo a quitté la Côte d'Ivoire à 12 ans à cause du contexte socio-politique du pays. Après 12 ans passés en France, elle rentre en Côte d'Ivoire en 2014 où elle intègre le groupe de communication Voodoo. Elle y travaille pendant deux ans en tant que chargée de contenu digital et, en 2016, est nommée responsable en charge du département Voodoo Digital. Aujourd'hui elle dirige une équipe de 10 personnes.

Pouvez-vous nous décrire vos activités ?

Voodoo Digital regroupe plusieurs activités : le développement pur (applications web, applications mobiles et sites Internet) ; production de contenu ; animation de sites Internet et réseaux sociaux et également toutes les activités liées à l'amplification comme le référencement, stratégies SEO…

Nous avons également un département dédié à la veille qui tend à s'agrandir peu à peu car nous sommes dans un contexte spécifique à l'Afrique où nous manquons d'informations. Toutes ces activités sont chapeautées et coordonnées par un département dédié à la stratégie.

Qui sont vos clients ?

Le profil de nos clients est très éclectique. Nous comptons parmi nos clients des compagnies aériennes, beaucoup de clients étrangers qui arrivent sur le marché ivoirien, nous avons des clients généralement plutôt qui ont un cœur de cible axé sur les CSP+ car les réalités du digital font que pour avoir Internet, un mobile, un smartphone il faut appartenir à une catégorie socio-professionnelle qui permet cela. Nos clients ont également beaucoup pour cibles les jeunes très connectés.

Pouvez-vous nous présenter l'une de vos dernières campagnes ?

Nous avons un partenariat avec le groupe depuis sa « renaissance », la transformation d'Air Ivoire en Air Côte d'Ivoire en 2012.

Nous accompagnons aujourd'hui Air Côte d'Ivoire dans leur stratégie de communication digitale même si le groupe avait beaucoup de craintes au départ concernant le digital. Le groupe faisait l'objet de nombreuses critiques sur les réseaux sociaux et redoutait donc son développement sur les canaux 2.0. La mise en place d'une stratégie digitale a été un véritable challenge !

Nous les avons donc accompagnés sur les réseaux sociaux, dans leur prise de parole en tentant de leur montrer qu'il est plus facile de contrôler sa réputation lorsque l'on est présent sur les réseaux sociaux que lorsqu'on est absent.

De plus, pendant longtemps Air Côte d'Ivoire souhaitait communiquer sur son moyen de transport en tant que tel en mettant en avant les fonctionnalités de ses avions, la qualité du service pour se démarquer de la concurrence. Mais cela ne suffisait plus pour justifier leur positionnement. Nous les avons ensuite accompagnés dans une prise de parole plus orientée sur leur service et sur l'expérience client. L'idée était de vendre une destination plutôt qu'un moyen de transport.

Pour cela, nous avons lancé le programme « Embarquez avec » pour faire découvrir les pays que la compagnie dessert. En Afrique, quand il s'agit de voyager, la notion de « recommandation » est cruciale car le tourisme n'est pas encore très développé. Pour cela, nous avons choisi des influenceurs qui, à travers le prisme de ce qu'ils aiment et de leurs recommandations, ont fait découvrir ces capitales. Avec Diane Audrey à Accra ou encore Karelle Vignon-Vullierme à Abidjan, nous avons fait correspondre les univers des influenceurs et le positionnement d'Air Côte d'Ivoire pour faire découvrir les capitales africaines. Ce concept a permis de montrer que ces villes africaines, au-delà des à priori, demeurent très attractives.

Que pensez-vous du marketing d'influence ?

Les influenceurs sont des relais pertinents pour les campagnes digitales. Même s'ils sont jeunes, ils sont des consommateurs en devenir. Ils rassemblent une communauté de consommateur autour de recommandations. Il faut donc miser sur eux. Ce rôle de « prescripteur » que peut avoir un influenceur n'est pas facile à faire comprendre aux clients, ici en Côte d'Ivoire. Ils se méfient en quelque sorte d'Internet et ne se fient pas naturellement aux jeunes. Nous essayons de déconstruire le dispositif de communication « traditionnel » en amenant les clients à comprendre qu'aujourd'hui, pour communiquer, avoir une influence et déclencher l'acte d'achat, il existe d'autres moyens. Mais pour cela, nous devons encore faire de la pédagogie quand il est question de digital.

Le digital est de plus en plus d'actualité dans le secteur de la publicité en Côte d'Ivoire. Quel constat pouvez-vous faire au regard des annonceurs et de l'intégration de la publicité digitale dans leurs plans médias ?

En cinq ans nous avons pu constater une très belle évolution au niveau du digital même si nous sommes encore très loin de ce à quoi nous pouvons aspirer. Pendant mes deux premières années au sein de Voodoo, lorsqu'il était question de restriction, on n'hésitait pas à éliminer la ligne « digital » des budgets de communication pour privilégier l'affichage et les autres canaux traditionnels. Aujourd'hui, nous sommes plutôt dans une mécanique où lorsqu'on n'a pas un très gros budget, on préfère miser sur le digital. Ce qui est positif !

Il est important d'être présent sur le digital, de construire sa réputation, d'interagir avec ses consommateurs et de comprendre ce qu'ils attendent. Attention toutefois à ne pas s'enfermer dans la logique « c'est du digital, alors ça ne coûte rien ». Les perspectives sont bonnes et les marques prennent davantage conscience de l'intérêt du digital, notamment lorsqu'il s'agit d'avoir un retour réel et rapide sur une campagne, savoir si elle a fonctionné ou non puisqu'avec Internet, le call to action est immédiat.

Quelles sont vos perspectives de développement ?

Les médias se développent de plus en plus en Côte d'Ivoire. Nous avons hâte de les voir vivre et de les voir évoluer, fonctionner de manière complémentaire aussi bien avec la télévision marquée par l'arrivée de la TNT, la radio que les médias en ligne. C'est l'un de nos challenges pour cette année 2019.

Auriez-vous des annonces à nous communiquer ? de nouveaux projets ? de nouvelles collaborations ?

A l'échelle du groupe, Voodoo fête ses 20 ans cette année. Nous préparons actuellement quelques surprises pour l'événement. Je ne peux rien dévoiler pour le moment mais nous souhaitons encore une fois marquer les esprits.

ACTIVITÉ 21 : DES ACTIONNAIRES POTENTIELS

Jouez le rôle d'un·e représentant·e de Voodoo et présentez le bilan de Voodoo Digital à un groupe d'investisseurs qui s'intéresse à cette start-up. Vous pouvez soit présenter devant la classe soit filmer votre présentation et la télécharger sur une plateforme numérique.

LANCER UNE START-UP : FAITES UNE ÉTUDE DU MARCHÉ !

Trop d'entrepreneurs démarrent leurs activités sans définir les besoins et désirs de leurs client·e·s. Grosse erreur ! Afin d'éviter cette erreur, vous devez réaliser une étude de marché pour mieux connaître votre clientèle. Qu'est-ce qui l'attire et qu'est-ce qui la rebute ? Vous voulez aussi découvrir ce que les gens veulent et ce dont ils ont besoin. Par exemple, si vous vendez un service de voiturier, il faut bien-sûr cibler les personnes ayant une voiture.

Faire une étude de marché

1. **Identifier les objectifs** de votre étude : que voulez-vous savoir ?
   - Connaître les habitudes des répondants ?
   - Évaluer l'intérêt ou le besoin du service / du produit ?
   - Savoir combien les répondants dépenseraient pour le service / le produit ?
   - Déterminer la tranche d'âge des client·e·s qui achèteraient le service / le produit ?
   - Etc.
2. **Qui est votre cible** ? À qui allez-vous poser ces questions ?
3. **Rédigez votre questionnaire selon vos objectifs.** Suivez les conseils suivants pour écrire de bonnes questions:
   - Ne posez qu'une seule question dans chaque question (par exemple, ne posez pas trois questions à la fois).
   - Les questions ne doivent pas influencer le répondant (par exemple, évitez « ne pensez-vous pas que... ? »).
   - Les questions doivent être posées à l'affirmatif.
4. **Testez le sondage** auprès de deux personnes. Vérifiez que les questions sont bien écrites et qu'elles répondent à vos besoins.
5. **Administrez le sondage** auprès de votre cible. Questionnez au moins 15 personnes.
6. **Analysez les réponses obtenues.**

Unité 5 Promouvoir la santé globale

POINTS INTERCULTURELS

- Organisations non gouvernementales (ONG)
- Défis de la santé globale
- Technologies au service de la santé

TÂCHES PROFESSIONNELLES

- Rédiger un publi-reportage sur un nouveau produit
- Rédiger un rapport à partir d'un dossier documentaire pour répondre à une problématique identifiée
- Rencontrer une personne et la convaincre de travailler pour votre organisation
- Rencontrer un·e client·e intéressé·e et le·la convaincre d'acheter un produit en respectant les phases classiques de la négociation commerciale

QUESTIONS CULTURELLES

- Qu'est-ce que la santé globale et quels en sont les déterminants ?
- Comment réconcilier certaines pratiques culturelles avec la santé globale ?
- Dans quelles mesures les nouvelles technologies peuvent-elle réduire certaines inégalités dans le monde ?

ORGANISATIONS NON GOUVERNEMENTALES

Vocabulaire à activer

Aide et intervention

Une intervention d'urgence a été mise en place sur le terrain.
Des soins médicaux d'urgence ont été envoyés.
Les soins élémentaires ne sont pas toujours disponibles.
Plus de 100 bénévoles ont été recrutés pour cette mission.
La mise en place de protocoles de sécurité et d'évacuation est indispensable.
Participer à des formations d'intégration est requis par cette organisation.
Fournir des soins de qualité est un des principes fondamentaux de cette association.

Allocations et prises en charge des ONG

Les volontaires reçoivent une indemnité mensuelle.
Leur hébergement est payé par l'organisation.
Ils reçoivent des allocations de frais de vie.
Leur couverture médicale est prise en charge.
Je bénéficie de prestations pour les risques maladie, maternité, décès et retraite de base.

Entrée en matière

La définition de la santé dans le Petit Robert est « le fonctionnement régulier et harmonieux de l'organisme ». Selon sa charte constitutive, signée à San Francisco le 22 juillet 1946, l'Organisation mondiale de la santé définit la santé comme « un état de complet bien-être physique, mental et social, [qui] ne consiste pas seulement en l'absence de maladie ou d'infirmité. »
Quelles sont les différentes notions de santé exprimées dans ces définitions ? Pour vous, qu'est-ce que cela signifie d'être en bonne santé ?

ANALYSE D'UNE INFOGRAPHIE : La santé globale

Cette infographie de la Faculté de médecine de Genève propose une définition de la santé globale.

Notre définition de la santé globale

"La santé globale est une approche transdisciplinaire, holistique, qui cherche à apporter des solutions intégrées innovantes durables et abordables, aux grands problèmes complexes de santé qui traversent les frontières, afin de chercher à améliorer la santé de tous."

Wernli et al. 2015 (en cours)

Avez-vous compris ?

Observez les sous-catégories qui décrivent la santé globale. Que représentent-elles pour vous ? Quelles distinctions voyez-vous entre les définitions de « santé » que nous avons vues au début du chapitre et celle-ci de « santé globale » ? Discutez en petits groupes et soutenez vos réponses avec des exemples concrets.

ÇA S'EXPLIQUE ! : Médecins Sans Frontières, qui sommes-nous ?

Regardez cette vidéo pour découvrir la mission et les projets de MSF.

Avez-vous compris ?

1. Dans combien de pays et dans quelles circonstances le personnel MSF agit-il ?
2. Pourquoi le réseau d'approvisionnement de MSF est-il efficace ? Expliquez.
3. Quels principes sont présents dans la charte MSF ? Pourquoi sont-ils primordiaux ?
4. Qui finance la grande majorité du budget de MSF ?
5. Qu'implique le port d'un t-shirt MSF ?

ACTIVITÉ 1 : MÉDECINS DU MONDE

Allez sur le site de Médecins du Monde Belgique et faites des recherches pour répondre aux questions suivantes : https://medecinsdumonde.be

1. Quand et pourquoi est née cette association ? Qui en est le père fondateur ? Quelles informations trouvez-vous sur lui ?
2. Quelle est la relation entre Médecins du Monde (MdM) et Médecins Sans Frontières (MSF) ? Quelle est la problématique qui a engendré la naissance de MdM ? Faites des recherches.
3. La Charte européenne de l'action humanitaire mentionne que « le principe de non-ingérence s'arrête à l'endroit précis où naît le risque de non-assistance ». Expliquez ce que cela veut dire selon vous.
4. Choisissez trois exemples de missions de MdM et expliquez en quoi elles ont consisté ou en quoi elles consistent.
5. Ensuite allez sur le site de Médecins du Monde de LinkedIn, ou sur leur propre site, medecinsdumonde.org. Regardez les postes de bénévolat à pourvoir et choisissez-en un pour lequel vous voudriez postuler. Quelle est la description du poste ? Discutez avec un·e autre étudiant·e des raisons pour lesquelles ce poste vous intéresse ou pourrait vous intéresser dans le futur.

DÉCOUVERTE D'UNE IDÉE : Travailler pour Médecins du Monde

Dans cet extrait du site de Médecins du Monde : Travailler à l'International, vous pouvez obtenir les informations nécessaires pour travailler en tant que volontaire pour l'organisation.

Pour les volontaires de solidarité internationale

Une centaine d'expatriés de toutes nationalités, médicaux ou non, évoluent sur les programmes de Médecins du Monde à l'international. Médecins du Monde assure la plus grande sécurité pour ses équipes : analyse permanente des contextes dans lesquels se déroulent nos missions, mise en place de protocoles de sécurité et d'évacuation, suivi et formation des équipes. Toute personne majeure peut s'expatrier, et ce jusqu'à 75 ans. Les expatriés peuvent avoir deux statuts : salarié de droit français ou volontaire de la solidarité internationale (VSI).

Indemnité et allocation de frais de vie

Vous recevez une indemnité mensuelle de 915 € ainsi qu'une allocation de frais de vie dont le montant est fixé en fonction du pays de votre mission.

Hébergement

Vous serez hébergé en maison collective.

Congés payés

Pour les contrats de six mois et plus, vous bénéficiez de deux jours ouvrés de congés par mois.

Accompagnement et prise en charge

- MdM prend en charge les frais de transport entre votre domicile et la mission en début et fin de mission ainsi que les frais de visas, les vaccins et traitements obligatoires sur certaines missions.
- Sur les missions au contexte sécuritaire lourd, MdM prend en charge les frais de transport et d'hébergement pour vous assurer des temps de break. Ces jours de break sont accordés en plus des jours de congés payés.

Couverture médicale et protection sociale

- MdM prend en charge à 100 % la couverture médicale et une protection sociale des VSI via des affiliations à différents organismes. Sous réserve de réunir les conditions d'affiliation requises, vous bénéficierez de prestations pour les risques maladie, maternité, accident du travail, décès et retraite de base.
- Vous bénéficiez également d'une assurance rapatriement sanitaire.

Parcours et formations

- Pour préparer au mieux votre prise de poste, vous participez à un briefing avant votre départ vous permettant de découvrir l'association, le contexte de votre future mission, vos interlocuteurs privilégiés. Ce briefing se déroule au siège à Paris.
- Vous participez également à nos formations d'intégration (Bienvenue à MdM, Projet en Immersion MdM) et vous aurez la possibilité, selon votre fonction, de participer à des formations plus spécifiques collectives ou individuelles (Planification de projets de santé, Gestion d'équipe, Sécurité...).
- Un chargé de parcours RH vous suivra tout au long de votre mission pour vous écouter, vous conseiller et vous accompagner dans la construction de votre parcours au sein de MdM.
- À la fin de votre mission, vous effectuerez un débriefing afin de faire le point sur votre expérience et de partager vos retours avec les équipes terrain et siège.
- Si vous le souhaitez, vous pourrez également bénéficier d'un soutien psychologique.

Par ailleurs, à la fin de votre mission nous vous offrirons, à votre demande, un accompagnement à la réinsertion en France, notamment grâce à notre partenariat avec Résonances humanitaires.

Postuler

Vous êtes sur le point de postuler un emploi ou de proposer une candidature spontanée via notre formulaire en ligne ?

Vous recevrez dans un premier temps un accusé de réception par email.

Parce qu'un recrutement réussi est un recrutement solide et durable, nous prenons le temps d'étudier minutieusement toutes les candidatures. Cependant, notre équipe de recrutement n'est pas en mesure de personnaliser chaque réponse ou de traiter les demandes par téléphone. En l'absence de réponse de notre part dans un délai d'environ un mois, vous pourrez considérer que votre candidature n'a malheureusement pas été retenue. Cela ne remet en cause ni vos compétences ni la qualité de vos expériences. Nous vous invitons à consulter régulièrement les offres d'emploi et à postuler à nouveau si une offre vous correspond.

Si votre profil nous intéresse, le pôle recrutement vous contactera pour convenir d'un entretien (lequel peut se faire par téléphone si vous ne résidez pas en région parisienne).

À l'issue de ce premier entretien :

- Soit un poste vous sera proposé, vous serez alors invité à rencontrer les principaux acteurs du programme pour validation finale.
- Soit aucun poste ne pourra vous être proposé immédiatement, vous serez alors intégré dans notre registre de candidats pour une proposition d'affectation ultérieure.

Si vous recherchez un emploi de droit national hors France, vous devez candidater directement auprès de la mission Médecins du Monde dans le pays concerné.

Avez-vous compris ?

Répondez aux questions suivantes. Soutenez votre choix avec des exemples du texte.

1. Qui peut être volontaire ?
   a. Des adolescents
   b. Des personnes de tout âge
   c. Des personnes entre 21 et 75 ans
   d. Des personnes entre 18 et 75 ans

2. Quels frais est-ce que VSI ne couvre pas ?
   a. Toutes les vaccinations requises
   b. Tout le coût du billet aller-retour
   c. Toute la couverture médicale
   d. Tous vos frais personnels
3. Quel est l'objectif du briefing avant le départ ?
   a. Fournir un soutien psychologique aux volontaires
   b. Organiser des formations d'intégration
   c. Recruter des volontaires
   d. Explorer le site de la mission
4. Quels astuces faut-il suivre pour obtenir un poste ?
   a. Postuler par écrit
   b. Téléphoner directement à l'organisation
   c. Postuler une seule fois
   d. Postuler d'une adresse française

ACTIVITÉ 2 : RECRUTER DES VOLONTAIRES

Vous êtes représentant·e de Médecins du Monde et vous êtes chargé·e de recruter des bénévoles. En vous basant sur les informations du site web de l'organisation avec lequel vous vous êtes déjà familiarisé·e, convainquez une (ou plusieurs) personne(s) à postuler. Vous expliquez en quoi consiste le bénévolat et ses conditions. Les bénévoles potentiels posent des questions pour avoir plus de détails sur les postes proposés et sur comment postuler. Répondez de manière spontanée. Ensuite, inversez les rôles.

ACTIVITÉ 3 : L'INFLUENCE DE LA CULTURE

La santé est un concept culturel qui reflète notre façon de voir le monde. Lorsqu'on travaille avec des personnes provenant d'autres cultures, il faut se souvenir que ces dernières constituent un facteur déterminant de la santé. Dans certaines cultures, par exemple, ne pas garder le contact visuel direct est un signe de respect, mais cela dénote un état dépressif dans d'autres. Les croyances religieuses ou autres peuvent également être un élément déterminant de la santé ; on peut croire au fatalisme ou penser que le mauvais œil joue un rôle dans la santé d'un enfant, par exemple. Pouvez-vous penser à d'autres situations où des personnes travaillant dans le domaine de la santé pourraient mal interpréter certaines situations ? Discutez de ces situations en petits groupes.

ACTIVITÉ 4 : PENSEZ-VOUS QUE VOTRE CULTURE INFLUENCE VOTRE SANTÉ ?

Dans votre blog, réfléchissez à l'influence que votre culture a pu avoir ou a actuellement sur votre santé.

DÉFIS DE LA SANTÉ GLOBALE

Vocabulaire à activer

Défis de santé globale

La résistance aux antibiotiques nécessite la mise en place d'une campagne de sensibilisation.

Les maladies cardio-vasculaires sont un fléau.

La vaccination vise à prévenir des millions de décès.

Le taux de mortalité infantile est élevé dans ce pays.

Une épidémie de choléra s'est déclenchée en Haïti.

L'assainissement de l'eau est primordial.

Il y a une pénurie d'eau due à la tornade qui a ravagé cette région.

Maladies et vaccins

Il existe des lacunes dans la couverture vaccinale.

Le paludisme et la rougeole sont des maladies sérieuses.

La grippe est dangereuse pour les personnes âgées et pour les nourrissons.

La maladie à virus Ebola sévit dans certaines régions d'Afrique.

La contagion du COVID-19 par le biais de gouttelettes respiratoires est prouvée.

Entrée en matière

Selon vous, quels sont les problèmes les plus urgents en matière de santé globale ? En petits groupes, faites une liste d'au moins 10 défis. À votre avis, y a-t-il des régions spécifiques où ces problèmes semblent plus exacerbés ? Selon vous, quelles en sont leurs causes ?

ANALYSE D'UNE INFOGRAPHIE : Les objectifs de développement durable

Cette infographie illustre les 17 Objectifs de Développement Durable (ODD) adoptés par les Nations Unies en 2015. Le développement durable est l'idée que les sociétés devraient vivre et répondre aux besoins du présent sans compromettre la capacité des générations futures à répondre aux leurs. Ceux-ci doivent être atteints à l'horizon 2030.

Avez-vous compris ?

Dans de petits groupes, regardez les objectifs et classifiez-les selon trois catégories : sociale, économique et écologique.

ACTIVITÉ 5 : LES ODD LES PLUS PRESSANTS

Votre groupe doit maintenant se mettre d'accord sur les trois objectifs les plus importants. Présentez à la classe pourquoi ces objectifs méritent notre plus grande attention. Soutenez votre argument avec des exemples précis. Si vos camarades de classe n'ont pas les mêmes priorités, pouvez-vous les faire changer d'avis ?

ACTIVITÉ 6 : RÉDIGEZ UN RAPPORT SUR UN ODD DANS UN PAYS FRANCOPHONE

Imaginez que vous faites partie d'une équipe chargée de mettre en place des solutions pour atteindre les ODD d'ici 2030. Choisissez un des objectifs issu de l'infographie vue précédemment. Ensuite choisissez un pays francophone et analysez-y la situation actuelle à l'aide d'un minimum de trois documents authentiques sur la problématique choisie. Rédigez un rapport de la situation courante qui propose des solutions. Vous rendrez celui-ci au président du comité responsable.

Consultez l'appendice afin de revoir les règles à suivre pour la rédaction d'un rapport.

ÇA S'EXPLIQUE ! : Les campagnes de sensibilisation

Dans cette interview, Florence Hut, directrice médicale du Centre hospitalier de Wallonie picarde (CHwapi) nous parle des campagnes de sensibilisation et de prévention organisées dans le cadre du système de santé en Belgique.

Avez-vous compris ?

Répondez aux questions suivantes :

1. Expliquez l'objectif de la campagne de sensibilisation organisée en Belgique dont le slogan est « les radiographies ne sont pas des photos de vacances ». Regardez les images qui suivent !
2. Quel a été l'impact de cette campagne sur les patients ?
3. Pourquoi les médecins belges ont-ils lancé une autre campagne de sensibilisation sur la consommation des antibiotiques ? Décrivez les deux cas présentés par la Dr. Hut. À votre connaissance, de telles campagnes ont-elles été organisées dans votre pays ?
4. La Dr. Hut décrit le·la patient·e comme « un partenaire que l'on doit inclure dans l'évolution vers les bonnes pratiques ». Comment les actions décrites ci-dessus peuvent-elles jouer un rôle important dans cet effort de communiquer aux patient·e·s leurs responsabilités ?
5. Selon le contexte, quelle est votre explication du terme « échelonnement » utilisé par Dr. Hut ?
6. Dans quel sens les politiques de la santé en Belgique évoluent-elles ? Expliquez votre réponse à l'aide d'exemples tirés de l'interview. Par exemple, parlez de la couverture en matière de soins dentaires des enfants jusqu'à 16 ans.

ACTIVITÉ 7 : LES IMAGES MÉDICALES NE SONT PAS DES PHOTOS DE VACANCES

Pour cette activité, vous allez consulter le site web d'une campagne de sensibilisation à l'abus des rayonnements ionisants afin de préparer une discussion des différentes approches culturelles et personnelles quant à la médecine : www.pasderayonssansraisons.be/fr.

Informez-vous sur les avantages et les inconvénients des rayonnements ionisants. Réfléchissez à des exemples d'autres campagnes de sensibilisation dans le domaine médical. Durant votre discussion, posez-vous les uns les autres des questions pertinentes.

DÉCOUVERTE D'UNE IDÉE : La semaine mondiale de la vaccination

Cet article, tiré du site web de l'Organisation mondiale de la santé (OMS), explique la nouvelle campagne sur la vaccination mondiale.

Semaine mondiale de la vaccination

Protégés ensemble, #LesVaccinsCaMarche
Date : 24-30 avril 2018

La vaccination, qui permet de sauver des millions de vies, est généralement considérée comme l'une des interventions sanitaires les plus efficaces et les moins coûteuses. Pourtant, plus de 19 millions d'enfants dans le monde ne sont pas—ou pas assez—vaccinés et risquent donc de contracter des maladies potentiellement mortelles. 10 % de ces enfants ne sont jamais vaccinés et, très probablement, n'ont jamais été en contact avec le système de santé.

La Semaine mondiale de la vaccination—célébrée la dernière semaine d'avril—vise à mettre l'accent sur la nécessité d'agir collectivement pour que chacun soit protégé des maladies à prévention vaccinale. Le thème de cette année, « Protégés ensemble, #LesVaccinsCaMarche », a pour but d'encourager les gens à tous les niveaux, des donateurs au grand public, à poursuivre leurs efforts afin d'accroître la couverture vaccinale pour le bien de tous.

À cet égard, les gouvernements doivent investir dans l'effort de vaccination, la vaccination doit être présentée comme une priorité par ceux qui la défendent et les gens doivent se faire vacciner et faire vacciner leur famille.

Objectifs de la campagne de 2018

En 2018, la Semaine mondiale de la vaccination a pour objectif d'intensifier l'action en faveur de la vaccination, en mettant l'accent sur le rôle que chacun—donateur ou particulier—peut jouer à cet égard.

Dans le cadre de la campagne de 2018, l'OMS et ses partenaires souhaitent :

- souligner l'importance de la vaccination et les lacunes de la couverture ;
- signaler aux pays donateurs l'intérêt des vaccins et l'importance d'investir dans les efforts de vaccination ;
- montrer comment chacun—donateur ou particulier—peut et doit contribuer aux progrès en matière de vaccination.

Progrès dans le cadre de la Décennie de la vaccination

Le Plan d'action mondial pour les vaccins—approuvé par les 194 États Membres de l'OMS à l'Assemblée mondiale de la Santé en mai 2012—vise à prévenir, d'ici à 2020, des millions de décès grâce à l'accès universel à la vaccination. Malgré des améliorations dans certains pays et un fort taux d'introduction de nouveaux vaccins au niveau mondial, on constate un retard en ce qui concerne l'atteinte de l'ensemble des cibles définies dans le Plan d'action s'agissant de l'élimination de certaines maladies, dont la rougeole, la rubéole et le tétanos maternel et néonatal.

Pour que chacun, où qu'il vive, puisse survivre et s'épanouir, les pays doivent faire davantage d'efforts concertés pour atteindre les buts fixés dans le Plan d'action à l'horizon 2020. En outre, les pays qui ont déjà atteint ces buts ou qui ont considérablement progressé doivent tout faire pour pérenniser ces acquis—afin que tout le monde reçoive les vaccins vitaux.

Pourquoi la vaccination est plus importante que jamais

Pour atteindre les objectifs de développement durable, il est indispensable d'élargir l'accès à la vaccination. La vaccination systématique est un élément essentiel des soins de santé primaires et de la couverture sanitaire universelle. Elle offre l'occasion d'un contact avec le système de soins dès le début de la vie et donne à chaque enfant la possibilité d'être en bonne santé et de prendre ainsi un bon départ.

La vaccination est aussi une stratégie fondamentale pour aborder d'autres priorités sanitaires, comme la lutte contre l'hépatite virale ou contre la résistance aux antimicrobiens, la santé des adolescents ou encore l'amélioration des soins prénatals et néonatals.

Avez-vous compris ?

Répondez aux questions suivantes :

1. Que vise la semaine mondiale de la vaccination ?
2. Pouvez-vous identifier les trois objectifs de la campagne de 2018 ? Quels sont-ils?
3. Pouvez-vous expliquez le retard des buts qui avaient été ciblés en 2012?
4. Selon l'OMS, pourquoi la vaccination est-elle plus importante que jamais ? Êtes-vous d'accord ?
5. Que pensez-vous de cette campagne #LesVaccinsCaMarche ? Pensez-vous qu'elle ait été efficace ? Faites des recherches pour en savoir plus.

ACTIVITÉ 8 : LES FREINS À LA VACCINATION

En petits groupes, discutez des facteurs qui freinent la vaccination de certaines populations. Selon vous, ceux-ci varient-ils selon le niveau économique des pays ? Comment ? Faites-en une liste accompagnée d'explications.

ACTIVITÉ 9 : DÉBAT D'IDÉES : JEU DE RÔLES

Une famille étrangère s'expatrie en France où à présent 11 vaccins sont obligatoires pour les enfants en bas âge afin qu'ils puissent aller à la crèche ou à l'école. Formez des groupes incluant :

A. Un couple, qui n'a jamais fait vacciner ses enfants et hésite à le faire.
B. Un représentant des ressources humaines de l'entreprise, chargé de l'intégration culturelle de la famille, qui engage les nouveaux arrivants.
C. Une pédiatre qui va prendre soin des enfants et qui fournit des informations scientifiques.

C'est bientôt la rentrée des classes et il faut prendre une décision concernant la vaccination des enfants. Analysez le calendrier vaccinal ci-dessous et ensuite jouez la scène en groupes de quatre.

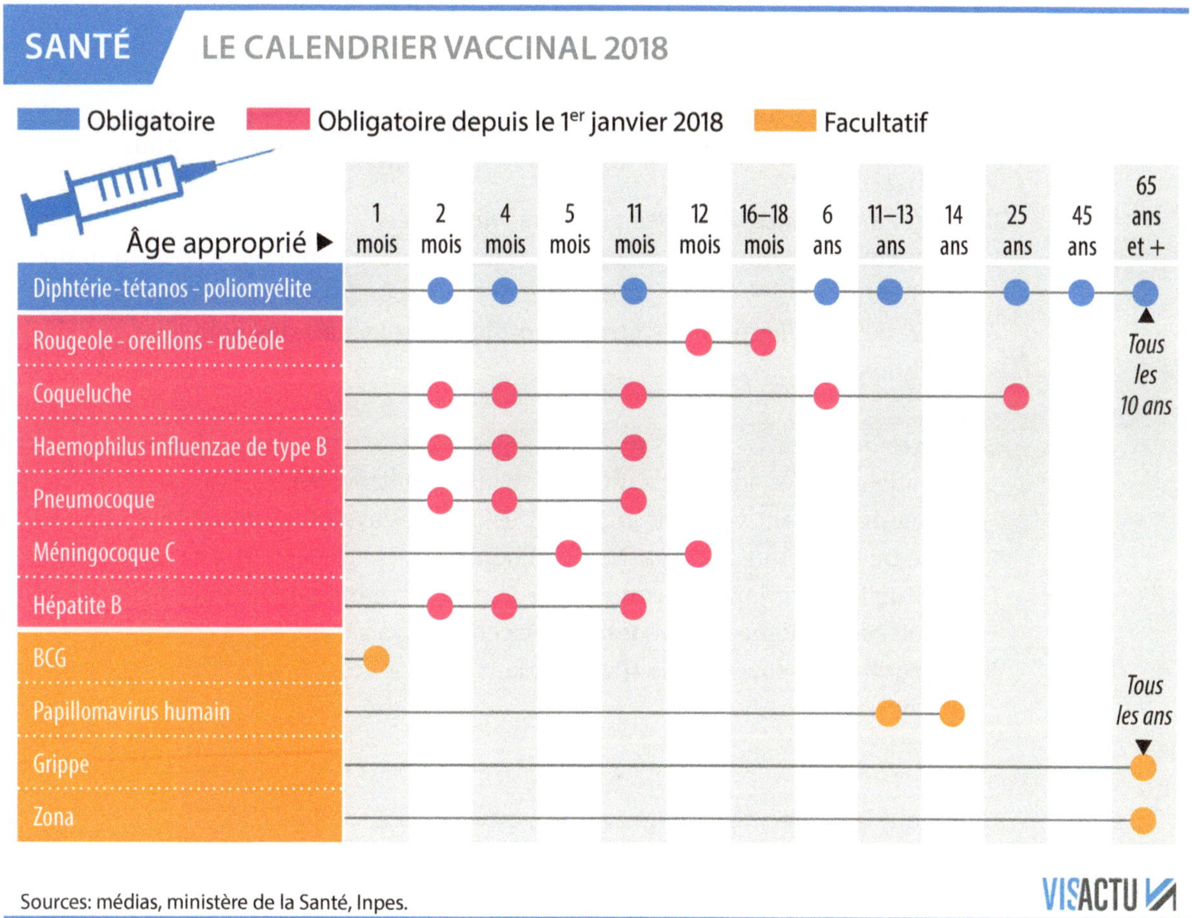

ACTIVITÉ 10 : UN MESSAGE DE PRÉVENTION POUR LES RÉSEAUX SOCIAUX

Vous travaillez en numérique pour l'OMS et vous devez réaliser une campagne pour encourager la vaccination infantile. En groupes, choisissez un pays francophone et étudiez-y la situation en matière de vaccination infantile. Quels sont les facteurs culturels, socio-économiques et géographiques qui expliquent la situation à adresser ?

Maintenant, créez un spot publicitaire pour un réseau social tel que YouTube. Quels sont les points importants à mettre en avant pour que votre campagne réussisse ? À qui vous adressez-vous ? N'oubliez pas d'intégrer les éléments culturels et linguistiques du pays choisi.

TECHNOLOGIES AU SERVICE DE LA SANTÉ

Vocabulaire à activer

E-santé

La téléconsultation est répandue dans les zones rurales.

La médecine ambulatoire permet d'économiser beaucoup d'argent.

Cette start-up veut développer une plateforme d'application mobile pour leur projet.

Ils vont bientôt lancer la phase pilote de leur projet.

La télémédecine connaît un essor important depuis le début de la crise sanitaire du COVID-19.

Il faut améliorer l'accès aux soins primordiaux par le biais des nouvelles technologies.

Systèmes de santé

La privatisation des soins de santé est un sujet controversé.

Les mesures préventives sont importantes pour les systèmes de santé.

Il existe une structure de cogestion de l'hôpital.

Les mutuelles fonctionnent comme des assurances supplémentaires privées.

Les autorités sanitaires collaborent avec cette organisation.

Il faut équiper les foyers de la région et leur donner accès aux médicaments essentiels.

Entrée en matière

Comment la médecine a-t-elle évolué à travers les 20 e et 21e siècles ? Connaissez-vous des traitements anciens qui ont été abandonnés ou qui ne sont plus en vigueur aujourd'hui ? Comment est-ce que les nouvelles technologies influencent la médecine de nos jours ?

ANALYSE D'UNE INFOGRAPHIE : La télémédecine

Dans cette infographie publiée par le gouvernement français, on explique les cinq actes de télémédecine.

Vous avez dit télémédecine ?

MINISTÈRE DES SOLIDARITÉS ET DE LA SANTÉ

télé médecine santé soin

Une activité médicale qui respecte entièrement vos droits
Dans le cadre d'un acte de télémédecine, tous vos droits en tant que patient ainsi que la déontologie médicale sont respectés. Vos données médicales restent confidentielles.

De nombreux bénéfices pour votre santé :
- **Accès rapide aux médecins spécialistes**
- **Confort de vie**
- **Proximité**
- **Des soins de qualité**
- **Prise en charge personnalisée**

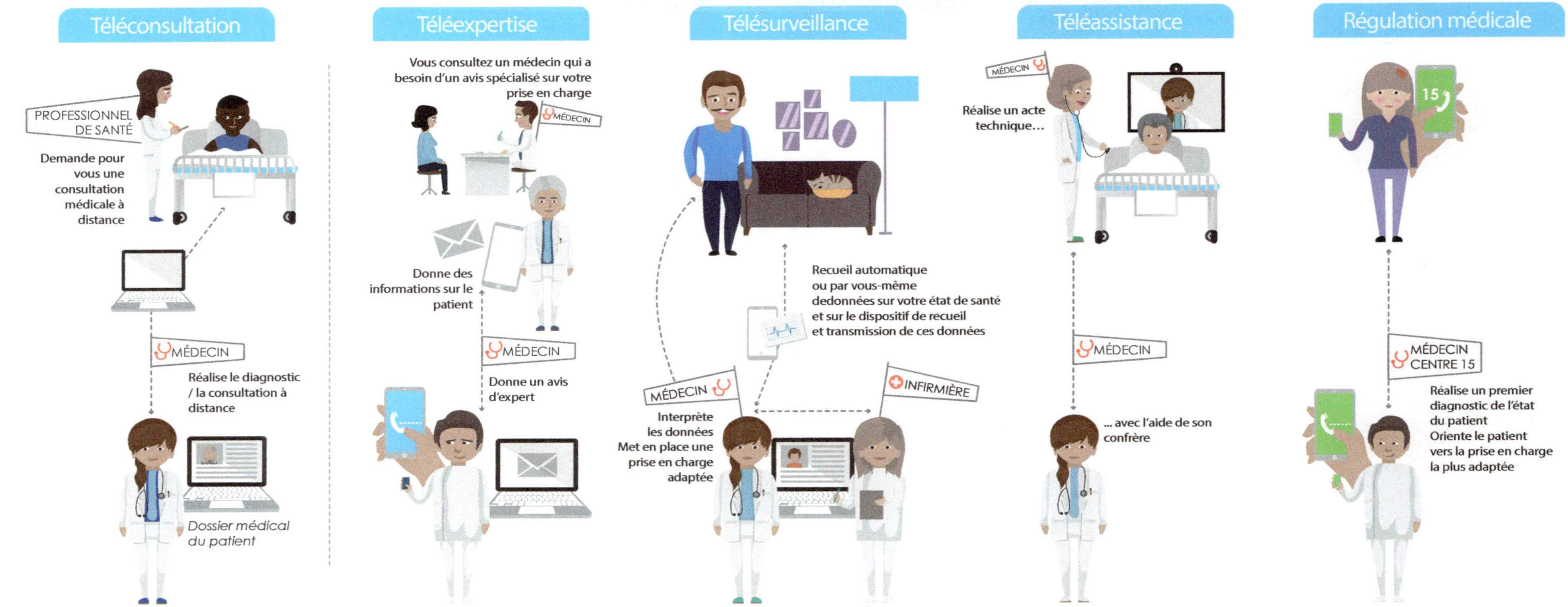

Votre médecin s'engage pour **votre santé au quotidien**. Demandez-lui conseil !

Avez-vous compris ?

Répondez aux questions suivantes :

1. Identifiez et expliquez les cinq actes de la télémédecine.
2. À votre avis, quels sont les avantages et les inconvénients de chacun d'entre eux ?
3. En tant que patient·e, quelles pratiques trouvez-vous les plus utiles ? Existent-elles chez vous ?
4. Si vous étiez malade, aimeriez-vous que votre médecin vous donne des conseils par téléconsultation ?

ÇA S'EXPLIQUE ! : Le CardioPad

Dans cette présentation, Arthur Zang, l'inventeur du CardioPad, explique le fonctionnement et l'utilité de cette tablette au Cameroun.

Avez-vous compris ?

Répondez aux questions suivantes :

1. Selon Arthur Zang, quelles expériences personnelles l'ont poussé à développer cette tablette ?
2. Pourquoi une consultation traditionnelle avec un cardiologue n'est-elle pas souvent faisable pour les patients au Cameroun ?
3. Expliquez le fonctionnement du CardioPad. Comment s'effectue le transfert des données médicales aux spécialistes ?
4. Comment Arthur Zang a-t-il eu l'idée de développer le CardioPad ? Pourquoi était-il nécessaire d'offrir aux hôpitaux le logiciel aussi bien que le matériel sous forme d'une tablette ?
5. Selon Arthur Zang, quel élément est souvent à l'origine de l'innovation ? Comment expliquer cet effet ?

DÉCOUVERTE D'UNE IDÉE : Le don de sang

Dans cet article, le journaliste Amadou Oury Diallo explique comment on a répondu à un problème de santé.

Start-up africaine de la semaine : Hope, la plateforme mobile qui veut promouvoir le don du sang au Sénégal

Depuis bientôt un an, Diambars Mobile s'efforce de lutter contre les pénuries de sang dans les structures sanitaires du Sénégal via la plateforme digitale Hope.

« Lors d'une discussion avec un médecin travaillant au Centre national de transfusion sanguine de Dakar, celui-ci nous avait relaté la situation de pénurie alarmante à laquelle avait été, une fois, confronté le centre », raconte le Sénégalais Jean-Luc Semedo, l'un des co-créateurs de Hope avec la Camerounaise Évelyne Inès Ntonga. « Il avait alors fait appel à toute la population afin qu'elle vienne donner du sang et ainsi sauver de nombreuses vies humaines dans les hôpitaux ».

Voilà comment a germé dans la tête des deux fondateurs l'idée de créer en 2015 Hope, une plateforme digitale de don du sang portée par la start-up Diambars Mobile. Si Hope est en activité depuis mars 2016, le site web et l'application ont été effectivement lancés en septembre dernier.

Au Sénégal, les structures sanitaires sont régulièrement confrontées à des pénuries de sang. Les deux jeunes ingénieurs spécialisés en conception en informatique, formés à l'École supérieure multinationale des télécommunications (ESMT) de Dakar, se sont alors résolus à parier sur l'essor du mobile pour apporter leur contribution à la lutte contre cette situation.

«Vu notre formation, nous voulions mettre nos compétences au service du don du sang et ainsi aider à réduire le taux de mortalité maternelle et infantile lié au manque de sang, expliquent-ils. En effet, 65 % des transfusions sanguines sont administrées à des enfants de moins de cinq ans dans les pays à faible revenu. Dans le monde, chaque minute, une femme meurt en donnant la vie. Les femmes et les enfants sont donc les principales cibles confrontées à un besoin de sang pour vivre ».

Autonomie en produits sanguins

Pour concrétiser Hope, les deux entrepreneurs installent directement leur plateforme dans les différentes structures de transfusion sanguine de la capitale sénégalaise. Tout est mis à profit : SMS, appels vocaux dans les principales langues nationales locales (wolof, pulaar, sérère, diola...), applications mobiles, site Internet, réseaux sociaux...

Après avoir effectué un don du sang, les volontaires reçoivent des messages de remerciement et des rappels, trois ou quatre mois plus tard. « En cas de besoin urgent d'un groupe sanguin spécifique et rare, des messages sont diffusés en direction des personnes du groupe sanguin en question afin d'optimiser et de maximiser les chances d'avoir des donneurs compatibles», expliquent les fondateurs.

Aujourd'hui, le réseau des donneurs de Hope compte, selon ses promoteurs, près de 30 000 personnes, tandis que la plateforme enregistre 90 000 abonnés sur Facebook et plus de 230 000 sur Twitter, «ce qui nous permet de passer outre les frontières et générer beaucoup plus d'impact», ajoute la co-fondatrice Évelyne Inès Ntonga.

L'équipe vise un objectif de 140 000 donneurs à enrôler dans les deux prochaines années. Avec ce nombre, le Sénégal atteindrait le minimum de donneurs requis pour que le pays puisse faire face à ses besoins en produits sanguins, rêvent les deux compères.

L'Organisation mondiale de la santé (OMS) fixe la norme à 10 dons pour un millier d'habitants pour assurer l'autonomie d'un pays en produits sanguins. Toutefois, les contraintes ne manquent pas, liées à la collaboration des autorités sanitaires, selon les créateurs de Hope.

En plus des trois personnes qui forment le noyau de l'équipe, Hope dispose d'un large réseau de 70 bénévoles à travers les sept régions du Sénégal.

Comment parvient-elle à financer ses activités de fonctionnement? «Notre modèle économique repose principalement sur les redevances mensuelles qui nous sont reversées par les banques de sang et hôpitaux partenaires utilisant notre plateforme pour la gestion et la fidélisation des donneurs», détaille Évelyne Inès Ntonga.

La jeune start-up accompagne également les entreprises et organisations dans le déploiement de programmes de sensibilisation et l'organisation de campagnes de don du sang à travers tout le pays. Mais Hope peut également compter sur ses deux principaux partenaires financiers que sont Tigo, le deuxième opérateur de téléphonie mobile au Sénégal, et l'ONG suédoise Reach For Change.

«Ce sont des partenaires qui ont très tôt vu en Hope un projet à fort impact social», se réjouit Évelyne Inès Ntonga. De même, la marque de pâtisserie française La Marquise accompagne Hope dans toutes ses tournées de don du sang et de sensibilisation via, par exemple, la distribution de croissants aux participants.

Il n'empêche. Les promoteurs expliquent être à la recherche de nouveaux partenaires afin de pouvoir faire de ce «noble projet» une référence dans la lutte contre la mortalité maternelle et infantile au Sénégal et dans la sous-région. «Nous recevons régulièrement des messages d'encouragement et de soutien, provenant de plusieurs pays», racontent-ils.

Pour ce faire, il faudra, à l'évidence, davantage de moyens financiers et techniques et de ressources humaines. Raison pour laquelle la start-up envisage une levée de fonds à la fin de l'année.

Avez-vous compris?

Répondez aux questions suivantes:

1. Qui a créé la plateforme Hope et quel événement les a motivés à la lancer?
2. Quelles populations spécifiques bénéficient de cet appel pour le don de sang?

3. Pourquoi décrit-on la plateforme Hope comme un projet à fort impact social ?
4. Comment les co-fondateurs ont-ils réussi à créer un réseau de donneurs ?
5. Décrivez le modèle économique utilisé par l'équipe.
6. Quels projets envisagent-ils pour l'avenir ? Que pensez-vous de leurs idées ?

CAS D'ENTREPRISE : LA PÉNURIE D'EAU EN AFRIQUE SUBSAHARIENNE

Dans cet article, on découvre une start-up qui essaie d'améliorer l'accès et la distribution de l'eau en Afrique.

HydroIQ, la start-up qui veut résoudre les problèmes d'eaux en Afrique

Afin de résoudre le problème de l'eau en Afrique, des start-up technologiques interviennent pour numériser le système d'accessibilité et de facturation pour les consommateurs. Au rang de ces start-up, HydroIQ.

Selon les chiffres avancés par les Nations Unies, les deux tiers de la population mondiale pourraient vivre dans des conditions de stress hydrique d'ici 2025, et la majorité de ces personnes vivront en Afrique subsaharienne. La région africaine est déjà confrontée à des problèmes constants en raison de la pénurie d'eau qui, parfois, n'atteint jamais les consommateurs. En effet, environ 50 % de l'eau fournie par les services publics sur le continent est perdu avant d'atteindre le consommateur, à cause d'un réseau de distribution inefficace et mal géré. Pour ne rien arranger, le coût des pertes d'eau est supporté par les consommateurs.

Afin de pallier ces manquements, la start-up HydroIQ veut rendre l'eau plus accessible aux populations africaines grâce à la technologie. Propulsée par trois technologies majeures, la start-up kenyane de surveillance de l'eau s'appuie sur l'Internet des objets, l'analyse de données et l'automatisation des paiements.

Désignée première start-up africaine de 2018 par Startup.info, HydroIQ est également la première opératrice de réseau d'eau virtuelle au monde. La société a été fondée par deux entrepreneurs, Brian Bosire et Victor Shikoli, qui sont déterminés à révolutionner l'accès et la distribution de l'eau en Afrique.

Fonctionnement

HydroIQ fonctionne en utilisant un dispositif intelligent de mesure qui, lorsqu'il est branché sur le réseau d'approvisionnement en eau existant, peut transformer le système d'eau traditionnel en un réseau d'eau intelligent.

Il peut être installé dans les foyers pour suivre la consommation en temps réel. De cette façon, les consommateurs ne paient que ce qu'ils utilisent. Avec une base de répartition alimentée en argent mobile, le paiement pour la consommation est également numérisé et rendu facile. Des avantages supplémentaires permettent aux consommateurs de recevoir des notifications lorsque l'eau est faible. La détection de fuite en temps réel envoie des alertes pour une détection précoce et une action rapide.

Selon des sources, jusqu'à 45 % des revenus sont perdus en raison du manque d'infrastructures et de systèmes de paiement des factures. Avec HydroIQ, de tels obstacles seront être surmontés.

Par ailleurs, la start-up entend résoudre le problème de l'eau en Afrique en rendant son modèle économique durable, évolutif et adaptable grâce à l'utilisation des technologies numériques. En se concentrant à fournir aux consommateurs africains la facilité et la commodité de payer pour ce qu'ils utilisent, le processus numérisé réduira davantage les coûts initiaux pour les consommateurs, en fournissant une valeur standard élevée à ses clients, à en croire les porteurs du projet.

Cette année, HydroIQ compte installer des compteurs dans 1 500 foyers et entend élargir et développer les connaissances du marché pour répondre aux besoins des consommateurs. Avec un objectif d'atteindre 34 000 foyers d'ici 2019, il devrait couvrir plus de 300 000 dans les cinq prochaines années.

ACTIVITÉ 11 : CONVAINCRE DES CLIENTS POTENTIELS

Vous êtes responsable des ventes pour la start-up HydroIQ et vous rencontrez un client intéressé représentant le gouvernement local. Convainquez-le d'acheter un nombre de compteurs suffisants pour équiper les foyers de la région du littoral du Cameroun. Personne A joue le rôle de la responsable des ventes de chez HydroIQ et personne B joue le rôle du représentant gouvernemental. Respectez les phases classiques de la négociation. Demandez à une tierce personne de filmer cet échange.

ACTIVITÉ 12 : LA SANTÉ

Vous participez au Salon de l'éducation globale destiné aux étudiants qui veulent faire des études à l'étranger. Chaque table doit être capable d'expliquer le système de santé de son pays où il y a des programmes d'études : en Belgique, en France, au Maroc, au Québec, au Sénégal, etc. La classe se divise en deux groupes : un groupe joue le rôle des représentant·e·s des pays divers et fait des recherches sur le système de santé dans le pays sélectionné. L'autre groupe joue le rôle des étudiants voulant aller à l'étranger et prépare des questions. Ensuite, mettez en scène ce salon de l'éducation globale.

PERSPECTIVES PROFESSIONNELLES : PORTRAITS DES MÉDECINS DU MONDE

Lisez les profils suivants afin de découvrir les parcours de ces Médecins du Monde.

AMADOU

Amadou Sori, 36 ans, est infirmier superviseur pour Médecins du Monde au Niger. Il travaille à améliorer la prise en charge de la malnutrition dans le district d'Illéla. Pour qu'enfants et femmes enceintes soient dépistés et traités à temps, malgré les obstacles socioculturels qui demeurent.

Pourquoi j'y suis ?

Je travaillais en clinique depuis cinq ans lorsqu'en 2010, le Niger a connu une nouvelle famine. Pour participer à l'effort national de lutte contre cette crise alimentaire, j'ai pris en charge la supervision d'un centre de récupération et d'éducation nutritionnelle intensive pendant 10 mois. Puis, en 2011, j'ai commencé à travailler sur la promotion de la planification familiale à Illéla. Rapidement, nous avons dû y associer la nutrition. Car ces deux problématiques sont liées. Maîtriser les naissances permet de ménager les femmes et prolonger l'allaitement des bébés.

Ce que je fais

Je supervise les activités de prise en charge de la malnutrition dans 6 des 24 centres de santé que compte le district, notamment l'approvisionnement en compléments alimentaires et médicaments. Je coordonne également le travail d'une centaine d'agents communautaires. Dans leurs villages respectifs, ces bénévoles font de la prévention, sensibilisent les familles à la gestion des vivres et dépistent les enfants. Par ailleurs, nous formons le personnel soignant aux techniques d'accouchement et aux consultations prénatales.

Ce que je ressens

Malgré nos efforts, certaines mères sont encore réticentes à l'idée d'emmener leurs enfants malnutris dans les centres de récupération. Parce qu'elles ont d'autres enfants, parce qu'elles doivent s'occuper du bétail… Je trouve cela choquant car le transfert des cas sévères vers le centre spécialisé est gratuit, que les repas y sont fournis. Nous devons parfois faire intervenir le chef du village pour qu'il convoque les parents. Heureusement, son autorité finit souvent de les convaincre de faire soigner leur enfant.

DOUNIA

Pourquoi j'y suis ?

J'ai choisi le métier de sage-femme en étant attirée par l'engagement humanitaire et l'interculturalité. Aussi, très tôt, j'ai travaillé pour des associations comme Gynécologie Sans Frontières. Puis j'ai suivi une formation à l'institut Bioforce. C'était en 2010, quand Haïti était secouée par un violent séisme. Après un passage par les Comores, j'ai débarqué à Port-au-Prince quatre ans plus tard. D'abord pour un projet de santé materno-infantile, puis sur l'ensemble des programmes, dont le rétablissement de l'accès aux soins après Matthew. »

Ce que je fais

Si nous étions préparés au passage d'un nouvel ouragan, la trajectoire déviée et la force de l'impact nous ont surpris. Les dégâts étaient si importants que nous n'avons eu aucune nouvelle de nos équipes pendant 24 heures. Il a fallu trois jours de plus pour pouvoir les atteindre. Notre réponse s'est coordonnée avec les autorités haïtiennes depuis Port-au-Prince. Nous avons renforcé nos effectifs, évalué les dommages, développé la prévention choléra, déployé des cliniques mobiles pour les soins de base. Mais aussi aidé au transport de l'eau ou au déblaiement des routes.

Ce que je ressens

Le sentiment d'injustice domine. La tristesse, aussi, qu'on lit dans les yeux des gens, la détresse des enfants. C'est le cœur de la nature haïtienne qui est touché à travers les départements de Grand'Anse et du Sud. Le grenier d'Haïti est détruit. Mais la capacité des Haïtiens à se relever et à s'organiser est immense. Les membres de notre équipe, directement touchés par l'ouragan, ont été les premiers mobilisés. Je suis extrêmement fière de leur courage et de leur dévouement.

LOUIS

©MdM

Depuis un an, Louis Barda, 36 ans, coordonne le programme d'accès aux soins des exilés dans la capitale [française]. Notamment la veille sanitaire mobile pour les personnes contraintes de vivre à la rue, faute de solutions d'accueil dignes.

Pourquoi j'y suis?

Mes études en sociologie m'ont amené à travailler dans un laboratoire de recherche sur la question de la migration. J'ai ensuite collaboré avec des ONG sur des programmes de développement international, notamment en Afrique de l'ouest. Au bout d'une dizaine d'années, j'avais envie d'agir dans la lutte contre l'exclusion en France et de combiner mes connaissances théoriques et mon expérience de terrain, au cours de laquelle j'ai pu rencontrer des migrants en transit. J'étais très heureux d'avoir l'opportunité de rejoindre Médecins du Monde il y a un an.

Ce que je fais

Je travaille pour le centre d'accueil, d'orientation et d'accompagnement de Paris et sur l'action «Aller vers», une mission mobile de veille sanitaire auprès des personnes réfugiées à la rue. Depuis juin 2015, date à laquelle le programme a débuté, près de 80 migrants arrivent chaque jour à Paris. Ils se regroupent sur des campements informels. Avec notre camion nous allons à leur rencontre trois fois par semaine avec un médecin, un infirmier, un interprète. Les demandes de consultations sont très nombreuses. Et nous devons nous adapter au contexte extrêmement précaire des installations et des expulsions.

Ce que je ressens

Le règlement Dublin de l'Union européenne place les exilés dans des situations d'impasse totale et de désespoir. S'ils sont enregistrés dans un pays d'Europe avant d'arriver en France, ils ne peuvent pas demander l'asile. De plus les conditions de vie de ces personnes sont particulièrement précaires, scandaleuses et indignes. Les campements de rue dégradent encore plus leur état physique et mental et la pression qui règne aux abords du centre humanitaire saturé est très forte. Heureusement, il y a un travail interassociatif important et des comités de riverains qui s'organisent.

LANCER UNE START-UP : CRÉEZ UNE CAMPAGNE !

Vous avez déjà identifié le service ou le produit que vous voulez vendre. Maintenant, il faut positionner votre produit ou service. Quel(s) avantage(s) mettre en avant ? Ceci vous aidera à créer une campagne publicitaire efficace qui attirera des client·e·s.

Vous allez créer une campagne publicitaire qui comprend cinq étapes :

1. La création d'un slogan publicitaire. Tout slogan doit être facilement retenu par le consommateur. Il y a souvent un rythme ou des assonances pour garantir une accroche. Des exemples de slogans réussis :
   - SNCF, c'est possible
   - Dubo… du bon… Dubonnet
   - L'ami du petit déjeuner, l'ami Ricoré
   - Air France : Faire du ciel le plus bel endroit de la terre
   - Danone : Être mieux chaque jour
   - Haribo : C'est beau la vie, pour les grands et les petits
   - McDonalds : C'est tout ce que j'aime
2. La création d'une vidéo de 30 secondes (pour la télévision ? pour des médias sociaux, telle que Instagram ou YouTube ?)
3. La création d'une publicité écrite (pour un magazine hebdomadaire ? une enseigne ? un réseau social, telle que Facebook ou Instagram ?)

Avant de procéder à la création de ces trois supports promotionnels, il faut déterminer votre cible. Cette partie de la tâche est la plus importante, car elle vous aidera à créer une stratégie publicitaire cohérente.

Dans l'unité 4, vous avez fait une étude de marché à travers laquelle vous avez pu déterminer votre cible. Avez-vous l'information suffisante pour savoir comment attirer des client·e·s ? Savez-vous quels médias ils·elles consultent ? Sinon, comment pouvez-vous trouver cette information ? Si vous allez vendre un service de tutorat, par exemple, ce ne sera pas logique d'attirer des client·e·s jeunes avec une publicité dans un journal quotidien. Mais si vous voulez attirer leurs parents (qui paieront le service), ce n'est pas forcément une mauvaise idée. Quel que soit votre choix, vous devriez pouvoir le défendre dans la dernière étape, un pitch à des investisseur·euse·s.

Unité 6 Être diplomate

POINTS INTERCULTURELS

- Diplomatie et relations internationales
- Négociations interculturelles
- Multilatéralisme et mouvements migratoires

TÂCHES PROFESSIONNELLES

- Rédiger une déclaration officielle sur la crise migratoire à partir d'un dossier documentaire
- Rédiger le discours d'ouverture lors d'un gala à partir de divers documents
- Rédiger le discours d'une cérémonie d'ouverture pour la semaine de la diplomatie
- Négocier par téléphone un appui sur le terrain

QUESTIONS CULTURELLES

- Quel est le rôle de la diplomatie dans les relations internationales ?
- Comment négocier tout en respectant les différences culturelles ?
- Comment soutenir les droits humains à travers le multilatéralisme et la politique internationale ?

DIPLOMATIE ET RELATIONS INTERNATIONALES

Vocabulaire à activer

La carrière d'un·e diplomate

Le multilatéralisme se traduit par la coopération entre états dans le but d'instaurer des règles communes.

Des relations multilatérales ont été engendrées par ces consuls.

Les enjeux internationaux sont cruciaux.

Comment définissez-vous la diplomatie d'influence ?

La France rechigne à délivrer des visas aux ressortissant·e·s de ces pays.

Outils protocolaires

L'équipe du protocole se prépare pour cette rencontre entre dirigeant·e·s internationaux.

L'institution organisatrice est souvent celle qui finance l'équipe d'intervention et la contrôle.

Le programme culturel de l'Ambassade est intelligemment conçu.

La séance plénière constitue un temps fort de la vie parlementaire.

Accueillir une délégation étrangère implique un protocole adéquat.

L'ambassadeur du Sénégal est intervenu durant cette table ronde.

Tous les moyens ont été mis en œuvre pour trouver une solution.

Un colloque est une réunion de spécialistes et de chercheur·euse·s.

Entrée en matière

Quelles sont les fonctions d'un·e diplomate ? À votre avis, quelle est sa formation académique et professionnelle ? Quelles sont les qualités personnelles nécessaires pour la carrière de diplomate ? Connaissez-vous des diplomates célèbres dans l'histoire ?

ANALYSE D'UNE INFOGRAPHIE : Le réseau diplomatique français

Cette infographie présente l'activité du réseau diplomatique français à l'étranger.

Avez-vous compris ?

Répondez aux questions suivantes :

1. Indiquez les objectifs principaux de la diplomatie politique française.
2. Quels sont, à votre avis, les aspects les plus importants de la diplomatie économique et la diplomatie d'influence ?
3. Décrivez les services consulaires offerts en France et autour du monde.
4. Avez-vous déjà eu des contacts avec un consulat étranger ? Expliquez.
5. Si vous aviez l'occasion de travailler dans un de ces services diplomatiques, lequel choisiriez-vous et pourquoi ?

L'activité du réseau diplomatique français à l'étranger

Rôles et missions des ambassades, consulats, et représentations permanentes

LE RÉSEAU DIPLOMATIQUE

Les relations bilatérales

Ambassades

Consulats et sections consulaires

Les relations multilatérales

Représentations permanentes

LES MISSIONS

Représenter la France, défendre et promouvoir ses intérêts dans tous les domaines

Agir dans le monde pour la paix, la sécurité et les droits de l'Homme

Contribuer à l'organisation de la mondialisation pour un développement durable et équilibré

Administrer et protéger les Français résidant à l'étranger

LES DOMAINES D'ACTION DU TRAVAIL DIPLOMATIQUE

LA DIPLOMATIE POLITIQUE

défendre les intérêts et positions de la France

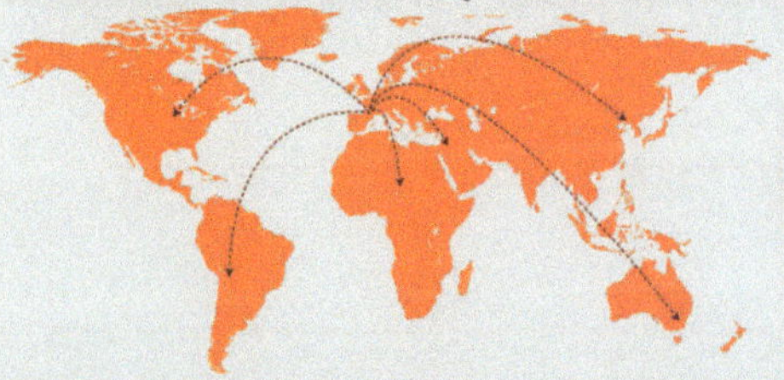

DOMAINES CONCERNÉS
défense et sécurité, droits de l'Homme, diplomatie économique, développement, diplomatie culturelle, francophonie, etc.

- **Participer** à la conception et à la conduite de la politique étrangère de la France
- **Représenter** la France dans les organisations internationales
- **Défendre** les intérêts français au sein de l'Union européenne

LA DIPLOMATIE ÉCONOMIQUE

défendre les intérêts de la France et de ses entreprises

962 décisions d'investissements étrangers, générant 33,682 emplois en France en 2015

125 000 entreprises exportatrices depuis la France en 2015, soit une hausse de 3.1% par rapport à 2014

- **Favoriser** le développement international des entreprises au bénéfice de l'emploi en France
- **Défendre** nos intérêts dans l'élaboration des règles européennes et internationales
- **Promouvoir** l'attractivité du territoire français pour les entreprises et les investissements étrangers

LA DIPLOMATIE D'INFLUENCE

promouvoir la culture française, la francophonie et contribuer au développement

PROMOTION

Défense de la francophonie

Diffusion de la culture française

COOPÉRATION

scientifique — culturelle — technique — universitaire

Le français est la **2ème** langue étrangère la plus enseignée dans le monde, après l'anglais

310 000 étudiants étrangers en France

LES SERVICES CONSULAIRES

offrir ses services aux Français et aux étrangers

FRANÇAIS À L'ÉTRANGER

- **Démarches administratives** (État civil, notariat, élection, délivrance de carte d'identité et de passeport, etc.)
- **Affaires sociales** (assistance aux Français en difficulté, aide sociale, bourses scolaires)
- **Protection** (plans de sécurité, assistance aux détenus, protection des droits des personnes)

44 423 mariages prononcés à l'étranger en 2016

ÉTRANGER DÉSIRANT VENIR EN FRANCE

- **Délivrance de visas** pour entrer en France et dans l'espace Schengen

3 089 691 visas délivrés en 2016

ÇA S'EXPLIQUE ! : Les diplomates de la Mission française à l'ONU

Quatre diplomates de la Mission française à L'ONU décrivent une journée-type au travail.

Avez-vous compris ?

Répondez aux questions suivantes :

1. Décrivez l'attitude de ces quatre diplomates français envers leur travail. Pourquoi utilisent-ils le mot « vocation » en parlant du métier diplomatique ?
2. Faites une comparaison de la spécialisation de chaque diplomate interviewé·e. Quel poste trouvez-vous le plus intéressant ? Expliquez votre réponse.
3. Comment ces diplomates envisagent-ils leurs responsabilités envers la France et envers les pays étrangers ?
4. Selon Samer Melki, qu'est-ce qui distingue spécifiquement un poste à la Mission française de l'ONU et d'autres postes diplomatiques ?

ACTIVITÉ 1 : VOULEZ-VOUS DEVENIR DIPLOMATE ?

Aimeriez-vous poursuivre une carrière diplomatique ? Pourquoi ou pourquoi pas ? Quels en seraient les avantages et les inconvénients ? Discutez-en avec vos camarades de classe.

DÉCOUVERTE D'UNE IDÉE : Diplomates en action

Dans cet article tiré du site web du Ministère de l'Europe et des affaires étrangères, trois femmes diplomates répondent aux questions concernant leur parcours professionnel en diplomatie et les grands défis diplomatiques de la France aujourd'hui. Utilisez ce tableau pour prendre des notes sur les réponses de ces trois diplomates :

Nom de la diplomate	Pourquoi est-elle devenue diplomate ?	Quelles figures de la diplomatie l'ont inspirée ?	Quelles sont ses idées pour promouvoir les femmes ?	Quels sont les principaux défis de la politique étrangère ?
Hélène Duchêne				
Agnès Romatet-Espagne				
Florence Caussé-Tissier				

Portrait croisé de trois femmes actuellement diplomates

Pourquoi ont-elles choisi de devenir diplomate ? Comment promouvoir la place des femmes au sein du ministère ? Ou encore quel est le principal défi de la politique étrangère de la France dans les années à venir ? Une ambassadrice, une directrice et une consule générale partagent leur expérience personnelle et leur vision du monde.

HÉLÈNE DUCHÊNE

Hélène Duchêne est ambassadrice de la France auprès de l'OTAN, organisation politico-militaire multilatérale fondée sur la solidarité entre ses membres et la défense collective. Elle décrit l'organisation comme un monde très masculin, mais les choses changent puisque six ambassadeurs sur 29 sont des ambassadrices. La période actuelle lui semble à la fois intéressante et difficile, au moment où les États-Unis s'interrogent sur les vertus du multilatéralisme et où la Russie utilise la force pour signer son réengagement sur la scène internationale.

Pourquoi avez-vous choisi de devenir diplomate ? Des figures de la diplomatie vous ont-elles inspirée dans votre parcours ?

C'est par conviction européenne que je suis devenue diplomate. J'ai grandi en Lorraine, une région qui porte les stigmates des deux guerres mondiales. Quand j'étais enfant, mes promenades rencontraient des cimetières militaires ou d'anciens dépôts de l'armée américaine. Il n'était pas rare qu'on découvrît un obus dans une forêt voisine. Mon père racontait sa captivité en Allemagne et ma mère, la France sous l'Occupation. Je suis née en 1963, l'année du Traité de l'Élysée et je mesure l'immense volontarisme politique qui était nécessaire pour promouvoir la réconciliation franco-allemande et construire un projet commun au service de la paix, que l'Europe incarne.

Je suis devenue diplomate pour contribuer, avec mes modestes forces, à la construction européenne et au dialogue entre les peuples. C'est sans doute pour cette raison que j'ai consacré de nombreuses années à la diplomatie multilatérale, à la coopération franco-allemande et à la diplomatie culturelle. J'ai rencontré des diplomates talentueux, dont l'engagement forçait le respect. Je me souviens en particulier d'Isabelle Renouard, qui était directrice des Français à l'étranger, que j'avais vue à l'œuvre lorsqu'elle dirigeait la cellule de crise lors du retour de nos ressortissants depuis le Koweït en 1991.

Quelle est la meilleure façon de promouvoir la place des femmes au sein du ministère ?

Il faut être très volontariste et sans naïveté. Le Quai d'Orsay était, jusqu'il y a très peu de temps, un monde très masculin où quelques femmes étaient tolérées mais n'accédaient pas aux principales responsabilités. C'est encore largement le cas et on doit garder à l'esprit que jamais les fonctions de directeur de cabinet du ministre, de secrétaire général ou d'inspecteur général n'ont été exercées par une femme. Il faudra du temps encore pour que le partage du pouvoir soit réel. Je pense qu'il faut systématiquement encourager l'entraide entre les femmes, la solidarité entre les générations, aider les femmes à lutter contre l'autocensure. Mais il faut aussi leur dire que tout est un peu plus difficile pour elles, et qu'elles doivent se battre. J'ai eu le bonheur de diriger l'association Femmes et Diplomatie pendant quatre ans, qui a mis en place un système de tutorat, encouragé le développement d'un réseau et la création de conditions de travail propices à l'activité de femmes diplomates. Mais la route est encore longue et les régressions possibles.

Quel est, selon vous, le principal défi de la politique étrangère de la France dans les années à venir ?

Le principal défi pour la politique étrangère de la France est, à mon sens, celui de savoir rester fidèle à ses valeurs et de conserver les moyens et l'autorité pour les défendre sur la scène internationale. Aujourd'hui, la montée des populismes et des replis identitaires fait peser un risque de fragmentation sur l'ordre international. Nous devons affirmer nos valeurs et construire des coalitions avec les pays qui les partagent pour les porter le plus haut possible.

AGNÈS ROMATET-ESPAGNE

Aujourd'hui à la tête de la direction des entreprises, de l'économie internationale et de la promotion du tourisme, Agnès Romatet-Espagne est entrée au ministère le 4 juillet 1983, après avoir réussi le « concours de secrétaire adjoint des affaires étrangères » (aujourd'hui appelé « concours de secrétaire des affaires étrangères »).

Son credo actuel : servir l'intérêt économique de la France et faire en sorte que tout ce qui a été fait depuis cinq ans ne soit pas détricoté au nom de querelles de boutiques.

Ce qui lui plaît dans son travail ? Aller à la rencontre des entreprises, petites ou grandes, visiter les sites de production, pouvoir aider tous ceux qui recherchent l'excellence et se donnent avec passion à leur métier et leur entreprise. C'est un grand motif de satisfaction de pouvoir les aider et de contribuer à débloquer des situations. Le développement de l'attractivité touristique de la France est aussi devenu une marotte.

Pourquoi avez-vous choisi de devenir diplomate ? Des figures de la diplomatie vous ont-elles inspirée dans votre parcours ?

Le panthéon familial, peuplé de femmes fortes, a beaucoup influencé mon choix initial. Ma grand-mère, morte en 1937, était partie vivre cinq ans en Argentine après la Première Guerre mondiale et, selon la légende familiale, avait vécu une épopée fantastique. Mon arrière-grand-tante, jeune fille de bonne famille pauvre, était partie comme préceptrice et avait consacré les trente dernières années de sa vie à l'éducation d'une famille turque proche d'Atatürk. Elle est d'ailleurs enterrée au carré chrétien d'Ankara.

Une amie de mes parents m'a également inspirée. S'étant d'abord installée à Paris comme bonne, elle a été « éduquée » par le parti communiste, a tapé le manuscrit de Voyage au bout de la nuit pour Céline dont elle était l'assistante, a assisté au congrès de Nuremberg aux côtés de son mari élu SFIO, et a été déportée en tant que résistante.

Toutes ces personnalités se sont construites à travers un appel de l'étranger. En creux se dessinait pour moi une carrière idéale.

Ce goût de l'ailleurs me vient aussi de la vie des grands explorateurs du XIXe siècle, comme René Caillié, dont les aventures faisaient l'objet de mes lectures compulsives. Ces héros et figures mythiques partaient explorer un monde qui n'était pas encore entièrement connu. Je rêvais de Valparaiso et d'autres destinations exotiques.

J'étais également fascinée par des personnalités fortes qui font l'Histoire, hommes politiques et diplomates. J'ai probablement fantasmé la contribution des diplomates à l'histoire de France, mais cela a façonné cette image prestigieuse que j'avais de la diplomatie.

Parallèlement, le service public est un marqueur familial fort : on ne se sert pas, on sert d'abord les autres. Il était donc naturel pour moi d'entrer dans la fonction publique. Et diplomate est le plus fantastique métier du monde. Qui peut vivre comme nous vingt vies en une seule ?

Quelle est la meilleure façon de promouvoir la place des femmes au sein du ministère ?

Il y a dix ans je vous aurais répondu que celles qui le méritent seraient promues selon leurs compétences et talents. Ce qui m'a fait changer d'avis c'est ma mobilité à l'Autorité des marchés financiers. J'y étais lorsque la proposition de loi de 40 % de femmes dans les conseils d'administration (CA) a été traitée avec les Parlementaires qui l'ont inspirée. J'avais d'abord regardé le dossier avec réticence.

Mais en discutant avec des hommes chefs d'entreprises—nous étions alors en pleine crise financière-, j'ai mesuré les liens, avérés, entre comportements « virils » et prises de risques excessifs, surtout dans les salles de marché.

Parallèlement, des études ont montré la corrélation entre management féminin et performance des entreprises. Elles étaient donc de vrais atouts, mais du fait de l'endogamie des conseils d'administration dont les membres se cooptaient par réflexe pavlovien ou par conformisme, on ne pensait jamais à elles. Les portes ne pouvant être entrouvertes, il fallait imposer les femmes, y compris en recourant aux quotas. Aujourd'hui, aucun patron ne le regrette.

Toutefois, nous n'arriverons à la parité réelle que lorsque les nuances sémantiques dans la qualification du travail ou de la personnalité des hommes et des femmes, et l'autocensure disparaîtront. Lorsque le travail d'une femme sera jugé pour sa qualité intrinsèque et rien d'autre.

Je recommande enfin aux femmes d'être gourmandes : de vouloir et la vie familiale et la vie professionnelle !

Quel est, selon vous, le principal défi de la politique étrangère de la France dans les années à venir ?

Conserver les moyens de son ambition, qui est d'être universelle et indépendante. Et cela passe notamment par un réseau et un budget à la hauteur, y compris bien sûr pour notre aide publique au développement. J'ajouterais conserver sa capacité à surprendre. Rester à l'initiative quitte à ne pas épouser les idées dominantes, parce que nous sommes la France et que nous le pouvons.

FLORENCE CAUSSÉ-TISSIER

Nommée sur le poste de consule générale à Rabat en septembre 2016, Florence Caussé-Tissier répond à nos questions autour de son métier qu'elle trouve passionnant : administration, animation et sécurité de la communauté française, forte activité visas (qui, à sa manière, témoigne de la vitalité de la relation bilatérale), coordination avec l'ambassade sur les sujets culturels, économiques...

Ces missions ne peuvent être remplies qu'à condition de bien connaître le terrain et développer un réseau d'interlocuteurs, Français et Marocains, le plus étendu possible. Chaque rencontre est une nouvelle fenêtre qui s'ouvre ! Son actualité est également tournée vers la préparation des élections présidentielle et législatives. Comme souvent dans le métier consulaire, c'est un travail d'équipe. Résolument passionnant.

Pourquoi avez-vous choisi de devenir diplomate ?

Pour l'altérité. J'ai choisi de devenir diplomate pour servir l'État et le représenter hors de ses frontières, m'ouvrir sur le monde, emprunter les chemins menant aux rencontres, appréhender les représentations, être dans une dynamique de dialogue. Participer, modestement, à l'effort collectif d'une responsabilité partagée dans la marche du monde.

De fait, une seconde question m'apparaît indissociable de la première : comment devient-on diplomate ? Ce qui, d'une certaine manière, amène à ouvrir une palette d'objectifs : savoir négocier, être réactif, susciter l'adhésion de son équipe, s'adapter, saisir un autre point de vue, convaincre, trouver le langage adapté, surtout en cas de désaccord… Ce qui aussi, de manière concrète, au-delà des doutes ou des obstacles à surmonter, apporte une belle lumière sur le travail à accomplir.

Aussi la partie officielle de mon poste actuel réserve-t-elle parfois des moments solennels et émouvants : participer à la cérémonie commémorative du 11 novembre aux côtés d'anciens combattants marocains, accueillir dans la nationalité de nouveaux compatriotes…

Le travail dans l'ombre se révèle tout aussi important, ce qui requiert alors abnégation et humilité, lorsqu'il s'agit par exemple d'accompagner dans leurs démarches des compatriotes dans une situation vulnérable.

Des figures de la diplomatie vous ont-elles inspirée dans votre parcours ?

Plutôt des visages. Au fil de mon parcours, l'expérience de collègues, français et étrangers, et leur manière d'appréhender les situations, les difficultés, m'ont souvent inspirée, de même que leur sens aigu de la curiosité, pour mieux voir, savoir et comprendre. D'une certaine manière, leur expertise, énergie, rigueur, enthousiasme, continuent de représenter autant de points cardinaux.

Quelle est la meilleure façon de promouvoir la place des femmes au sein du ministère ?

Ne pas relâcher l'effort car rien n'est acquis. Aussi faut-il poursuivre les actions entreprises au cours des dernières années : encourager les femmes à entrer au ministère pour créer les viviers de demain ; en considération des profils, reconnaître leur juste place par la gestion prévisionnelle des parcours et des compétences, favoriser la parité dans les jury et instances de concertation.

Ce qui me paraît essentiel, c'est que cet effort soit collectif, efficace, dans un esprit solidaire, au-delà des clivages que nous rencontrons aujourd'hui encore et de la perception, diffuse, du syndrome d'imposture. La modernisation du Quai d'Orsay est aussi l'affaire des femmes, elles contribuent à l'évolution des méthodes de travail, proposent un autre regard. Et si tous les hommes devenaient les meilleurs promoteurs de la place des femmes au sein du ministère ?

Quel est, selon vous, le principal défi de la politique étrangère de la France dans les années à venir ?

Le principal défi est de comprendre le monde tel qu'il est aujourd'hui, infiniment morcelé et qui nous renvoie une image fractale. Les zones d'ombres sont multiples : montée des populismes, basculements dans l'exercice du pouvoir, nouveau jeu entre puissances, évolution des conflits… Lorsqu'elles sont visibles, les lignes de tension sont fortes entre espoirs déçus et revanches à prendre. Dans ce contexte, alors même que l'Europe peine à se réinventer, nous devons, tout en défendant nos intérêts, continuer de promouvoir et surtout d'ajuster notre savoir-faire pour rester un pays vers lequel d'autres se tournent.

Avez-vous compris ?

Maintenant, comparez :

1. Qu'est-ce que ces femmes ont en commun ? En quoi leurs expériences sont-elles similaires ?
2. Qu'est-ce qui les distingue ?
3. Parmi les idées présentées pour promouvoir les femmes dans la diplomatie, laquelle vous semble la plus logique ? Expliquez votre choix.

ACTIVITÉ 2 : UNE JOURNÉE DE FORMATION

En groupes de trois, complétez le tableau suivant à propos de la formation idéale pour les futurs membres d'un corps diplomatique. Ensuite imaginez que vous organisez un séminaire pour des jeunes aspirant à devenir des diplomates. Durant celui-ci, les thèmes essentiels pour la formation diplomatique seront présentés. Organisez une session d'une demi-journée en indiquant les présentateurs et les sujets de différentes interventions. Ensuite, créez l'invitation.

La formation diplomatique	Description et / ou énumération	Justification
Études		
Langues maîtrisées		
Expérience à l'étranger		
Compétences interpersonnelles		
Traits de caractère		
Compétences professionnelles		

ACTIVITÉ 3 : LA DIPLOMATIE INTERNE

Choisissez un pays francophone et trouvez un site web officiel qui traite de la diplomatie dans ce pays. Faites des recherches sur l'histoire diplomatique de ce pays et expliquez les facteurs (économiques, géographiques, historiques, politiques ou sociaux) qui influencent son approche à la diplomatie.

Analysez le vocabulaire, les images et les thèmes présentés afin de comprendre la perspective diplomatique de ce pays. D'après votre analyse, quelles semblent être les préoccupations diplomatiques principales de ce pays ?

NÉGOCIATIONS INTERCULTURELLES

Vocabulaire à activer

Techniques de négociation

Nous avons des points de vue convergents / divergents dont nous allons discuter.
Une négociation transfrontalière s'est engagée entre les deux pays.
La négociation émotionnelle est un excellent moteur de performance.
Les réglementations spécifiques sont mises en place pour une meilleure entente.
Cette équipe a bien appréhendé l'impact de la culture sur les comportements.
Ce dîner lui a permis de nouer des relations / tisser des liens.
Le dialogue permet de rapprocher les positions.

Trouver un compromis

Comment peut-on gérer cette impasse ?
Nous sommes enfin parvenu·e·s à un accord.
Il faut que tu recadres tes perceptions par rapport à cette culture.
Il est souvent nécessaire de concevoir un plan B.
Il faut essayer de désamorcer les réactions négatives.
L'équipe diligente peut faire face aux mauvais tours.
Le compromis a permis d'entraîner des relations gagnant-gagnant.
Il faut analyser les enjeux des différents acteurs impliqués dans cette situation.

Entrée en matière

À quels types de négociation avez-vous déjà participé ? Avec votre patron·ne au travail concernant votre salaire ou vos horaires ? Au sein d'un club ou d'une équipe sportive ? Connaissez-vous les caractéristiques de la négociation dans votre pays ? À votre avis, quelles sont les étapes principales d'une négociation efficace ? Comment est-ce que les attitudes culturelles peuvent influencer les négociations ?

ANALYSE D'UNE INFOGRAPHIE : Les priorités de la diplomatie française en développement

Dans l'infographie suivante, le gouvernement français présente ses priorités en matière d'aide.

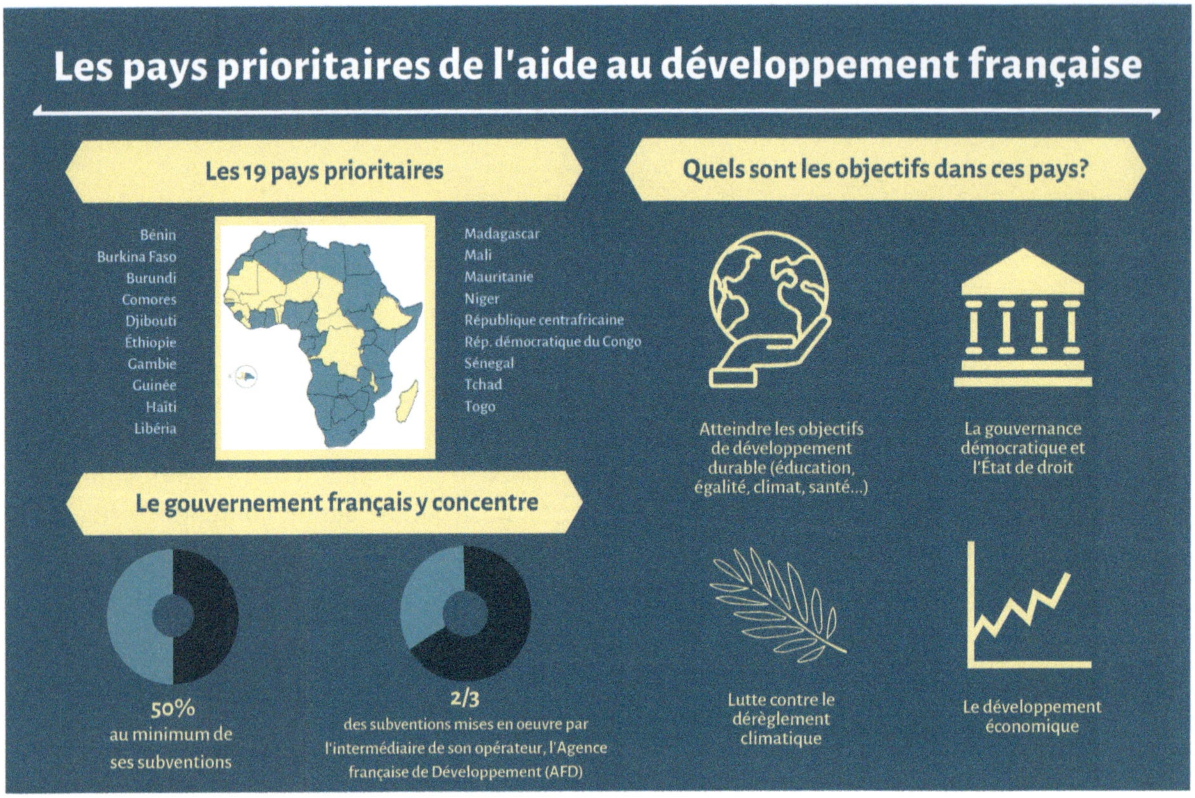

Avez-vous compris ?

Répondez aux questions suivantes :

1. Où se situent les pays prioritaires ?
2. En quoi consistent les subventions du gouvernement français ?
3. Dans quels domaines se concentre l'aide du gouvernement ?
4. Pourquoi, à votre avis, la France a-t-elle des intérêts à soutenir de tels projets dans ces domaines ? Expliquez votre réponse.

ÇA S'EXPLIQUE ! : La diplomatie en Afrique

Pierre Dagbo, Professeur en Sciences Politiques en Côte d'Ivoire, décrit les tendances contemporaines de la diplomatie africaine.

Avez-vous compris ?

Répondez aux questions suivantes :

1. Pierre Dagbo définit la diplomatie africaine comme « L'ensemble des prises de position des chefs d'état dans le cas de l'Union Africaine pour porter la voix de l'Afrique à travers le monde. » Que signifie cette définition dans un contexte politico-historique ?

2. Pierre Dagbo déclare aussi « Ou nous nous unissons ou nous périssons. » Expliquez ce qu'il entend par là.
3. Le panafricanisme est mentionné dans la vidéo. Expliquez de quoi il s'agit.
4. Faites des recherches sur les cartes des pays de l'Afrique avant et après le colonialisme. Quelles différences remarquez-vous ? Discutez de celles-ci en petits groupes. Quelles retombées politico-culturelles et personnelles ces différences ont-elles pu engendrer ?

DÉCOUVERTE D'UNE IDÉE : Négocier en Afrique

Dans cet article, Alexandre Lavissière et Ornella Tchiebeb présentent quelques caractéristiques de la négociation en Afrique.

Négocier en Afrique aujourd'hui

La négociation est toujours un travail complexe. Il existe des difficultés particulières à la conclusion de contrats qui vont au-delà de la simple préparation des discussions avec les partenaires. Mais une négociation internationale ajoute à cette complexité. En effet, l'aspect international est un facteur de complexité avec des éléments techniques évidents.

La distance inhérente à une négociation transfrontalière est le premier facteur. Le fait de passer des frontières pour les produits engendre des coûts douaniers, des démarches administratives, du transport, de la logistique et finalement une coordination minutieuse des flux. Le deuxième facteur est normatif, car le changement d'État implique des normes différentes auxquelles il faut se soumettre, des réglementations spécifiques que nul n'est censé ignorer et un droit applicable différent. Enfin, pour couvrir les risques qui représentent le troisième facteur, il est essentiel de penser aux assurances liées au risque pays, à la marchandise, au type de flux, etc. Pour autant, ces facteurs restent des facteurs techniques et donc un métier à part entière. Les écoles de commerce forment des cadres spécialisés et l'expérience forge les acheteurs internationaux à répondre à cette complexité.

Négociation et culture

En revanche, l'un des facteurs essentiels des négociations internationales restant difficile à appréhender, est l'aspect culturel. La négociation est « une interaction sociale » (Brett, 2000) et au-delà de l'interaction interpersonnelle liée à toute négociation, les différences culturelles viennent se greffer sur les négociations internationales, les rendant bien plus compliquées.

De nombreux modèles ont été développés pour aider à appréhender cette composante de la négociation internationale, sans pour autant que l'on ne trouve de recette miracle. Hofstede en 1980 a isolé, après avoir passé plus de 100 000 questionnaires à des employés d'IBM à travers le monde, cinq facteurs, puis six, qui permettent de définir des différences culturelles nationales.

Les cinq facteurs initiaux sont la distance hiérarchique, qui représente le rapport des individus à l'autorité, l'acceptation de l'incertitude, qui représente le rapport au risque, l'individualisme et le collectivisme qui représente le rapport au groupe social, la dimension masculine / féminine qui représente un rapport valorisé plutôt aux émotions ou aux faits, enfin l'orientation court-terme long-terme qui représente un rapport à la représentation dans le temps. Ainsi, la France est un pays où la hiérarchie importe, où l'individu est indépendant, où l'on n'aime pas les surprises, où la qualité de la vie est une valeur forte et où l'on est assez pragmatique.

Cependant, depuis les années 80, la recherche sur les différences culturelles s'est étoffée et de nombreux modèles, parfois moins stéréotypés mais toujours fondés sur plusieurs dimensions, définissent une culture nationale. Ainsi, Erin Meyer propose une cartographie des différences culturelles nationales fondée sur huit dimensions, tandis que Fons Trompenaars et Charles Hampden-Turner proposent un modèle de décryptage à sept dimensions.

Le rapport au temps, (peut-on être en retard ?), à l'espace (à quelle distance doit-on se tenir de son interlocuteur), aux relations personnelles (faut-il apprendre à se connaître avant de parler affaires ?), figurent également au rang des questionnements du manager international.

Des modèles et leurs limites

Tous ces modèles sont utiles, mais la plupart ne prennent pas du tout en compte les pays africains et quasiment tous se fondent sur une approche nationale qui ne correspond pas à toutes les réalités. Des pays très vastes comme l'Afrique du Sud ont plus d'une ethnie et puisqu'en France on note des différences entre des Bretons, des Alsaciens et des Languedociens, on imagine que ces modèles sont plus approximatifs dans des pays très vastes. La Chine en Asie est un autre exemple.

En outre, il y a une incompatibilité spécifique à l'Afrique qui réside dans le fait que ses frontières nationales ne correspondent pas à des réalités culturelles, mais à un découpage colonial. L'Afrique de l'Ouest est un exemple intéressant puisqu'on note des relations d'affaires importantes entre des pays comme le Burkina Faso, la Côte d'Ivoire, le Togo et le Ghana.

Parfois se nouent des relations plus étroites entre le Ghana et ses voisins francophones qu'avec les pays anglophones de la région. La raison provient essentiellement de notre grille de lecture francophone / anglophone qui ne correspond pas à la grille ethnolinguistique qui repose plutôt sur une dichotomie entre les plateaux (langues Gur) et le littoral (langues kwa) (Dryer and Haspelmath, 2013). Kouame (2014) montre ainsi que l'usage du français comme langue d'affaire dans ces régions est surestimé par rapport aux langues locales.

Préparer une négociation : l'interculturel et l'interpersonnel

Comment dans ces circonstances préparer des négociations ? Le cas du Cameroun offre un autre exemple intéressant, puisqu'ici il existe plus de 250 ethnies que l'on peut regrouper en cinq grandes catégories (Bamilékés, Bétis, Bassa, Douala, Peulhs-Foulbés aussi appelés nordistes). En interrogeant des acheteurs camerounais et français travaillant avec le Cameroun, il est facile d'identifier des archétypes de négociateurs selon ces ethnies. Ces archétypes ne reposent pas sur des études psychostatistiques qui sont toujours manquantes mais sur une approche qualitative dont les résultats se recoupent. Quand les Bamilékés, les Bassas et les Nordistes sont réputés pour leur intransigeance et l'attention qu'ils portent au rapport qualité prix, les Bétis et les Doualas sont par exemple réputés plus flexibles et ouverts à des propositions originales.

Ce qu'il est important de retenir, c'est qu'une négociation internationale n'est pas qu'une affaire de technique et de grands traits culturels clichés. C'est un travail interpersonnel qui nécessite préparation, attention, ouverture et contrôle. Connaître son interlocuteur tout autant que son produit est d'une grande importance. Or il existe aujourd'hui un manque de ressources sur les différences culturelles en Afrique et sur leurs conséquences.

Ce manque porte non seulement sur les négociations mais aussi plus globalement sur la gestion des entreprises et sur les modèles économiques qui fonctionneraient sur le continent. L'économiste Felwine Sarr et le chanteur Tiken Jah Fakouly, entre autres, nous interroge sur ces particularités qui sont une force du continent; et à leur suite nous souhaitons la généralisation d'une telle recherche sur un continent qui est à la fois le plus riche et le plus pauvre.

Avez-vous compris?

Répondez aux questions suivantes:

1. Selon les auteurs, quels sont les trois facteurs principaux qui influencent la négociation internationale?
2. D'après les différentes études sur l'influence de la culture sur la négociation, quels facteurs vous semblent les plus importants? Pourquoi? Quelles sont les limites de ces modèles analytiques?
3. Expliquez le rôle du régionalisme dans une négociation. Citez des exemples donnés dans l'article.
4. Comment le continent africain se distingue-t-il d'autres régions mondiales en ce qui concerne la négociation?
5. Pourquoi est-ce que le cas du Cameroun offre un exemple utile pour illustrer la complexité de la négociation en Afrique?

ACTIVITÉ 4: RÉDIGER UN DISCOURS D'OUVERTURE

C'est la semaine de la diplomatie et vous êtes chargé·e d'écrire le discours d'ouverture du gala de cet événement. À vous de présenter un·e des conférencier·ière·s d'honneur évoqué·e·s dans les documents précédents (par exemple, Hélène Duchêne, Florence Caussé-Tissier, Pierre Dagbo, Caroline Dumas, Tiken Jah Fakoly). Afin de rendre hommage à cette personne, faites des recherches pour trouver des détails sur sa formation, sa carrière et ses contributions en matière de diplomatie.

Consultez l'appendice pour découvrir les règles de base de rédaction d'un discours d'ouverture.

MULTILATÉRALISME ET MOUVEMENTS MIGRATOIRES

Vocabulaire à activer

Statuts des migrant·e·s

Un·e demandeur·euse d'asile doit correspondre aux critères de la Convention de Genève de 1951 avant d'obtenir le statut de réfugié.

Un·e immigré·e est une personne qui a émigré et s'est établie dans le pays d'accueil.

Un·e réfugié·e est une personne forcée de quitter son pays à cause d'une crise politique majeure.

Mon premier pays d'accueil fut le Canada.

Des millions de personnes sont déracinées à cause des changements climatiques ou des guerres.

Solutions aux crises

Alléger les souffrances des personnes déracinées est une des missions de la Croix-Rouge.

Le droit d'accoster dans ce port pour débarquer les personnes séquestrées a été accordé.

Les migrant·e·s ont été débarqué·e·s dans les pays limitrophes à leur pays d'origine.

La construction de centres d'accueil temporaire est prévue dans cette zone.

Les sauvetages en mer ont été bien préparés.

Davantage de fonds ont été octroyés pour aider les migrant·e·s à s'intégrer dans leur pays d'accueil.

Ces personnes en détresse n'ont pas été secourues.

Ils ont été approvisionnés en eau potable.

Les fonctionnaires de ce pays se sont mis d'accord pour arriver à une solution raisonnable.

Nous refusons de laisser le fardeau des changements climatiques à nos enfants.

Entrée en matière

Connaissez-vous des crises qui ont fait appel aux relations internationales ? Pourquoi un pays va-t-il décider d'intervenir ou non dans une crise ? Quels facteurs ou éléments vont influencer la prise de décision d'un état ? Référez-vous à des exemples précis lors de votre discussion.

ANALYSE D'UNE INFOGRAPHIE : Aperçu statistique des déplacements des personnes au niveau global

Voici une infographie qui dévoile des chiffres sur les personnes déracinées en 2019.

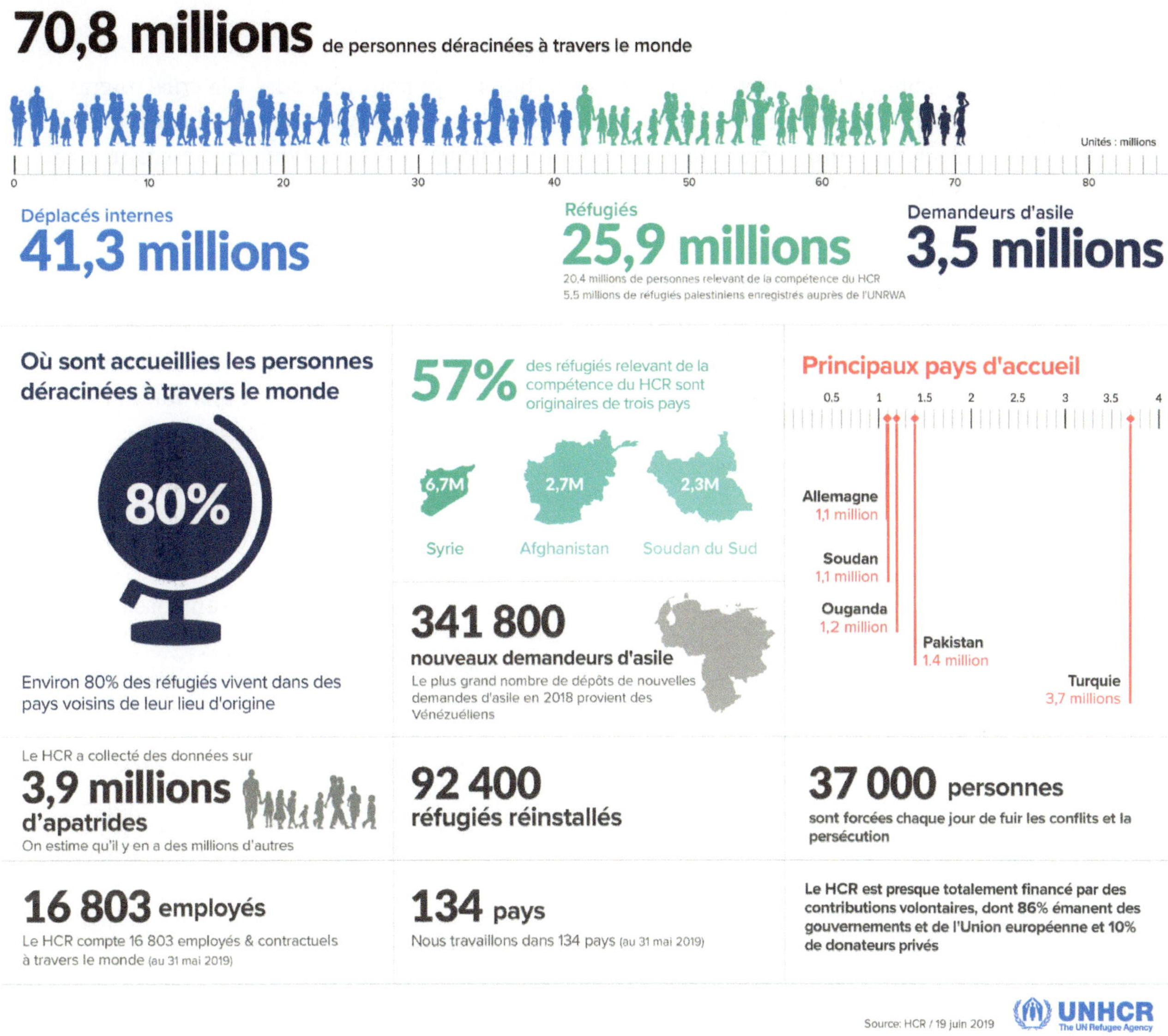

Avez-vous compris ?

Répondez aux questions suivantes :

1. Quels sont les principaux pays d'accueil ?
2. Quelle est la distinction entre un.e déplacé.e interne, un.e réfugié.e et un.e demandeur.euse d'asile ?
3. Quelles sont les raisons principales qui expliquent le déplacement de ces personnes ?
4. Qu'est-ce qu'un.e réfugié.e réinstallé.e ?
5. Qui finance l'UNHCR ? Que fait-il ? Faites des recherches.
6. Quels chiffres vous interpellent le plus ? Pourquoi ?

ACTIVITÉ 5 : QUELLES SOLUTIONS ?

Quelles sont les mesures prises par certains pays pour répondre à la crise migratoire ? Et celles prises par certaines personnes ? Quels types de travail bénévole ou de poste rémunéré existent dans des organisations internationales pour faire face à cette crise ?

ACTIVITÉ 6 : L'UNHCR AU TRAVAIL

Identifiez une région où l'UNHCR (ou une autre organisation humanitaire) participe à une opération d'accueil de migrants. Cherchez trois articles qui traitent de cette situation et prenez des notes afin de bien saisir les détails. Dans votre blog, résumez ce que vous avez trouvé. Ensuite, utilisez ces informations pour contribuer à un forum de discussion en ligne qui traite de ce sujet.

ÇA S'EXPLIQUE ! : Entretien avec une diplomate au centre de la crise migratoire

Écoutez bien l'entretien avec Caroline Dumas, « 24 heures avec une ambassadrice—Caroline Dumas, Jordanie ».

Avez-vous compris ?

Répondez aux questions suivantes :

1. Identifiez la situation géographique de la Jordanie. Pourquoi ce pays se trouve-t-il en état de crise ?
2. Caroline Dumas explique que son travail en Jordanie s'effectue à deux niveaux : sur le plan bilatéral et sur le plan régional. Quelle est la distinction entre les deux et quelle est l'importance de cette double focalisation ?
3. Décrivez les projets français en Jordanie au niveau humanitaire. Quels en sont leurs buts principaux ?
4. Identifiez les partenaires diplomatiques ou humanitaires évoqués dans la vidéo. Pourquoi y a-t-il tant d'organisations impliquées dans des projets humanitaires liés à cette crise migratoire ?

DÉCOUVERTE D'UNE IDÉE : Un accord limité

Dans cet article, Nelly Didelot et Lucie Lespinasse discutent de la poursuite des négociations entre pays européens envers une politique commune pour répondre à la crise des migrants.

Droit d'asile

Migrants secourus en mer: le nouveau «mécanisme de solidarité» avance au ralenti

La réunion ce lundi à Paris des ministres de l'Intérieur européens n'a pas permis d'aboutir à la création d'un mécanisme de relocalisation des demandeurs d'asile, qui aurait facilité le travail des ONG de sauvetage en mer. La France espère qu'il verra le jour en septembre.

Quatre ans après l'instauration de quotas, censés aider à la relocalisation des demandeurs d'asile dans tous les pays de l'Union, la politique d'accueil européenne est toujours au point mort. Les quotas n'ont pas été appliqués, ou de manière très marginale. Les nouvelles tentatives franco-allemandes de mettre en place un mécanisme d'accueil des réfugiés, temporaire et basé sur le volontariat, patinent.

Après une première rencontre informelle à Helsinki la semaine dernière, une nouvelle réunion de travail entre les ministres de l'Intérieur et des Affaires étrangères européens avait lieu ce lundi à Paris. La France et l'Allemagne y ont proposé un projet de mécanisme destiné à mettre fin à l'errance des bateaux en mer Méditerranée et à assurer les débarquements de migrants de manière plus efficace et plus humaine.

Pour cela, « une coalition de volontaires » s'engagerait à se répartir, de manière systématique et sans négociation, l'accueil des personnes secourues en mer.
En échange, l'Italie et Malte ouvriraient leurs ports aux bateaux de sauvetage.
Ce projet temporaire, porté par les ministres de l'Intérieur français et allemand, Christophe Castaner et Horst Seehofer, prévoit d'un côté une relocalisation rapide des migrants dans d'autres pays que celui de leur arrivée. De l'autre, il assurerait une procédure de retour accélérée pour ceux qui ne peuvent pas prétendre au statut de réfugié.

Ce mécanisme renforcerait également les obligations des navires de sauvetage, comme le respect des instructions données par le centre de coordination des secours ou l'interdiction de compliquer la mission des garde-côtes. Il a enfin pour projet d'apporter une aide accrue aux pays d'origine ou de transit et de renforcer les moyens des garde-côtes des pays du Sud et de la Méditerranée.

Opposition italienne

Mais si la majorité des pays de l'UE s'accorde sur la nécessité d'un nouveau mécanisme d'accueil, seuls huit pays (la France, l'Allemagne, le Portugal, le Luxembourg, la Finlande, la Lituanie, la Croatie et l'Irlande) ont acté leur participation à cette coalition de volontaires. D'après Emmanuel Macron, qui s'est exprimé sur le sujet en fin de journée, six autres pays soutiendraient le texte, sans prendre part au mécanisme « de manière active ».

La France s'est dite « confiante », lundi, sur la possibilité d'arriver à un accord rassemblant une dizaine de pays d'ici à la prochaine réunion prévue en septembre. Les pays du groupe de Visegrad (Hongrie, Pologne, République Tchèque et Slovaquie) qui s'étaient déjà opposés en 2015 au principe des quotas de répartition des demandeurs d'asile devraient refuser de s'associer au dispositif, selon toutes probabilités. Emmanuel Macron espère pourtant que « l'ensemble des Etats membres participent » au mécanisme, et a même menacé de lier cette participation à l'octroi d'une partie des fonds structurels de l'Union européenne.

Le ministre de l'Intérieur italien Matteo Salvini a lui refusé de se déplacer à Paris, au motif que « la France et l'Allemagne ne peuvent pas décider des politiques migratoires en ignorant les demandes des pays les plus exposés comme Malte et nous ».

Le patron de la Ligue (extrême droite) réclame pourtant une refonte de ces politiques depuis son entrée en fonction l'an dernier et a justifié la fermeture des ports italiens aux navires de sauvetage par l'absence de « partage du fardeau » de l'immigration.

La semaine dernière à Helsinki, lors de la précédente réunion de travail sur le sujet, il a présenté, avec Malte, un projet concurrent de celui porté par la France, l'Allemagne et la Finlande. Il préconise de revoir les règles de recherche en mer pour « empêcher les abus qui visent à favoriser une immigration illégale et incontrôlée », de débarquer les migrants dans les pays limitrophes aux pays de départ et d'y construire des centres d'identification et d'accueil temporaire. En clair, il ne s'agit plus pour Salvini de mieux répartir les migrants mais de tout faire pour les empêcher d'atteindre l'Europe.

Route meurtrière

Depuis le pic de 2015, la migration à travers la Méditerranée n'a cessé de diminuer. Selon les derniers chiffres de l'Organisation internationale pour les migrations (OIM), 34 226 personnes ont traversé la Méditerranée entre le 1er janvier et le 17 juillet 2019, contre 57 782 sur la même période l'an dernier. Soit une décrue de 34 %. Et ce alors que l'année 2018 avait déjà marqué le plus bas nombre d'arrivées depuis 2015 (122 000 contre un million).

Contrairement à ce qu'affirme Matteo Salvini, Malte et l'Italie ne sont pas les deux pays les plus touchés par ces traversées de la Méditerranée. Depuis janvier, seuls 3 186 migrants ont touché les côtes italiennes et 1 443 les côtes maltaises, contre plus de 16 000 en Grèce et 12 000 en Espagne, qui concentrent 83 % des arrivées.

Moins fréquentée, la route de la Méditerranée centrale, qui conduit les bateaux de migrants de Tunisie et de Libye vers Malte et l'Italie est par contre bien plus meurtrière que celles de la Méditerranée orientale (qui part de Turquie vers la Grèce) ou occidentale (du Maghreb vers l'Espagne). Depuis janvier, au moins 426 personnes y ont trouvé la mort en tentant la traversée, un nombre qui correspond à un dixième des traversées réussies.

Entravés par les lois anti-migratoires italiennes et maltaises, les bateaux d'ONG qui effectuent la plupart des sauvetages en mer ont de plus en plus de mal à trouver des ports qui acceptent de les laisser débarquer les migrants recueillis en mer. Ils passent souvent de longs jours à errer au large des côtes italiennes, en attendant que les capitales européennes se mettent d'accord pour accueillir les réfugiés à leur bord. Autant de jours où ils ne peuvent plus porter secours à de nouveaux canots en détresse.

Avez-vous compris ?

Répondez aux questions suivantes :

1. Quel était le but initial de la réunion à Paris ? Quel en a été le résultat ?
2. Que veut dire l'expression « au point mort » dans le contexte de l'article ?
3. Décrivez le projet temporaire qui a été mis en place. Quels sont ses points forts ?
4. Qui n'a pas participé à la réunion à Paris ? Pourquoi ?
5. Comparez le projet italien proposé au projet européen. Qu'est-ce que ces différences nous dévoilent sur les perspectives de ces groupes ?
6. D'après ce que vous avez lu, quel est le point de vue du journaliste concernant la crise migratoire et les négociations européennes ? Expliquez votre réponse avec des exemples tirés de l'article.

ACTIVITÉ 7 : L'EUROPE, UN CONTINENT UNIFIÉ ?

Il y a de nombreux défis auxquels fait face l'Europe (nationalisme, migrations, changements climatiques, ruptures, etc.). Pour ce débat, formez deux groupes : le premier soutiendra l'Europe unie et le deuxième sera en faveur d'une dissolution de l'Europe. Pour vous préparer, faites des recherches. Soyez prêt·e à défendre vos arguments avec des exemples précis.

ACTIVITÉ 8 : RÉDIGER UNE DÉCLARATION OFFICIELLE SUR LA CRISE MIGRATOIRE

Choisissez une organisation internationale qui travaille avec les migrants et réfugiés : SOS Méditerranée, l'UNHCR ou Reporters Sans Frontières. Faites des recherches pour identifier les interventions entreprises par cette organisation pour répondre à la question migratoire. Consultez un minimum de trois sources en ligne, puis écrivez une déclaration officielle qui résume ces actions.

ACTIVITÉ 9 : RÉDIGER LE DISCOURS D'OUVERTURE

SOS Méditerranée et Le Rocher lancent un appel pour sauver des vies en mer. Vous travaillez pour la directrice de SOS Méditerranée et vous êtes chargé·e d'écrire son discours pour la cérémonie d'ouverture. Prenez connaissance de l'invitation et du site web de SOS Méditerranée (https://sosmediterranee.org) afin de rédiger le discours d'ouverture.

Consultez l'appendice pour découvrir les règles de base de rédaction d'un discours d'ouverture.

ACTIVITÉ 10 : OBTENIR UN APPUI SUR LE TERRAIN ET NÉGOCIER

Situation : Vous êtes responsable d'un programme d'aide humanitaire international. Suite à l'arrivée d'un bateau de migrants bloqué en dehors du port, vous avez besoin de soutien. Vos équipes doivent se rendre à Marseille avec l'équipement médical et les ressources humaines nécessaires.
Tâche : Afin d'obtenir assez de denrées alimentaires et d'eau potable pour une semaine, vous téléphonez aux autorités locales pour solliciter leur appui :

1. Vous présentez la situation d'urgence.
2. Vous tentez d'obtenir de la nourriture et de l'eau potable pour une durée d'une semaine afin de les distribuer aux migrant·e·s séquestré·e·s sur le bateau ; vous négociez également la prise en charge des coûts.
3. Dans le cadre de la négociation, vous pouvez proposer : une prise en charge partielle, une aide technique, une expertise, une autre voie d'acheminement.

CAS D'ENTREPRISE : LA COP25 ET L'ACCORD DE PARIS

Au cours de la Conférence des Nations unies sur les changements climatiques (COP25) à Madrid en 2019, des négociations ont mené à l'adoption du mode d'emploi de l'accord de Paris. Lisez cet article pour apprendre davantage sur les aspects tendus de ces négociations.

La COP25, un échec cuisant selon des écologistes

Chargés de négocier la mise en œuvre de l'accord de Paris, les représentants des pays signataires ont pelleté par en avant des points litigieux comme les règles d'un marché international du carbone et le soutien financier des pays déjà vulnérables aux dérèglements climatiques.

L'experte en choix collectifs en matière de changements climatiques d'Équiterre, Caroline Brouillette, relève un « énorme gouffre » entre ce qui a été discuté et ce qui était réclamé dans les rues partout à travers le monde.

Jointe à son retour au pays, la chercheuse a dit avoir constaté un second clivage, à même les tables de négociation cette fois, entre les pays qui négocient de bonne foi et les grands émetteurs de gaz à effet de serre qui se livrent à de l'obstruction, comme les États-Unis, le Brésil et l'Australie.

« Plus la mobilisation climatique gagne du terrain, plus ceux et celles qui bénéficient du système actuel d'exploitation des énergies fossiles résistent », analyse-t-elle.

Pour Léa Ilardo, co-porte-parole du collectif étudiant La planète s'invite à l'Université, ce sommet des Nations unies laisse un goût particulièrement amer.

« C'est très difficile à accepter. Ça fait un an de mobilisation pour ma part, mais des années et des années pour beaucoup d'autres personnes, notamment les peuples autochtones qui sont au premier rang de cette lutte. Mais finalement, il n'y a aucune ambition au niveau politique et encore du temps de perdu. Ça s'est terminé avec des textes finaux qui sont très faibles, quasiment vides », se désole-t-elle.

La jeune militante s'était elle aussi rendue à Madrid pour l'occasion, en tant que membre des délégations d'ENvironnement JEUnesse et de l'Université de Sherbrooke, où elle étudie à la maîtrise en politiques appliquées.

Si le discours de la militante suédoise Greta Thunberg à la COP24, l'an dernier, avait galvanisé le mouvement citoyen, cette COP25 devrait elle aussi inciter à miser sur « le pouvoir de la rue », estime Léa Ilardo.

« Pour moi, c'est vraiment la preuve qu'on n'obtiendra rien qui soit à la hauteur de la crise climatique de la part des gouvernements parce qu'ils réfléchissent à court terme et ne pensent qu'à se faire réélire aux prochaines réélections », avance-t-elle.

Caroline Brouillette souligne pour sa part que, malgré son rôle « relativement collaboratif » sur la scène internationale, le gouvernement canadien doit maintenant faire ses devoirs à la maison : « On ne peut se targuer d'être un leader climatique et continuer à favoriser, via la subvention des énergies fossiles, entre autres, ce secteur-là ».

L'accord de Paris a établi comme objectif de limiter le réchauffement planétaire à 2 degrés Celsius—ou 1,5 degré, idéalement—d'ici la fin du siècle, mais le mercure est présentement en voie de bondir de 3 à 4 degrés Celsius par rapport aux niveaux préindustriels.

La prochaine Conférence des parties des Nations unies sur les changements climatiques aura lieu à Glasgow, en Écosse, à l'automne prochain.

PERSPECTIVES PROFESSIONNELLES : UNE CHARGÉE DE COMMUNICATION EN BELGIQUE

Lisez cet entretien avec Fabienne Pompey, chargée de communication pour la France et Monaco au Centre régional d'informations des Nations unies (UNRIC) à Bruxelles. Dans celui-ci, elle décrit son parcours professionnel.

Transversales. Entretien avec Fabienne Pompey (publié le 05.03.19)

La délégation aux fonctionnaires internationaux (DFI) a le grand plaisir de vous présenter une série d'entretiens, dédiée à nos compatriotes qui occupent des postes dits « transversaux », qui peuvent être exercés dans de nombreuses organisations internationales (OI). En cette Journée internationale des droits des femmes, nous ouvrons TRANSVERSALES à une compatriote qui travaille dans le domaine de la communication.

Fabienne Pompey, vous êtes actuellement chargée de communication des Nations unies pour la France et Monaco au Centre régional d'information des Nations unies (UNRIC) basé à Bruxelles. Comment êtes-vous arrivée à ce poste? La DFI a-t-elle pu jouer un rôle dans votre déroulé de carrière?

Après 20 ans de journalisme en Afrique, pour l'AFP et Le Monde entre autres, j'ai été recrutée par le Programme alimentaire mondial (PAM) à Kinshasa comme chargée de communication puis j'ai obtenu, après un test écrit et un entretien, le poste régional de chargée de communication pour l'Afrique de l'Ouest et du Centre basé à Dakar. Entre temps, j'avais vu sur la lettre d'information de la DFI une offre pour un poste de chargée de communication à UNRIC.

Lors d'un passage à Paris, j'ai pris contact avec la DFI. J'ai été reçue longuement, j'ai été confortée dans l'idée que mon expérience et mes compétences étaient bien en phase avec le poste. Une fois que j'ai été présélectionnée et que j'ai réussi les tests écrits, la DFI m'a proposé de m'aider à préparer l'entretien. J'étais de retour à Kinshasa et par téléphone, j'ai pu passer un test « à la manière de ». Ensuite, j'ai reçu des commentaires écrits sur le fond et la forme. Cela m'a beaucoup aidé pour le vrai rendez-vous avec UNRIC. En attendant d'avoir les résultats, ce qui a pris plusieurs mois, j'ai accepté le poste du PAM à Dakar et de là, quand UNRIC m'a recontacté je suis partie à Bruxelles. Le soutien de la DFI a été d'abord rassurant (je ne me trompais pas dans mes choix de carrière), et surtout très utile. Je me suis sentie soutenue dès le début et tout au long du parcours de recrutement, qui peut être très long et nerveusement éprouvant.

Est-il difficile pour les femmes communicantes d'évoluer et de faire carrière au sein des Nations unies? Peuvent-elles aller facilement sur le terrain? Quelles sont les contraintes?

Il y a beaucoup de femmes, et beaucoup d'anciens ou anciennes journalistes dans les services de communication des Nations unies. L'avantage de l'ONU c'est qu'il y a une vraie politique d'égalité des chances et d'opportunités entre femmes et hommes. Être une femme n'a été ni un avantage ni un handicap. Le nouveau Secrétaire général, Antonio Guterres, est très engagé dans une politique de non-discrimination et d'égalité des genres. Cette politique est valable partout, même dans les opérations de maintien de la paix, où de nombreuses femmes occupent des postes, certains très élevés.

Dans certains endroits les services de santé ou les infrastructures scolaires laissent à désirer. Il est éprouvant pour tout le monde, femme comme homme, de vivre parfois dans des pays où l'on passe d'une coupure d'eau à une coupure d'électricité, où les conditions de sécurité détériorées induisent un stress permanent et où il y a peu d'activités culturelles ou récréatives.

Il n'est pas aisé de concilier vie de famille et vie professionnelle. Il y a des choix parfois difficiles. J'ai croisé de nombreuses femmes, dans les missions dites

« sans famille », qui avaient confié pendant quelques années leurs enfants à leur conjoint ou à de la famille pour pouvoir poursuivre leur carrière. L'expatriation est aussi souvent éprouvante pour les couples. Si le partenaire n'a pas d'emploi sur place, cela peut créer des tensions. Pour ma part, j'ai eu la chance de pouvoir garder ma fille près de moi tout le temps et partout et je n'ai pas eu à faire de choix cornéliens. On peut très bien faire une carrière à l'ONU en étant femme et maman.

Forte de votre expérience au sein des Nations unies, quels conseils donneriez-vous aujourd'hui à une jeune femme souhaitant travailler dans les métiers de la communication au sein d'une organisation internationale ?

Ayez une vie avant l'ONU ! Je veux dire par là que l'ONU gagne à avoir un personnel au profil varié, qui a travaillé en ONG, dans le privé ou un service public national et qui met son expérience au service de l'organisation. On fait de moins en moins carrière toute sa vie à l'ONU. Il faut bien sûr maîtriser au moins deux langues, le français et l'anglais, et connaître une autre langue est un atout. En Afrique, je me souviens que le PAM avait du mal à recruter des francophones, parlant et écrivant l'anglais avec une solide expérience du terrain et de la communication. N'oubliez pas que l'on peut rentrer à l'ONU à tout âge. Il faut aussi partager les valeurs de l'Organisation et être convaincue de l'utilité de ce que l'on fait, croire dans le multilatéralisme et être prête à travailler dans un environnement multiculturel. Cela peut sembler une évidence, mais même à UNRIC où je travaille avec des personnes qui en théorie sont plus proches de ma culture qu'en Afrique, je me suis rendue compte qu'il fallait s'adapter à des habitudes et des façons de faire très différentes selon que l'on est d'Espagne ou du Danemark.

Parfois la bureaucratie onusienne peut être contraignante, il vaut mieux ne pas souffrir de phobie administrative. Cela dit, travailler pour l'ONU est un privilège et une chance extraordinaire, il est normal que l'on donne le meilleur de nous-mêmes.

LANCER UNE START-UP : FAITES UN PITCH !

Dans cette dernière étape du projet, vous allez concevoir un argumentaire de vente (un « pitch ») et le présenter à un groupe d'investisseurs. Soutenez celui-ci à l'aide des résultats de vos recherches : comment avez-vous utilisé les résultats de votre étude de marché pour cibler vos clients ? Votre pitch devra convaincre votre audience non seulement de la valeur de votre produit ou service, mais également de votre capacité de le vendre. Pour ce faire, vous devez être à la fois diplomate et négociateur·trice ! Vous présenterez vos recherches, ainsi que votre campagne, pendant 15–20 minutes, suivi d'une période de questions et réponses.

Unité 7 S'engager pour la planète

POINTS INTERCULTURELS

- Économie du partage et économie collaborative
- Entreprises éthiques
- Entrepreneuriat social et start-up

TÂCHES PROFESSIONNELLES

- Rédiger un rapport qui propose une économie collaborative pour une ville à partir d'un dossier documentaire
- Rédiger un rapport qui propose au·à la président·e de l'institution une commission de responsabilité sociale sur le campus
- Répondre spontanément à des questions attendant des réponses élaborées concernant l'économie du partage
- Rédiger un publi-reportage pour promouvoir l'entreprenariat social dans un pays francophone

QUESTIONS CULTURELLES

- Comment les nouvelles économies transforment-elles la société ?
- Qu'est-ce que cela signifie pour une entreprise de fonctionner éthiquement ?
- Les entreprises ont-elles le devoir de suivre les ODD définis par l'ONU ?

ÉCONOMIE DU PARTAGE ET ÉCONOMIE COLLABORATIVE

Vocabulaire à activer

Nouveaux types d'économies

L'économie collaborative bouleverse la manière de proposer des biens et des services.

Il survit grâce à ses petits boulots (fam.) variés et troque ses services pour d'autres biens.

L'arbitrage est difficile à établir car le cadre légal des entreprises ubérisées est flou.

Il faut prendre en compte l'essor du numérique.

Pour et contre

Il s'agit d'une concurrence faussée.

Des emprunteurs sont mis en contact avec des prêteurs.

Ces entreprises ne cotisent pas pour une caisse de retraite.

L'uberisation de l'économie suscite beaucoup de débats.

Il s'agit d'une économie des plateformes en ligne qui amassent beaucoup d'argent.

ENTRÉE EN MATIÈRE : Êtes-vous partant·e ?

Les nouvelles économies transforment notre société, qu'il s'agisse de l'économie du partage ou de l'économie collaborative. L'économie du partage met l'accent sur le partage d'actifs sous-utilisés, monétisés ou non, pour en améliorer l'efficacité et la durabilité tout en contribuant à renforcer la communauté. L'économie collaborative, de son côté, est un modèle socio-économique qui repose sur le partage ou l'échange de biens, de services ou de connaissances entre particuliers.

Connaissez-vous des entreprises qui contribuent à ces deux types d'économie ? Dans quels secteurs se situent-elles ? Selon vous, quels sont les avantages de ces types d'économie ? Les pratiquez-vous ? De quelle manière ?

ANALYSE D'UNE INFOGRAPHIE : L'économie du partage

Cette infographie illustre comment l'économie du partage et la consommation collaborative peuvent transformer les sociétés. Suivez la journée de cette personne pour découvrir comment elle participe à l'économie du partage.

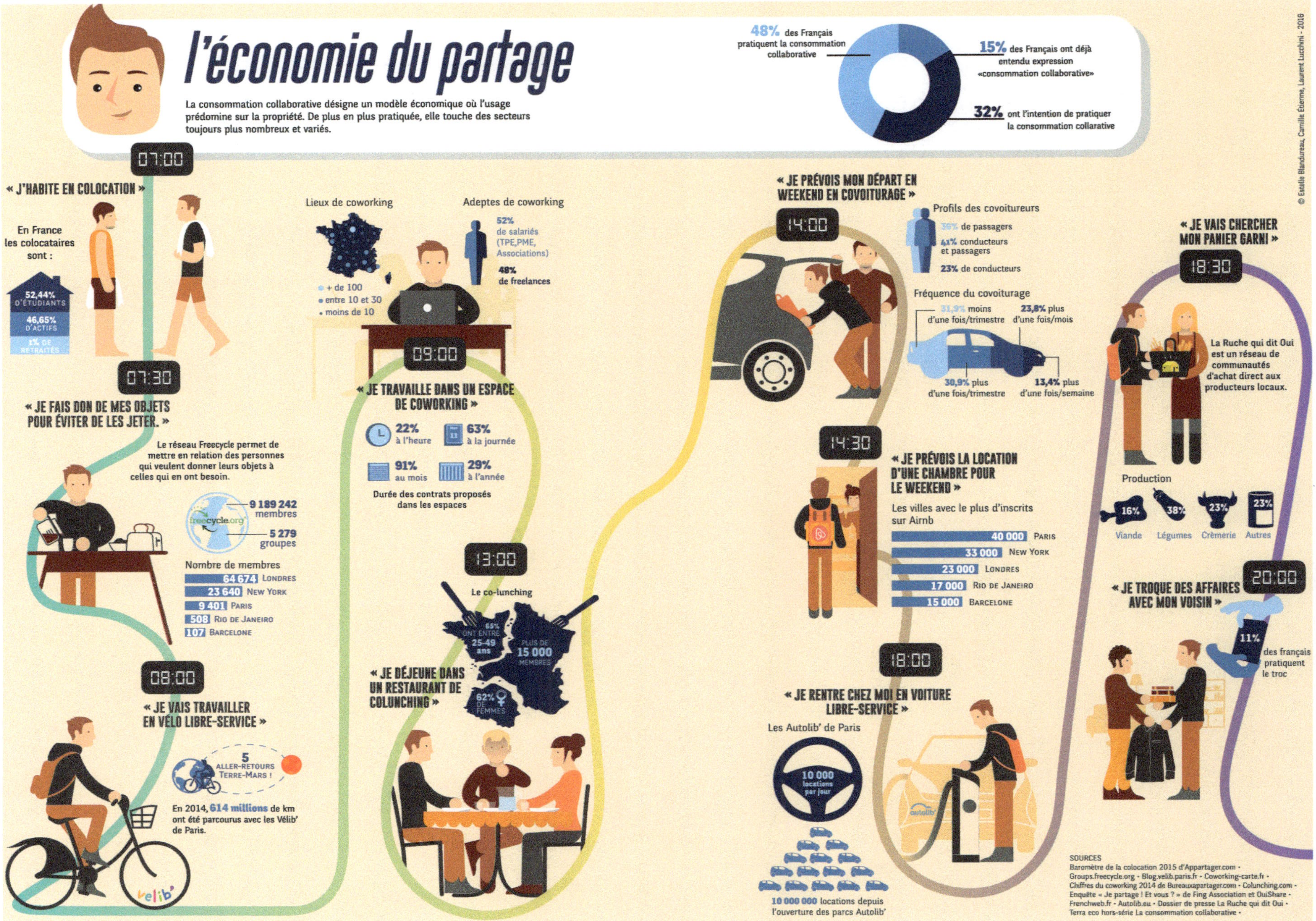
l'économie du partage
La consommation collaborative désigne un modèle économique où l'usage prédomine sur la propriété. De plus en plus pratiquée, elle touche des secteurs toujours plus nombreux et variés.
48% des Français pratiquent la consommation collaborative
15% des Français ont déjà entendu expression «consommation collaborative»
32% ont l'intention de pratiquer la consommation collarative
07:00
« J'HABITE EN COLOCATION »
En France les colocataires sont :
52,44% D'ÉTUDIANTS
46,65% D'ACTIFS
1% DE RETRAITÉS
07:30
« JE FAIS DON DE MES OBJETS POUR ÉVITER DE LES JETER. »
Le réseau Freecycle permet de mettre en relation des personnes qui veulent donner leurs objets à celles qui en ont besoin.
freecycle.org
9 189 242 membres
5 279 groupes
Nombre de membres
64 674 Londres
23 640 New York
9 401 Paris
508 Rio de Janeiro
107 Barcelone
08:00
« JE VAIS TRAVAILLER EN VÉLO LIBRE-SERVICE »
5 ALLER-RETOURS TERRE-MARS !
En 2014, 614 millions de km ont été parcourus avec les Vélib' de Paris.
vélib'
Lieux de coworking
+ de 100
entre 10 et 30
moins de 10
Adeptes de coworking
52% de salariés (TPE,PME, Associations)
48% de freelances
09:00
« JE TRAVAILLE DANS UN ESPACE DE COWORKING »
22% à l'heure
63% à la journée
91% au mois
29% à l'année
Durée des contrats proposés dans les espaces
13:00
Le co-lunching
65% ONT ENTRE 25-49 ans
PLUS DE 15 000 MEMBRES
62% DE FEMMES
« JE DÉJEUNE DANS UN RESTAURANT DE COLUNCHING »
« JE PRÉVOIS MON DÉPART EN WEEKEND EN COVOITURAGE »
14:00
Profils des covoitureurs
36% de passagers
41% conducteurs et passagers
23% de conducteurs
Fréquence du covoiturage
31,9% moins d'une fois/trimestre
23,8% plus d'une fois/mois
30,9% plus d'une fois/trimestre
13,4% plus d'une fois/semaine
14:30
« JE PRÉVOIS LA LOCATION D'UNE CHAMBRE POUR LE WEEKEND »
Les villes avec le plus d'inscrits sur Airnb
40 000 Paris
33 000 New York
23 000 Londres
17 000 Rio de Janeiro
15 000 Barcelone
18:00
« JE RENTRE CHEZ MOI EN VOITURE LIBRE-SERVICE »
Les Autolib' de Paris
10 000 locations par jour
10 000 000 locations depuis l'ouverture des parcs Autolib'
« JE VAIS CHERCHER MON PANIER GARNI »
18:30
La Ruche qui dit Oui est un réseau de communautés d'achat direct aux producteurs locaux.
Production
16% Viande
38% Légumes
23% Crèmerie
23% Autres
« JE TROQUE DES AFFAIRES AVEC MON VOISIN »
20:00
11% des français pratiquent le troc
SOURCES
Baromètre de la colocation 2015 d'Appartager.com • Groups.freecycle.org • Blog.velib.paris.fr • Coworking-carte.fr • Chiffres du coworking 2014 de Bureauxapartager.com • Colunching.com • Enquête « Je partage ! Et vous ? » de Fing Association et OuiShare • Frenchweb.fr • Autolib.eu • Dossier de presse La Ruche qui dit Oui • Terra eco hors-série La consommation collaborative •
© Estelle Blandureau, Camille Etienne, Laurent Lucchini - 2016

Avez-vous compris ?

Répondez aux questions suivantes :

1. À quels secteurs de l'économie du partage la personne de cette infographie participe-t-elle ?
2. Combien de fois dans la journée cette personne prend-elle des décisions ? Le nombre vous surprend-il ou non ? Y a-t-il d'autres choix qui pourraient figurer dans ce tableau ?
3. Décrivez la réaction des Français·es à la notion de l'économie du partage telle qu'elle est représentée dans l'infographie. L'enthousiasme des Français·es face à cette nouvelle économie est-il clair ?
4. Réalisez un dessin représentant les actions collaboratives ou de partage que vous avez effectuées au cours d'une semaine. Sont-elles nombreuses ou pas ? Ce dessin vous fait-il réfléchir sur des changements de mode de vie que vous pourriez adopter ?
5. Échangez votre dessin avec celui d'un·e camarade de classe. Posez des questions et engagez une discussion sur vos dessins.

ACTIVITÉ 1 : ADOPTER UNE ÉCONOMIE DU PARTAGE

Discutez des questions suivantes en petits groupes :

1. Et vous, à quels aspects de l'économie du partage participez-vous ? Faites une liste des services / des entreprises que vous avez déjà utilisés et parlez de votre expérience. Était-elle positive ou négative ? Expliquez votre opinion.
2. Y a-t-il des habitudes décrites dans l'infographie que vous n'avez pas encore adoptées mais qui vous tentent ?
3. À chaque moment de consommation, qu'il s'agisse de manger, de voyager ou d'acheter, il y a souvent plusieurs options ; pour aller au travail, par exemple, on peut prendre les transports en commun, aller à vélo libre-service ou à pied, ou bien conduire sa propre voiture. Quels sont les différents enjeux (personnels, financiers, temporels, éthiques) liés aux choix ? Choisissez cinq décisions que vous prenez au cours d'une semaine et parlez de leurs enjeux respectifs.

ÇA S'EXPLIQUE : L'ubérisation est-elle une chance pour l'économie ?

Regardez cette vidéo, réalisée par *Le Monde*, et dressez une liste des arguments proposés par les défenseurs et les détracteurs de ce phénomène d'« ubérisation ».

Avez-vous compris ?

Répondez aux questions suivantes :

1. Connaissez-vous les entreprises mentionnées dans cette vidéo ? Existent-elles toutes encore ? Qu'en déduisez-vous ?
2. Pouvez-vous donner des exemples d'entreprises qui viennent de faire leur apparition sur ce même marché ? Lesquelles utilisez-vous ?
3. Dressez ici la liste des arguments mentionnés.

Détracteurs	Défenseurs
A.	A.
B.	B.
C.	C.
D.	D.

ACTIVITÉ 2 : L'UBÉRISATION DES SERVICES À TRAVERS LE MONDE FRANCOPHONE

En groupes, choisissez un pays francophone et faites des recherches sur l'ubérisation des services dans celui-ci. Quelles entreprises dominent dans le pays francophone de votre choix ? Y a-t-il une explication culturelle, environnementale ou économique pour ces tendances ?

Maintenant, vous allez participer à une table ronde où vous présenterez une analyse de l'ubérisation des services dans le pays choisi. Incorporez des données et des statistiques afin de présenter un bilan clair de la situation locale. Prenez des notes sur les commentaires des autres participant·e·s à la table ronde.

ACTIVITÉ 3 : CONVAINCRE UN·E CLIENT·E POTENTIEL·LE

Suivant vos recherches, sélectionnez un pays francophone où pourrait être lancé un nouveau service « ubérisé ». Quel service choisiriez-vous ? Pourquoi serait-il bien adapté à ce pays ? Ensuite, essayez de convaincre un·e client·e potentiel·le de ce pays d'investir dans la commercialisation de ce service.

ACTIVITÉ 4 : ON SE MOBILISE !

Vous travaillez pour une entreprise de type « BlaBlaCar », « Drivy » ou « Lyft ».
Ni vous ni vos collègues n'êtes satisfait·e·s de vos conditions de travail. Vous décidez de rencontrer votre patron·ne afin d'exprimer votre mécontentement. Discutez

des points suivants avec vos collègues afin de préparer cette rencontre. Ensuite faites une liste de ces points pour une négociation réussie avec votre supérieur·e :

- Les raisons de votre exaspération
- Vos revendications
- Votre plan d'action au cas où vos revendications ne sont pas entendues

N'oubliez pas d'anticiper les arguments de votre patron·ne et d'y préparer des réponses.
Après avoir préparé vos arguments, divisez-vous en binômes afin de jouer le débat entre patron·ne et employé·e.

DÉCOUVERTE D'UNE IDÉE : L'économie collaborative ou l'économie du partage ?

Dans cet article, Nelly Rodi aborde les distinctions entre les nouveaux modèles économiques et propose des solutions aux défis courants.

L'économie collaborative, un phénomène source de nouvelles opportunités et de multiples défis

Éducation, santé, transport, tourisme, hôtellerie, service à domicile, financement, plus aucun secteur ne semble ainsi pouvoir échapper à l'apparition de modèles innovants et de nouvelles activités. En l'espace de cinq ans, Uber est venu concurrencer les taxis, la musique en streaming de Spotify a envahi nos smartphones, BlaBlaCar est devenu synonyme de covoiturage aux quatre coins du monde et nos week-ends sont désormais inséparables d'Airbnb. Aussi appelée « économie du partage », l'économie collaborative, repose sur l'échange et le partage de biens, de services, de temps et de connaissances, le plus souvent entre particuliers.

L'économiste Jeremy Rifkin le prophétisait depuis quelques années : « Au crépuscule de l'ère capitaliste, un nouveau modèle économique émerge ». Les technologies numériques, la crise économique, la remise en cause des intermédiaires sont le terreau d'un modèle, qui se construit en opposition au marché traditionnel.

En tant que fer de lance de la nouvelle économie numérique, l'économie collaborative bouleverse la manière de proposer des biens et des services. Cette (R)évolution à laquelle nous assistons est non seulement technologique mais surtout sociétale.

Bien que ce type d'entraide entre particuliers ne soit pas nouveau, elle peine à afficher une identité propre non seulement parce que les activités qui lui sont rattachées relèvent de modèles et d'aspirations très divers, mais aussi parce qu'elle tend à se diluer dans une économie des plateformes en ligne. Il apparaît opportun de distinguer des notions jusqu'alors utilisées comme synonymes : celles d'« économie collaborative » et d'« économie du partage ».

L'économie collaborative est une notion protéiforme, aux contours mal définis, sous laquelle sont rassemblés des activités et des modèles économiques très divers. Sensibles à l'attractivité et au potentiel de développement de la sharing economy, nombre d'acteurs économiques se revendiquent, en effet, des valeurs positives de partage, d'entraide, de mise en commun.

Rachel Botsman l'appréhende comme « une économie fondée sur des réseaux d'individus et de communautés connectés, par opposition à des institutions centralisées, transformant la façon dont nous pouvons produire, consommer, financer et apprendre ».

Cette définition met en avant le changement de modèle induit par le développement de cette économie collaborative. Le modèle classique du marché, fondé sur des rapports verticaux, est concurrencé par un modèle s'appuyant sur une mise en réseau des acteurs. La désintermédiation, notamment facilitée par l'usage d'Internet, est, en effet, un élément caractéristique de cette « nouvelle » économie. Elle permet une horizontalisation des relations entre acteurs économiques. Le consommateur peut ainsi sortir de sa position passive pour devenir un fournisseur de biens et de services, un créateur, un financeur, un producteur.

Son succès s'explique en partie par le fait qu'elle est perçue comme une alternative aux modes capitalistiques traditionnels de l'échange. Fondée sur l'utilisation commune d'un bien ou d'un service, elle contourne la nécessité d'une appropriation de ces objets par ceux qui souhaitent en profiter. Elle privilégie l'usage sur la propriété. Elle constitue également un moyen de redonner du sens à l'acte de consommer et de développer les interactions humaines : empowerment. L'adepte du « woofing », logé « gratuitement » à la ferme en contrepartie de travaux effectués au sein de l'exploitation, ne recherche pas que des vacances à moindre coût. Il souhaite avant tout bénéficier d'une expérience humaine.

Or, cela ne semble pas être la préoccupation principale de nombreux adeptes de l'économie collaborative. Ceux-ci, tel l'utilisateur d'Uber, qui n'aurait pas nécessairement eu recours à des services de VTC s'ils n'avaient pas été proposés à des tarifs aussi accessibles que ceux offerts sur cette plateforme, y voient souvent un moyen de bénéficier de nouveaux services à moindre coût. Quant aux offreurs de biens ou de services, ils y trouvent surtout une nouvelle source de revenus : pour quelle autre raison proposer son appartement sur un site tel que Airbnb ?

L'économie collaborative n'est pas économie coopérative. La suppression de tout intermédiaire ne veut pas dire la mise en commun des richesses. Les plateformes Internet sont souvent des entreprises qui amassent une grande valeur financière, suffisante pour entrer en bourse, puisqu'elles n'ont pas à investir dans les biens utilisés, voitures, appartements et autres. Ces firmes captent, s'approprient et concentrent des masses énormes de données sur des systèmes d'information fermés et privés.

Aujourd'hui, cette économie grandit dans un cadre légal flou ou dont le sens peut être détourné, et elle s'encastre dans une « nouvelle matérialité », celle du web, permettant de contourner la loi et difficile à appréhender par le législateur. Avec son développement et, en particulier, l'opportunité du régime juridique, social ou fiscal dont bénéficie aujourd'hui ce secteur, ainsi que le statut des plateformes servant d'intermédiaires entre les offreurs et les utilisateurs de biens ou de services posent alors la question de la régulation de ces pratiques. Doivent-elles être soumises à une législation spécifique ? Quels arbitrages établir quand la loi d'un pays en contredit une autre ? Comment réguler ce qui s'apparente à des initiatives spontanées d'ouverture et de partage ?

Avez-vous compris ?

Répondez aux questions suivantes :

1. Quelle est l'idée principale de chaque paragraphe ?
2. Soulignez les articulateurs logiques utilisés au début de certains paragraphes. Comment ces expressions nous aident-elles à suivre le développement de l'argument ?
3. Quelle est la distinction entre l'« économie collaborative » et l'« économie du partage » ? Citez des exemples de chaque type d'économie.
4. Qu'est-ce que la « désintermédiation », et comment change-t-elle le rôle du consommateur dans l'économie ?
5. Quels sont défis législatifs concernant les nouvelles économies ? À votre avis comment faut-il y réagir et par quels moyens ? Comment prévoyez-vous l'avenir de ce phénomène ?

ACTIVITÉ 5 : RAPPORT SUR UNE VILLE COLLABORATIVE

Vous faites partie d'un comité de réflexion sur l'économie collaborative. La·le maire de votre ville vous a demandé d'étudier la question en faisant des recherches sur les entreprises qui adhèrent à ce type d'économie et de proposer son développement. Après avoir fait des recherches sur les retombées positives de l'économie collaborative, rédigez un rapport proposant comment la développer dans votre communauté. Concluez en récapitulant la proposition énoncée dans l'introduction, en précisant les conditions de sa mise en œuvre ainsi qu'un échéancier. Vous remettrez ce rapport à la·au maire de votre ville.

Consultez l'appendice afin de revoir les règles à suivre pour la rédaction d'un rapport.

ACTIVITÉ 6 : L'INVITÉ DU JOUR

Vous êtes un membre nommé du parti écologique en Belgique. Vous êtes l'invité du jour pour le journal télévisé. Avec un·e camarade de classe, jouez le rôle de la journaliste et de son invité. La journaliste pose les questions suivantes et le membre du parti écolo répond spontanément mais de manière élaborée. Ensuite, inversez les rôles.

1. Pourquoi pensez-vous que l'économie du partage soit importante pour notre société ?
2. Pour vous, qu'est-ce que cela signifie de vivre de manière écologique ?
3. Est-ce que ce mode de vie est réservé à une classe de la société plus favorisée ? Expliquez votre opinion.
4. Comment éduquer les jeunes populations à l'économie du partage ?
5. Quelles actions pourriez-vous entreprendre pour instruire toutes les couches de la société au mode de vie écologique ?

ENTREPRISES ÉTHIQUES

Vocabulaire à activer

Responsabilité sociétale

La responsabilité sociétale d'une entreprise implique que celle-ci soit solide et pérenne.

La location de matériel plutôt que son achat fait partie des bonnes pratiques de la RSE.

Les entreprises doivent mesurer leur impact environnemental.

La loi sur le devoir de vigilance sert à prévenir les risques environnementaux.

Les vents forts sont propices à l'énergie éolienne, une des énergies renouvelables.

Le taux élevé d'ensoleillement du continent africain constitue un atout pour son économie.

Choix écolos

Les entreprises vertes devraient absorber les déchets qu'elles produisent.

Le commerce équitable et la mode éthique sont deux modèles étroitement liés.

L'éco-conception dans le domaine textile devient de plus en plus répandue.

Il faut faire un tri dans ses tenues vestimentaires pour respecter la mode durable.

Je n'achète que des produits ayant le logo du commerce équitable.

ENTRÉE EN MATIÈRE : Les ODD et les entreprises

La notion du développement durable est définie par un développement efficace qui est socialement équitable et écologiquement soutenable. Comment est-ce que les entreprises incorporent ou réagissent aux objectifs du développement durable ? Pouvez-vous donner des exemples spécifiques d'entreprises « responsables » ? Que font-elles pour être « responsables » ?

ANALYSE D'UNE INFOGRAPHIE : Comment est-ce que la RSE se manifeste en Martinique ?

« Le B-A-BA de la RSE » vise à représenter la mise en pratique du développement durable au sein des entreprises. L'acronyme RSE veut dire Responsabilité Sociale des Entreprises.

Avez-vous compris ?

Répondez aux questions suivantes, puis complétez le tableau :

1. Quels sont les principes clés de la Responsabilité Sociale des Entreprises ?
2. À votre avis, pourquoi faire de la RSE ? Quelles seraient les motivations principales pour une entreprise localisée, par exemple, en Martinique ?
3. Pour que l'entreprise soit responsable, il est nécessaire qu'elle travaille en collaboration avec d'autres entités. Réfléchissez à des exemples de collaborateurs spécifiques à l'économie martiniquaise.

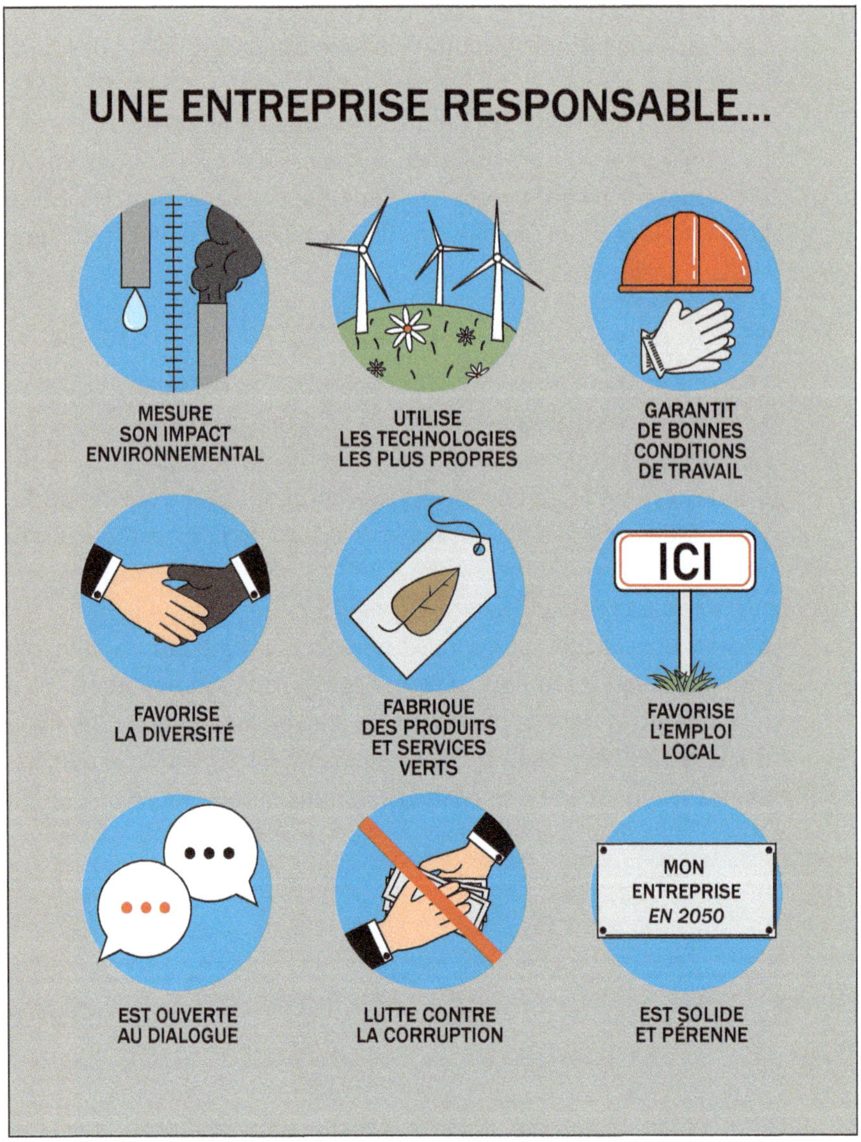

4. Utilisez et complétez le tableau suivant pour transformer les cas de modèles traditionnels en modèles plus responsables :

Modèle traditionnel	Exemple d'une entreprise traditionnelle	Modèle responsable	Exemple d'une entreprise responsable
Une entreprise qui travaille avec des pays à faibles régulations environnementales		Une entreprise qui implante ses usines dans des pays qui ont signé l'accord universel sur le réchauffement climatique	
Une entreprise qui fonctionne dans une région avec un taux important de chômage			
Une entreprise qui épuise des ressources naturelles d'une zone spécifique			

ACTIVITÉ 7 : LA RESPONSABILITÉ EN ENTREPRISE

Comment faire respecter la responsabilité sociale en entreprise ? Pouvez-vous donner des exemples d'entreprises qui refusent de la respecter ? Quelles motivations les poussent à ce non-respect ? Au contraire, connaissez-vous des entreprises qui ont changé de stratégie pour la respecter ? Quelles ont été leurs motivations pour exercer ces changements ? Pouvez-vous donner des exemples précis de ces deux cas contraires ?

ACTIVITÉ 8 : DÉBAT SUR LA RSE

Préparez un débat autour de la responsabilisation éthique d'une société de textile. Divisez-vous en quatre groupes homogènes :

1. des chefs d'entreprise qui s'opposent aux principes de la RSE,
2. des représentant·e·s du gouvernement qui décident des régulations,
3. des employé·e·s qui soutiennent les principes de ce mouvement et
4. des employé·e·s qui préfèrent adhérer aux anciennes régulations.

Pendant 12 à 15 minutes, préparez vos justifications, cherchant et citant des informations utiles à votre argument. Ensuite, formez de nouveaux groupes de quatre ou cinq composés d'un·e représentant·e de chaque type (chef d'entreprise, représentant·e du gouvernement, etc.). Enfin, prenez part au débat pendant 10 minutes : chaque personne présente brièvement son idée avant de se lancer dans la discussion.

Par la suite, vous analyserez les différents résultats des débats, notant les arguments les plus convaincants.

ÇA S'EXPLIQUE ! : L'enterprise Djouman

Dans cette vidéo, on présente Djouman, une organisation créée en 2016 au Cameroun qui promeut le développement durable en Afrique.

Avez-vous compris ?

Répondez aux questions suivantes :

1. Pourquoi le continent africain est-il décrit comme « une terre d'opportunités et de défis » ? Donnez quelques exemples d'opportunités et de défis qui pourraient avoir une influence sur le mouvement du développement durable en Afrique.
2. Faites une liste de divers types d'énergies renouvelables mentionnés dans la vidéo. Lesquelles vous semblent les plus prometteuses ?
3. Comment expliquer la croissance dans le nombre d'entreprises établies en Afrique entre 2014 et 2015 ?
4. Comment les start-up africaines focalisées sur le développement durable peuvent-elles bénéficier des services proposés par Djouman ?
5. Consultez le site de Djouman et lisez l'interview avec la fondatrice, Murielle Diaco. Pourquoi a-t-elle lancé Djouman ? Est-elle plutôt optimiste ou pessimiste par rapport au mouvement du développement durable en Afrique ? Citez quelques exemples.

DÉCOUVERTE D'UNE IDÉE : Une nouvelle mode ?

La mode éthique et les vêtements dits « responsables » commencent à trouver leur place à côté de la mode traditionnelle. Cet article décrit et explique plusieurs tendances écologiques.

Qu'est-ce que la mode éthique

De plus en plus, les réseaux sociaux et les actualités nous parlent de mode éthique, écologique, slow wear et de plusieurs autres termes qui s'associent à une production et une consommation durables de vêtements et d'accessoires mode.

Cette tendance est une préoccupation de plus en plus présente et on commence à réaliser l'urgence de consommer moins et mieux, car nos habitudes de consommation ont un impact direct sur l'environnement et notre société. Un premier pas dans la bonne direction est de s'informer et de poser des gestes simples et concrets, mais tout d'abord, voici une brève description de certaines expressions importantes à connaître et à différencier.

Mode durable ou slow wear

La mode durable a pour objectif d'inciter les consommateurs à acheter des vêtements de meilleure qualité afin de les porter plus longtemps, d'en consommer moins et de les porter d'une saison sur l'autre. La mode durable se distingue par l'utilisation de matières premières et de techniques de production respectueuses de l'environnement et des conditions de travail qui respectent les individus et la société.

Mode écologique

La mode écologique se préoccupe de l'environnement en utilisant des matières premières et des techniques de production qui sont écologiques.

Mode éthique

La mode éthique s'inspire du commerce équitable. Elle démontre une conscience sociale de la production du vêtement. Ce terme est aussi utilisé pour désigner la mode écologique, la mode recyclée et parfois même la mode durable et locale. Elle représente donc le concept complet de la mode responsable.

Mode locale

La mode locale désigne un produit développé localement et qui réduit l'empreinte écologique.

Mode recyclée

La mode recyclée se définit par l'utilisation de vêtements et autres matériaux ayant déjà eu une première vie pour créer de nouveaux vêtements et accessoires mode.

Empreinte écologique

L'empreinte écologique est la quantité de surface terrestre requise pour produire les biens et services que nous consommons et absorber les déchets que nous produisons.

Avez-vous compris ?

Répondez aux questions suivantes :

1. Pourquoi le secteur de la mode éthique est-il en pleine émergence ?
2. Quels sont les principes de la mode durable ?
3. Citez et expliquez avec vos propres mots les cinq types de modes associés à la mode responsable.
4. Y a-t-il un ou plusieurs types de modes que vous privilégiez ou que vous voudriez privilégier ? Laquelle ou lesquelles ? Expliquez les raisons de votre choix.
5. Faites des recherches et trouvez des marques de vêtements ou d'accessoires qui appliquent les principes de la mode durable.
6. Comment pourriez-vous vous assurer que les vêtements que vous portez ont une faible empreinte écologique ? Donnez des exemples.

ACTIVITÉ 9 : FAITES DES RECHERCHES

Greenpeace-Défi Detox est une campagne qui vise à « désintoxiquer » la mode. Intéressez-vous à cette désintoxication et expliquez en quoi elle consiste. Trouvez deux marques de vêtements que vous connaissez qui se sont engagées dans cette désintoxication et deux autres marques, qui au contraire, n'appliquent pas ces principes de désintoxication.
Est-ce que votre comportement d'achat est influencé par le respect de ces principes ou non ? Réfléchissez à vos comportements d'achat et ensuite résumez-les dans votre blog. Lisez les blogs de vos collègues et mettez-y des commentaires.

ACTIVITÉ 10 : RÉDIGER ET PRÉSENTER UN RAPPORT

Vous faites partie de la Commission RSE de votre campus. Vous voulez améliorer la vie des étudiants. En groupes de représentants de cette commission, trouvez des exemples précis pouvant être adoptés par différentes catégories d'acteur·rice·s (étudiant·e·s, administration, entreprises extérieures, etc.). Discutez de vos idées au sein de votre comité et décidez du plan que vous allez mettre en place. Ensuite rédigez le rapport incluant des dates butoirs pour son exécution. Enfin, présentez ce rapport lors de la réunion de votre commission avec le·la président·e de l'institution.

Consultez l'appendice pour découvrir les règles de base de rédaction d'un rapport.

ENTREPRENEURIAT SOCIAL ET START-UP

Vocabulaire à activer

Entrepreneuriat social

Il faut dynamiser cette entreprise.

L'entrepreneuriat social se veut de résoudre un problème sociétal à grande échelle.

Un incubateur comme Station F est une structure qui aide les jeunes entreprises en leur offrant formation, conseil et financement.

Start-up

Il faut amorcer la phase pilote de la start-up.

Le succès de cette start-up sera très attractif pour les boursiers potentiels.

Grâce à la levée de fonds du financement participatif, la start-up va lancer son produit à grande échelle.

Cette start-up est vite devenue une licorne dans la Silicon Valley.

Entrée en matière

Les start-up connaissent une croissance importante depuis 20 ans et les plus nombreuses sont celles qui incluent des objectifs sociaux. Elles font partie intégrante de ce qu'on appelle « l'entrepreneuriat social ». Quelles sont les distinctions entre les start-up classiques et les entreprises d'entrepreneuriat social ? À votre avis, quel est le rapport entre le développement durable et l'entrepreneuriat social ? Quels pourraient être des facteurs distincts importants pour le lancement d'une start-up liée au développement durable ? Dressez une liste de ces facteurs. Expliquez les deux affirmations suivantes :

1. « Un entrepreneur social ne se contente pas de donner un poisson ou d'apprendre à pêcher, il ne sera satisfait que lorsqu'il aura révolutionné toute l'industrie de la pêche. »
2. « Un entrepreneur social est un individu qui met ses qualités entrepreneuriales au service de la résolution d'un problème sociétal à grande échelle. » Connaissez-vous des personnes ou des entreprises qui appliquent ces principes ? Donnez des exemples et expliquez comment elles adhèrent à ceux-ci.

ANALYSE D'UNE INFOGRAPHIE : Comment fonctionne l'entrepreneuriat social ?

Lisez l'infographie suivante publiée au Maroc dans les *Cahiers des économies*.

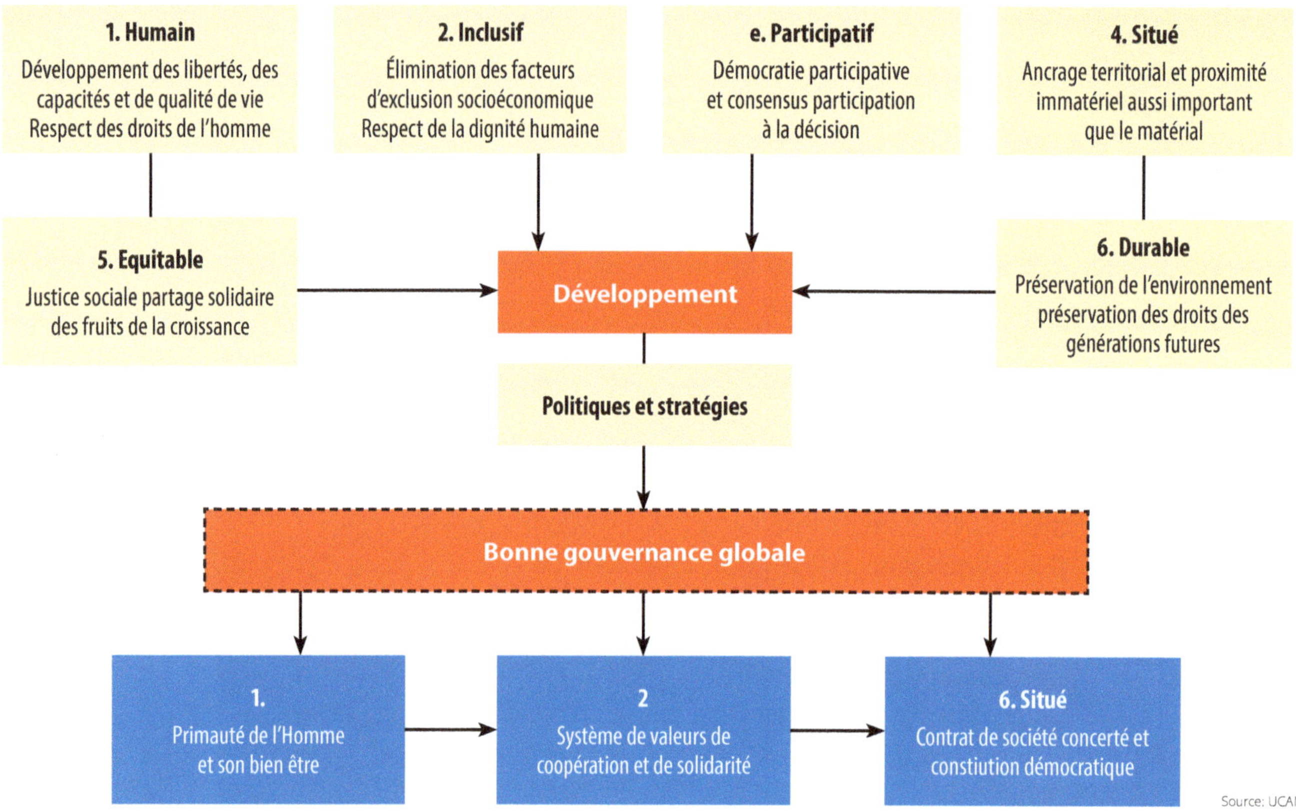

Source: UCAM

Avez-vous compris ?

Répondez aux questions suivantes :

1. Notez les six adjectifs qui qualifient le développement de l'entrepreneuriat social. À votre avis, sont-ils aussi importants les uns que les autres ? Expliquez.
2. Y a-t-il des éléments qui vous surprennent ou qui vous semblent difficiles à atteindre ?
3. La deuxième caractéristique, « inclusif », vise à éliminer les facteurs d'exclusion socioéconomique. À votre avis, quels sont ces facteurs d'exclusion et comment se manifestent-ils en entreprise ?
4. L'étape entre le développement et la bonne gouvernance, « politiques et stratégies », n'est pas détaillée. Si vous vouliez la développer, quelles stratégies suggéreriez-vous ?
5. Qu'est-ce que la bonne gouvernance globale et qu'est-ce qui y contribue ?
6. À votre avis, le concept de l'entrepreneuriat social est-il utopique ou est-il réaliste ? Expliquez votre opinion.

ACTIVITÉ 11 : À VOS CRAYONS !

Reformulez l'information de l'infographie ci-dessus à l'aide d'un autre dessin. Laissez libre cours à votre imagination !

ACTIVITÉ 12 : L'ENTREPRENEURIAT SOCIAL PARTOUT DANS LE MONDE : PUBLI-REPORTAGE

Faites des recherches sur les organisations d'entrepreneuriat social dans d'autres pays francophones. Des associations comme Ashoka travaillent au niveau global et apportent des aides financières à des boursiers qui viennent des quatre coins du monde francophone, comme par exemple de Tunisie, du Liban, de Madagascar et de Suisse. Allez sur leur site pour découvrir les projets de ces personnes.

Pouvez-vous trouver les informations fournies dans l'infographie dans d'autres pays ? Y a-t-il des pays où les femmes sont plus ou moins bien représentées dans l'industrie ? Qu'en est-il des populations rurales ? Et des minorités ethniques ? Voici quelques suggestions de sites web pour débuter vos recherches :

- Au Québec : www.ceesq.com
- Au Sénégal : https://entrepreneurclub.orange.com/fr/entrepreneur-social-2017/senegal.html
- Au Maroc : www.mcise.org

Ensuite concevez un publi-reportage pour promouvoir l'entreprenariat social dans le pays francophone de votre choix.

ÇA S'EXPLIQUE ! : Un processus hors commun

Maintenant, regardez cette vidéo sur la start-up FasoPro afin de comprendre l'objectif et le processus de production.

Avez-vous compris ?

Répondez aux questions suivantes :

1. Quel est l'objectif humanitaire de FasoPro ?
2. Quelles sont les valeurs nutritives des chenilles ?
3. Décrivez le processus pour préparer les croquettes de chenilles.
4. Quels sont les autres produits fabriqués par FasoPro ?
5. Pourquoi Kahitouo n'a-t-il pas poursuivi un travail traditionnel dans l'ingénierie ?
6. Décrivez le défi principal pour le montage du projet. Pourquoi était-il nécessaire de faire tous les essais de validation pour Tomou Délice en France ?
7. Quelles sont les difficultés concernant le marketing des produits à base de chenilles ?

DÉCOUVERTE D'UNE IDÉE : FasoPro une start-up innovante

La journaliste Sabine Grandadam décrit le projet innovant de l'entrepreneur au Burkina Faso qui a lancé FasoPro. Avant de le lire, analysez la publicité suivante qui fournit une idée du produit. Vous met-elle l'eau à la bouche ?

Start-up à l'africaine

Au Burkina, un jeune ingénieur a eu l'idée de créer un produit en s'inspirant d'une habitude alimentaire locale, la consommation de chenilles. Un projet utile et innovant qui n'oublie pas le développement social.

Dix mille euros, c'était l'objectif de Kahitouo Hien pour amorcer la phase pilote de la start-up qu'il a fondée à Ouagadougou, FasoPro. Le 26 février dernier, bonne surprise, l'objectif était atteint : l'opération de financement participatif via le site KissKissbank a permis de lever la somme auprès du public.

Pour les entrepreneurs innovants d'Afrique francophone, l'événement est assez marquant car il dénote un intérêt naissant des investisseurs professionnels ou de particuliers pour leurs idées. « Nous allons pouvoir entamer la formation des femmes et acheter notre premier stock de chenilles » explique posément Kahitouo, jeune ingénieur en microbiologie et nutrition diplômé de l'institut 2iE de Ouagadougou, une école et une pépinière d'entreprises dédiée à la croissance verte en Afrique.

Les chenilles que convoite Kahitouo, ce sont les vers qui apparaissent en nombre sur les arbres de karité vers le mois de juin, dès les premières pluies, dans la région ouest du Burkina Faso, et plus précisément dans une zone appelée les Hauts-Bassins où le jeune homme a grandi.

Ces chenilles, nées de l'éclosion des œufs pondus par les papillons, se nourrissent des feuilles du karité avant de se replier dans un cocon sous la terre jusqu'à la prochaine saison des pluies. Mais elles sont aussi un mets de choix prisé par les habitants, et les femmes s'en saisissent sur les arbres pour les sécher et les vendre à des grossistes du marché. En saison, cette récolte constitue un appoint substantiel aux revenus des villageoises.

Enfant, Kahitouo Hien a toujours vu les femmes ramasser ces chenilles et les acheteurs se presser sur les étals du marché, sans se douter de ce qu'il découvrirait plus tard, une fois installé sur les bancs de son école d'ingénieur.

Ces larves de papillon qui peuvent rebuter les non-initiés contiennent 63 % de protéines, du fer et des acides gras. Autrement dit, « c'est un aliment tout indiqué pour prévenir la malnutrition qui touche 34 % de la population au Burkina Faso, notamment dans les zones sahéliennes du nord » explique le fondateur de FasoPro.

« D'où notre idée d'étendre sa commercialisation dans tout le pays, et de cette façon d'apporter aux femmes qui les collectent un revenu plus stable. Mais pour cela, il faut parvenir à disposer de chenilles toute l'année et rendre le produit attractif ». C'est ainsi que naît le projet FasoPro, hébergé dans l'incubateur de l'institut 2iE (Institut international d'ingénierie de l'eau et de l'environnement) à Ouagadougou.

Un produit africain de qualité

Dans quelques mois, les premiers sachets de Toumou'Délice seront donc disponibles dans les supérettes de la capitale, accompagnés de leur guide de recettes. Ils contiendront des chenilles fraîches (« un secret de fabrication ») plutôt que séchées, pour un meilleur apport nutritionnel et gustatif, à cuisiner en sauce par exemple. Elles se conserveront jusqu'à 18 mois.

Avec un packaging soigné, au graphisme africain, FasoPro entend combattre les idées reçues dans le pays selon lesquelles les produits locaux seraient de moindre intérêt que les produits importés, omniprésents.

Kahitouo et son équipe devront se lancer dans les relations publiques « pour créer, auprès des restaurants de Ouaga par exemple, une appétence pour le produit auprès de ceux qui n'y sont pas habitués ». Mais FasoPro est confiant dans les perspectives du marché. La moitié des Mossis, la principale ethnie du Burkina, consomme déjà la chenille du karité. Et d'autres pays africains, comme le Nigéria voisin ou la Côte d'Ivoire et jusqu'à l'Afrique du Sud en sont également friands.

Des chenilles toute l'année

Pour réussir son pari en disposant d'un stock suffisant, la jeune entreprise conduit une recherche sur le cycle de reproduction. De la ponte des œufs par les papillons—qui ont une durée de vie de trois jours—à l'éclosion de nouveaux papillons en passant par la case chenilles, le cycle couvre une année. Avec l'aide des entomologistes de l'Institut de recherche pour le Développement (IRD) de Marseille, FasoPro cherche à raccourcir ce cycle afin de produire en continu des chenilles d'élevage. « Cela permettra aux consommateurs à revenus modestes de bénéficier d'un prix constant sur les chenilles, même hors-saison, assure Kahitouo, et aux femmes qui les collectent de mieux gagner leur vie, car aujourd'hui, le prix qui leur est payé par les intermédiaires est assez faible ».

Une vocation sociale

Grâce à la levée de fonds du financement participatif, l'entreprise peut amorcer le lancement de Toumou'Délice dès juillet de cette année en tablant sur quelque huit tonnes de chenilles collectées. Il lui faudra encore trouver de l'argent frais auprès d'investisseurs privés, pour atteindre les 50 000 euros.

Une centaine de femmes des zones rurales de l'ouest du Burkina, non loin de Bobo-Dioulasso, seront formées à cette collecte destinée à la première phase d'industrialisation du produit. A l'avenir, ces villageoises devraient pouvoir vivre de cette activité et se verront proposer un prix garanti pour leur travail. « Je suis très attaché à cet aspect, souligne Kahitouo, j'ai eu la chance d'aller à l'école de mon village et je n'ai pas oublié ce que la société m'a donné».

Cette dimension d'entrepreneuriat social a déjà valu au projet FasoPro une distinction à Berkeley, aux États-Unis, où le prix du meilleur impact social lui a été décerné en 2012 dans un concours, la Global Social Venture Competition.

Cette récompense a renforcé la détermination du jeune ingénieur et de ses parrains institutionnels ou privés. Deux ans plus loin, commerce et utilité sociale sont sur le point de devenir une bonne recette africaine.

Avez-vous compris?

Répondez aux questions suivantes:

1. Que pensez-vous de la publicité «C'est l'heure du casse-croûte»? Donnez-en ses points forts. La trouvez-vous efficace? Expliquez votre réponse.
2. Décrivez le financement de la start-up.
3. À quels problèmes sociaux la start-up répond-elle?
4. À votre avis, Kahitouo a-t-il réussi sa start-up? Comment peut-on mesurer son succès?
5. Si vous étiez investisseur·euse, financeriez-vous ce projet? Pourquoi? Si vous avez dit non, de quelles autres informations avez-vous besoin pour changer d'avis?

ACTIVITÉ 13: COMMENT VENDRE DES CHENILLES CHEZ VOUS?

Imaginez que vous voulez vendre ce produit aux États-Unis ou dans un autre pays. Quels facteurs culturels devriez-vous considérer? Comment adapter la publicité à votre marché?

ACTIVITÉ 14: S'INVESTIR DANS L'ENTREPRENEURIAT SOCIAL

Vous êtes étudiant·e dans une école de commerce renommée. Vous voulez sensibiliser vos collègues au concept de l'entrepreneuriat social et les inciter à s'y plonger.

A. Rédigez le courriel formel qui sera envoyé pour inviter les participants à votre présentation.
B. Faites des recherches afin de pouvoir exposer tous les points positifs de l'entrepreneuriat social et pourquoi les jeunes devraient s'y investir.
C. Convainquez vos collègues grâce à une présentation de trois minutes.

CAS D'ENTREPRISE : TABLE RONDE SUR LA MODE ÉTHIQUE

En groupes, choisissez un pays francophone et faites des recherches sur la mode éthique dans celui-ci. Quelles entreprises dominent dans le pays francophone de votre choix ? Y a-t-il une explication culturelle, environnementale ou économique pour ces tendances ?

Maintenant, vous allez participer à une table ronde où vous présenterez une analyse de la mode éthique dans le pays choisi. Incorporez des données et des statistiques afin de présenter un bilan clair de la situation locale.

Étape 1 : Faites la liste des participant·e·s à votre table ronde. Distribuez les rôles au sein de votre groupe en choisissant les personnages parmi ces suggestions :

- Un.e journaliste d'une chaîne télévisée québécoise chargé.e de l'interview des invité·e·s de la table ronde.
- Un.e étudiant.e dont le budget vestimentaire est très limité.
- Un.e détaillant.e indépendant.e propriétaire d'une boutique de produits textiles éthiques.
- Un.e entrepreneur.e qui voudrait investir dans des produits innovants liès à la notion de la consommation responsable.
- Un.e dirigeant.e d'une petite entreprise de vêtements de sports et de loisirs qui juge trop élevé le coût de revient de la fabrication de textiles éthiques.
- Un.e représentant.e opposé.e à la pratique du greenwashing.

Étape 2 : Faites des recherches sur les convictions, les motivations, les craintes et appréhensions liées à la mode éthique de la personne dont vous jouez le rôle. Préparez par écrit les arguments que vous voulez mettre en avant selon le rôle joué.

Étape 3 : Jouez votre rôle respectif à cette table ronde !

Étape 4 : À vous d'écrire !
Rédigez un petit article à faire paraître dans le e-journal de votre entreprise rendant compte de cette table ronde. Qui étaient les participants ? Quelles positions défendaient-ils et quels arguments avançaient-ils ? Terminez en expliquant votre propre opinion par rapport à la mode éthique.

PERSPECTIVES PROFESSIONNELLES : UNE CRÉATRICE DE VÊTEMENTS ÉTHIQUES EN BELGIQUE

Voici un entretien avec Héléna Van Aelst, propriétaire de Wonderloop, une boutique de vêtements éthiques à Bruxelles.

Wonderloop ou la mode

Quel est l'impact social et environnemental de la mode ? Comment s'habiller selon ses convictions sans nuire à la planète tout en respectant les travailleurs ? C'est en se posant ces questions et surtout en se rendant compte qu'il n'était pas simple de s'habiller selon ses convictions à Bruxelles, qu'Héléna Van Aelst, amatrice de mode travaillant pour des ONG internationales, a tout plaqué pour lancer Wonderloop. Wonderloop c'est une boutique de vêtements et d'accessoires pour femmes et hommes où toutes les pièces sont choisies avec amour et surtout avec beaucoup d'exigence par rapport à leur responsabilité sociale et environnementale. Entretien.

Qu'est-ce qu'un vêtement éthique ?

Chez Wonderloop, c'est la pyramide de Maslow revisitée pour la consommation responsable. Ici la toute première chose à faire quand on veut consommer de façon responsable, c'est d'abord d'emprunter puis de louer, ensuite d'acheter en seconde main et tout en haut de la pyramide c'est acheter neuf. Et c'est là que se trouve Wonderloop et on ne veut pas dire qu'un vêtement éthique c'est un vêtement qui vient de chez nous, on n'a pas le monopole du vêtement éthique. Un vêtement éthique c'est un vêtement qu'on a acheté et qu'on porte, c'est un vêtement qu'on répare, dont on prend soin et qu'on lave correctement. Si ensuite dans notre garde-robe on n'a plus tout ce qu'il faut, on essaye de louer, d'emprunter, d'échanger, on achète en seconde main et ensuite on achète neuf.

Chez Wonderloop, nous ne proposons que du neuf. Nos critères pour un vêtement éthique comprennent la phase de production, la phase de confection, l'impact social et l'impact environnemental. Nous essayons que ces quatre cases soient cochées. Sur certains articles les quatre cases ne sont pas cochées mais il faut toujours qu'il y en ait au moins deux. Par rapport à l'aspect environnemental sur la phase de production la question est : quelles matières sont utilisées ? Les marques et les créateurs avec lesquels nous travaillons utilisent soit du coton bio, soit des matières récupérées. Et sur l'impact environnemental de la phase de confection, quand on est dans des productions de petites tailles artisanales la question ne se pose pas vraiment. Mais il y a des marques qui ont des productions assez importantes et nous veillons à qu'elles portent bien le label GOTS qui garantit que dans leurs ateliers, il y a une utilisation éco-responsable de l'eau, de l'énergie, etc. Par rapport à l'aspect social, quand une matière neuve de type coton est utilisée, nous faisons en sorte qu'il soit issu du commerce équitable. Sur la phase de la fabrication nous regardons où et comment le vêtement a été fait.

Un vêtement éthique est un vêtement qui, aussi bien du point de vue social que du point de vue environnemental respecte la planète et les travailleurs.

Que réponds-tu à quelqu'un qui pense qu'acheter de la mode éthique c'est trop cher ?

C'est vrai qu'acheter chez nous est plus cher qu'acheter de la fast fashion mais le problème avec les prix de la fast fashion est que ce ne sont pas les vrais prix des vêtements. C'est pour cela que le documentaire The True Cost est si intéressant, parce qu'il a cette formule très frappante : quand un vêtement est aussi peu cher, quelqu'un, quelque part en paye le prix.

Et c'est ça qui est horrible, on y voit que derrière le coton conventionnel ce sont des agriculteurs indiens qui achètent du coton OGM à Monsanto. Pendant les premières années les productions augmentent et c'est génial, sauf qu'en fait les sols s'épuisent. Les producteurs sont obligés de se réendetter toujours plus chaque année pour acheter toujours plus de pesticides qui polluent les sols, ce qui créent des populations où 80 % des enfants qui naissent ont des malformations. Ce sont des fleuves entiers en Inde complètement pollués par le tannage du cuir et par la transformation des jeans. Tout ça c'est le prix de la mode pas cher.

Chez Wonderloop, les prix de nos t-shirts varient entre 35 et 50 €, c'est le prix de cinq à dix t-shirts chez H&M. C'est donc aux gens de se poser la question de s'ils ont vraiment besoin de dix t-shirts qui vont durer un ou deux ans ou s'ils ont besoin de trois t-shirts qui vont durer plusieurs années selon l'utilisation et l'entretien qu'ils en font.

Pour l'architecture intérieure du magasin, vous avez fait appel à un bureau de design éco-responsable, peux-tu nous en parler ?

Au tout début du projet, Wonderloop fonctionnait comme une Concept Store nomade et quand on a commencé à chercher un local pour s'y installer de façon permanente, nous avons trouvé cet espace. En surface, l'espace correspondait à ce que nous recherchions. Le seul hic était que l'espace en tant que tel était une boîte à chaussures, très bas de plafond, avec un mauvais éclairage et absolument aucun mobilier de présentation de vêtements. Nous en avons donc profité pour travailler avec des architectes-menuisiers bruxellois pour faire des travaux éco-responsables, Design With Sense, parce qu'ils correspondaient bien à l'importance que nous attachons aux aspects sociaux et environnementaux. Par rapport à l'aspect social, ils font du « co-design » donc ils co-construisent avec les usagers l'espace. Dans le cas d'une boutique de vêtements, les usagers sont les vendeuses mais aussi les clients. Par rapport à la dimension éco-responsable, ils ne travaillent qu'avec des matériaux récupérés. Wonderloop est d'ailleurs leur chantier avec le plus haut taux de récupération, on a 95% de matériaux récupérés dans la boutique. Ils passent par une entreprise qui s'appelle Rotor qui récupère du matériel, c'est comme une boutique de seconde main de matériaux de construction.

Quels sont tes conseils pour choisir ses vêtements de manière éthique, durable et éco-responsable ?

C'est intéressant de commencer par faire un tri dans ce qu'on a déjà, de garder les choses qu'on porte vraiment et donner le reste. On n'a pas besoin de cent pièces dans sa garde-robe, avec vingt bonnes pièces on peut déjà créer plein de tenues différentes. On peut faire réparer ou faire nettoyer les vêtements qui ne sont plus fonctionnels. Il faut partir de ce qu'on a déjà. Et puis se questionner sur ce qu'on a besoin et sur ce qu'on a envie parce que s'habiller c'est aussi pour se faire plaisir. On peut également louer si c'est possible, par exemple le vêtement qu'on ne porte qu'un jour pour un événement spécial. Acheter de seconde main aussi. Donc avant d'acheter du neuf, essayer d'épuiser vraiment tous les autres moyens. Et s'il faut vraiment acheter du neuf, éviter d'aller chez Zara et H&M, c'est facile et pas cher mais ce n'est pas bon pour la planète, ce n'est pas bon pour les gens, ce n'est pas bon pour sa peau, ce n'est bon pour rien en fait.

Et surtout faire attention à toutes ces pseudo-gammes « Conscious » qui sont en train de fleurir dans les chaînes de fast fashion. Pour revenir aux quatre cases dont on parlait tout à l'heure, ces gammes « Conscious » vont en cocher une des quatre, ce sera du coton bio mais ce sera aussi peut-être un enfant de quatre ans qui aura cousu le t-shirt.

Attention aussi au « Made in Belgium », « Made in France », « Made in Europe » parce que c'est peut-être du polyester mal fabriqué ou du cuir mal tanné. L'étape de fabrication ne pose pas la question de la matière première. Le prix fait réfléchir mais c'est bien en fait.

Est-ce que Wonderloop a un idéal vers lequel il tend ?

En fait le nom du projet nous l'avons choisi pour deux raisons : nous voulions d'abord qu'il soit en anglais et nous avons pris « wonder » parce que nous voulions un nom positif et « loop » est au sens de la boucle qui peut être la boucle de la maille textile. Donc Wonderloop devient « la maille merveilleuse ». Mais « loop » est aussi un mot employé pour l'économie circulaire. Nous avons pris ce nom pour qu'il soit aussi notre horizon, notre idéal, c'est en tout cas ce vers quoi nous voulons tendre. L'échelle de temps n'est pas claire, ce sera peut-être dans deux ans ou dans dix ans mais nous aimerions tendre vers un modèle hybride comme une boutique à Amsterdam qui s'appelle LENA The Fashion Library où ils vendent du neuf, de la seconde main et proposent également des vêtements en location. L'idée est de montrer qu'on peut acheter du neuf, de la seconde main et de louer dans le même espace. Pour l'instant nous ne sommes qu'à l'étape de vente de neuf donc nous sommes sur un schéma linéaire. Ça va se faire en plusieurs étapes. La première étape sera de proposer à nos clients de nous ramener les vêtements qu'ils ont acheté chez nous et qu'ils ne portent plus. Nous commencerons alors à constituer un stock de vêtements de seconde main qui sont à l'origine durable, ce sera la seconde main la plus durable qui soit ! Il y aura ensuite l'étape de la location, je pense que nous commencerons à mettre les pieds dedans l'an prochain avec des jeans, des manteaux, des robes, des chaussures. Ce sont vraiment des pistes d'évolution que je trouve excitantes parce qu'elles sont innovantes et nous obligent à être encore plus exigeantes par rapport à ce qu'on a envie de faire du point de vue environnemental.

LANCER UNE START-UP : RÉFLÉCHISSEZ À VOTRE TRAVAIL !

Maintenant que vous avez lancé votre idée, prenez le temps de réfléchir à votre travail. Dans une rédaction (ou dans votre blog), écrivez environ 500 mots sur la réussite de votre idée. Expliquez celle-ci en répondant à certaines des questions suivantes :

- Avez-vous bien ciblé votre marché ?
- Y avait-il des questions qui manquaient dans l'étude du marché ?
- Les éléments de la campagne ont-ils été efficaces ? Appuyez votre opinion sur des arguments valables.
- Comment avez-vous géré les questions des investisseurs ?
- Comment avez-vous travaillé en équipe ? Quels défis avez-vous rencontrés ?
- Quels sont les éléments les plus réussis de votre campagne ?
- Si vous deviez refaire le projet, qu'est-ce que vous feriez différemment ?

APPENDICES

REPÈRES PROFESSIONNELS

The section begins with useful phrases and expressions for both verbal and written professional conversations:

Les actes de parole de la communication orale
Les actes de parole de la communication écrite

Next, students will find the structural elements and stylistic features of a series written documents connected with unit activities. For each document, an explanation and description of its standard format appears on the left, while a model is provided on the facing page.

Le courriel professionnel
Le compte-rendu d'une réunion
Le compte-rendu d'une intervention orale ou d'une table ronde
La lettre de motivation
La lettre de réclamation
La note de synthèse
Le rapport professionnel
Le discours d'ouverture d'un événement

LES ACTES DE PAROLE DE LA COMMUNICATION ORALE

PARTICIPER À UNE RÉUNION

Organiser une réunion d'affaires
- Nous allons nous réunir pour discuter de...
- Je vais d'abord établir l'ordre du jour.
- J'ai prévu une réunion virtuelle la semaine prochaine.

Intervenir en réunion
- Pardon / Excusez-moi.
- Vous permettez ? / Si vous le permettez...
- Je peux intervenir ?
- Je peux ajouter quelque chose ?
- Excusez-moi, puis-je ajouter un dernier mot ?
- Je n'ai pas terminé, je vous prie...
- Laissez-moi terminer ma phrase !

Exprimer son opinion
- À mon avis / J'ai l'impression que / Quant à moi...
- À ma connaissance / À mes yeux...
- Ce qui me paraît important, c'est...
- Je suis persuadé·e que...
- Je partage votre avis, cependant...

Demander des clarifications
- Pourriez-vous répéter cette proposition ?
- Ainsi, vous pensez donc que...
- Qu'entendez-vous par là ?
- Si je vous ai bien compris, vous voulez dire que...
- Dites-nous ce que vous en pensez.
- Comment voyez-vous les choses ?

Exprimer une convergence d'opinions
- Nous nous sommes mis·e·s d'accord.
- C'est vrai que...
- Je suis de votre avis.
- C'est un excellent conseil !
- Cela me convient parfaitement.
- Nos vues convergent.

Exprimer une divergence d'opinions
- Je ne peux pas accepter votre opinion.
- Je ne suis pas d'accord avec vous.
- Je suis opposé·e à cette idée.
- C'est inacceptable !

- Vous avez tout à fait tort !
- Cela ne me convient pas du tout.

Exprimer sa difficulté à réagir
Je n'en sais rien.
Je n'en ai aucune idée.
Malheureusement, ce n'est pas de mon ressort.

Restreindre le temps de parole
Le temps qui nous est imparti est malheureusement écoulé.
Il ne nous reste que quelques minutes pour conclure.
Il faut que nous arrivions à une conclusion assez rapidement.
Monsieur Untel, voulez-vous conclure la discussion ?

AU TÉLÉPHONE

Téléphoner à quelqu'un
Je téléphone au secrétaire.
J'appelle mon adjoint.
Je te passe un coup de fil (fam.).
La ligne est occupée.
Bonjour Madame, c'est Déborah à l'appareil.
C'est de la part de...
Pourrais-je parler à M. Untel ?
Je vous appelle au sujet de mon rendez-vous...
C'est au sujet de...
Je vous téléphone parce que je dois annuler une réunion.
J'aurais besoin d'une information concernant...
Excusez-moi de vous avoir dérangé, je me suis trompé·e de numéro.
Pouvez-vous lui demander de me rappeler ?
Est-ce que je peux laisser un message ?
Je rappellerai plus tard.

Répondre au téléphone
Vous êtes au 08 92.
C'est de la part de qui ?
Qui est à l'appareil ?
À qui ai-je l'honneur ?
C'est à quel sujet ?
Ne quittez pas, je vous la·le passe.
Un instant, s'il vous plaît.
Elle est absente pour le moment.
Il est en déplacement.
Il·elle n'est pas disponible pour le moment.
Désolé·e, mais le poste ne répond pas.

Je regrette, mais Monsieur Untel est en réunion.
Voulez-vous lui laisser un message ?
Vous pouvez la joindre sur son portable.
Pourriez-vous rappeler dans une heure ?
Je lui transmettrai votre message.
Merci d'avoir appelé. Au revoir.

LES ACTES DE PAROLE DE LA COMMUNICATION ÉCRITE

RÉDIGER UN COURRIEL OU UNE LETTRE PROFESSIONNELLE

Salutations :
- **Très formel** : Madame / Mademoiselle / Monsieur ; Mesdames / Messieurs ; Madame la Directrice, Monsieur le Directeur
- **Formel** : Chère Madame, cher Monsieur ; Chers collaborateurs
- **Informel** : Bonjour Jean ; Bonjour à tous
- **Très informel** : Salut ; Coucou

Présenter un objectif :
- Je m'adresse à vous pour vous informer...
- Je prends la liberté de vous écrire au sujet de...
- Je me permets de vous faire parvenir mon CV.
- Je me permets de vous écrire afin de...
- Pour faire suite à notre échange...
- Suite à votre demande...

Demander un renseignement / un service :
- J'aimerais vous demander quelques renseignements...
- Pourriez-vous...
- Serait-il possible...

Demander une réponse :
- Dans l'attente d'une réponse de votre part...
- Nous comptons sur un prompte réponse de votre part.

Informer d'un document joint :
- Vous trouverez ci-joint / inclus...
- Veuillez trouver en pièce jointe une copie de...

Conclure / remercier :
- Je reste à votre disposition pour convenir d'un rendez-vous...
- Nous vous remercions de...
- Merci de votre aide / attention / compréhension.

Formules de politesse :
- **Formel** : Respectueusement ; Je vous prie de recevoir / d'agréer, Monsieur, Madame, mes / nos meilleures salutations ; Dans l'attente d'une réponse de votre part, je vous prie, Monsieur, Madame, de bien vouloir recevoir mes plus respectueuses salutations ; Sincères salutations ; Veuillez agréer, Madame, Monsieur, l'expression de...
- **Neutre** : Cordialement ; Bien cordialement ; Bien à vous
- **Informel** : Bien à toi ; Amicalement ; Bisous

RÉDIGER UNE COMPTE RENDU, UN DISCOURS, UNE NOTE DE SYNTHÈSE, UN RAPPORT

Annoncer un plan:
- Pour commencer
- Tout d'abord
- En premier lieu, premièrement
- Ensuite, d'ailleurs, par ailleurs, en outre, de plus, suite à

Expliquer le sujet:
- Commençons par examiner
- On évoque les aspects...
- Il s'agit de...
- Cette approche consiste à...
- Il est essentiel de clarifier une position.
- Le comité demande des précisions.
- Nous traitons la question de...
- En ce qui concerne...

Fournir un exemple:
- Il faut considérer l'exemple le plus significatif...
- Prenons le cas de...
- Pour prendre un autre exemple frappant...

Mettre en contraste:
- D'une part, l'évidence nous montre... / d'autre part
- En revanche, il faut admettre...
- Néanmoins...
- Par contre...
- Pourtant...
- Toutefois...

Pour marquer la conséquence:
- Par conséquent...
- En conséquence...
- Donc...
- C'est la raison pour laquelle...

Soutenir une proposition:
- La directrice met l'accent sur...
- Il faut prendre position pour / contre
- Nous soulignons l'importance de...

Exprimer de la concession:
- Bien que l'infographie indique...
- Quoique l'article ait présenté des arguments convaincants...

- Il est vrai que… mais…
- Tout en reconnaissant que… on peut supposer que…

Rechercher un compromis:
- Le chef du comité voudrait dissiper un malentendu.
- Les membres expriment leur accord / désaccord.

Indiquer le thème de l'événement:
- Nous organisons une réunion / journée / semaine d'information et d'échange;
- Différents ateliers se dérouleront…
- Il y aura une table ronde.

Remercier:
- Je voudrais remercier les membres du comité, les organisateurs.
- Je tiens à remercier…

Rendre hommage:
- C'est un plaisir / honneur de compter parmi nous…
- J'ai le plaisir de rendre hommage à…

Résumer:
- De toute évidence…
- En fin de compte…
- En somme…

Conclure:
- Pour toutes ces raisons…
- En dernier lieu…
- Enfin…
- Finalement…
- En conclusion…

LE COURRIEL PROFESSIONNEL

Définition: document de communication interne ou externe à l'entreprise offrant la simplicité et la rapidité dans les échanges professionnels en tous genres.

NB: *Mail, e-mail, email, mél ou courriel?*
Selon les régions francophones, les mots utilisés varient:
Au Québec, on utilise courriel.
En Europe et Afrique francophones, on privilégie courriel, e-mail ou mail.
Mél et email sont moins fréquemment employés.

Astuces:

- Adaptez votre message à la culture et / ou le degré de familiarité entretenu avec le destinataire.
- Rédigez des phrases concises et bien construites.
- Expliquez vos objectifs de façon structurée et cohérente.
- Signez le courriel de manière professionnelle et indiquez vos coordonnées.

MODÈLE : COURRIEL PROFESSIONNEL

À : nom du destinataire
Cc : (copie conforme) noms des personnes devant être informées
Cci : (copie conforme invisible) noms des personnes non dévoilées aux autres correspondants
Objet : indication claire et concise du motif – cinq à sept mots maximum
Formule d'appel : salutation de votre correspondant·e selon votre relation Première phrase : présentation de l'objectif de votre courriel Corps du mail : développement de vos idées en trois ou quatre paragraphes, contenant chacun un maximum de trois ou quatre phrases Conclusion : résumé et indication de la prochaine étape Formule de politesse : adaptée au.x destinataire.s Signature professionnelle : nom : fonction ou titre professionnel : nom de l'entreprise ou de l'institution : adresse mail : téléphone : logos des réseaux sociaux avec liens pour signaler votre présence sur LinkedIn, Twitter…

LE COMPTE-RENDU D'UNE RÉUNION

Définition: document de communication interne à l'entreprise fournissant *objectivement* une description et un résumé des faits suite à une réunion.

Astuces:

Avant la réunion

Informez-vous sur:

- l'ordre du jour,
- les participants,
- le lieu de l'événement,
- les objectifs.

Pendant la réunion

- Utilisez des abréviations pour la prise de notes détaillées.
- Faites un résumé clair et précis, et définissez l'objectif de la discussion.
- Mentionnez chronologiquement les personnes ayant pris la parole durant les échanges.

Après la réunion

- Organisez vos notes en suivant l'ordre du jour.
- Utilisez le temps du présent.
- Transcrivez de manière objective les points abordés.
- Ajoutez des documents ou des images pertinents.
- Diffusez le compte-rendu à l'ensemble des participants.

MODÈLE : COMPTE-RENDU D'UNE RÉUNION

Nom de l'entreprise ou de l'organisation: SARL Entreprise Boulade	adresse: 25, rue du Rhône – 1204 Genève

Compte-rendu de réunion
du (date)

Date: (du compte-rendu)	Destinataires: à l'ensemble du personnel
Heure du début:	Heure de fin:

Objet: indiquez le motif de la réunion

Présent·es Monsieur le directeur… Madame la directrice…	Absent·es Monsieur… Madame…

Introduction: identification des problématiques traitées suivant l'ordre du jour. Développement: présentation des débats et des échanges en ordre chronologique aussi bien que les solutions envisagées par les différents intervenants. Conclusion: résumé des décisions prises et des actions et tâches qui ont été assignées, à qui cela s'adresse ainsi que la date due. Documents / références utiles: les documents joints au compte-rendu Signature du.de la rédacteur·rice

LE COMPTE-RENDU D'UNE INTERVENTION ORALE OU D'UNE TABLE RONDE

Définition: lorsque vous invitez un spécialiste à faire une intervention orale ou des experts à discuter autour d'une table ronde, il est utile de faire un compte-rendu de l'événement afin de capturer et de capitaliser les contributions des intervenant·e.s. Par contraste avec un compte-rendu de réunion, un compte-rendu d'une intervention orale ou d'une table ronde prend plutôt la forme d'un résumé de la présentation ou de la discussion.

Astuces:

Avant l'événement

- Consultez le programme de l'événement.
- Identifiez les intervenant·e·s et faites des recherches sur leur situation professionnelle.
- Essayez de cerner l'objectif de cet événement selon le titre, les intervenant·e·s, le lieu choisi, l'occasion, la date.

Pendant l'événement

- Prenez des notes détaillées mais gardez l'essentiel de l'intervention.
- Notez l'auteur de chaque intervention.
- Respectez l'ordre chronologique de la présentation ou de la discussion.

Après l'événement

- Organisez vos notes.
- Résumez la discussion de manière objective, claire et précise dans un texte organisé en trois paragraphes: introduction, développement, conclusion.

MODÈLE : COMPTE-RENDU D'UNE INTERVENTION ORALE OU D'UNE TABLE RONDE

Titre de l'intervention ou de la table ronde :
Nom(s) de l'intervenant·e ou des participant·e·s :
Public présent : collègues, invité·e·s
Date et lieu :
Introduction : des informations sur l'organisation de l'événement et son objet avec un plan général du compte-rendu
Développement : résumé des interventions les plus importantes et les différents aspects du problème évoqué
Conclusion : synthèse des points principaux rapportant de la manière la plus neutre les propos présentés et échangés au cours de la séance

LA LETTRE DE MOTIVATION

Définition: élément essentiel dans une candidature, la lettre de motivation vous permet de vous présenter de manière plus personnelle aux employeurs potentiels.

Astuces:
Mentionnez:

- comment vous avez appris la disponibilité du poste,
- des informations pertinentes telles que vos qualifications par rapport aux tâches ou responsabilités énumérées dans l'annonce,
- votre disponibilité pour un rendez-vous ou entretien d'embauche.

Démontrez:

- la clarté et l'organisation de votre expression.

Cherchez des textes modèles en ligne afin de trouver des exemples qui correspondent à vos intérêts.

MODÈLE : LETTRE DE MOTIVATION

Nom de l'expéditeur

Nom du destinataire
Adresse
Code postal — ville
À (votre ville), date

Objet de la lettre : réponse à une annonce ; intérêt dans un programme de stage

Salutation : *Madame, Monsieur,*

Corps de la lettre

- 1er paragraphe : objet de la lettre
- 2e paragraphe : intérêt pour le poste, connaissance du secteur et description des compétences et expériences
- 3e paragraphe : motivation, intérêts

Conclusion : indication de l'intention de faire un suivi et disponibilité pour un entretien d'embauche.

Formule de politesse : Dans l'attente d'une réponse de votre part, je vous prie Monsieur, Madame, de bien vouloir recevoir mes meilleures salutations ; Respectueusement ; Cordialement

Signature (manuscrite ou électronique)

Renseignements utiles pour la·le destinataire

- Prénom et nom de famille
- Fonction ou titre professionnel
- Coordonnées professionnelles
- Réseaux sociaux avec liens pour signaler votre présence sur LinkedIn, Twitter...
- Partage d'un contenu comme un article d'un blog ou une vidéo

LA LETTRE DE RÉCLAMATION

Définition: communication d'un client, d'un particulier ou d'une entreprise pour obtenir satisfaction, ou un compromis à la suite d'un problème comme un produit défectueux, abîmé ou non conforme à la commande, ou un service qui n'était pas identique à ce que l'on avait réservé.
L'objectif est d'obtenir un échange ou un remboursement.

Astuces:
- Inclure une description de l'objet de la réclamation et une explication des raisons qui vous poussent à faire une réclamation.
- Choisir un langage clair et compréhensible et éviter un ton émotionnel.
- Respecter votre interlocuteur à qui vous proposez une éventuelle solution.
- Envoyer la lettre de réclamation en recommandé avec accusé de réception pour plus d'efficacité.

Cherchez des modèles en ligne pour voir des exemples de différentes circonstances dans lesquelles une lettre de réclamation est utile.
Voici la structure fréquemment utilisée pour une lettre de réclamation:
a. exposition des faits
b. explication du problème
c. solution proposée

MODÈLE : LETTRE DE RÉCLAMATION

Nom de l'expéditeur
Adresse
Téléphone
email

Nom du destinataire
Adresse
Code postal — ville
À (votre ville), date

Objet : réclamation et contestation – détails sur le produit ou le service
Numéro de commande ou de référence :

Lettre recommandée avec accusé de réception

Formule d'appel : À qui de droit ; Madame, Monsieur,

Exposition des faits : *En date du..., j'ai commandé auprès de votre magasin le produit... sous la référence....*

Explication du problème : *La livraison a bien été effectuée le.... Cependant, j'ai reçu à la place....*

Solution proposée : *Je vous remercie de votre réactivité.*

Documentation jointe : *Vous trouverez ci-joint la copie du bon de commande. Reçus, photos...*

Formule de politesse : *Dans l'attente d'une réponse favorable de votre part, je vous prie d'agréer, Madame, Monsieur, l'expression de mes sincères salutations.*

Signature

LA NOTE DE SYNTHÈSE

Définition : synthèse objective consistant à résumer de façon organisée les informations et opinions fondamentales contenues dans un dossier de plusieurs documents. Communication des différentes dimensions d'une problématique.

Astuces :

- Analyser le dossier comprenant plusieurs documents.
- Organiser un plan.
- Présenter le contenu de manière synthétique.
- Exprimer les idées essentielles de chaque document.
- Adopter un ton impersonnel et neutre.

Pour commencer : création d'un tableau comparatif

- Étudiez le dossier.
- Identifiez les documents et utilisez le tableau suivant pour les classifier. Par exemple, s'agit-il d'une infographie, d'un article, d'un rapport, ou d'un entretien ?
- Lisez attentivement afin de saisir les thèmes et les opinions présentés.
- Mettez en contraste les documents pour souligner ce qui les oppose ou les rapproche.
- Notez les caractéristiques de votre analyse dans le tableau suivant.

MODÈLE : NOTE DE SYNTHÈSE

Tableau comparatif des documents ________________________________

	Document 1	Document 2	Document 3
Type de document ; source			
Idées principales			
Opinions présentées ; exemples fournis			
Autres éléments à comparer			
Remarques ; conclusions			

La rédaction de la note de synthèse

- Déterminez l'ordre d'analyse et de présentation des renseignements en fonction de leur nature et de leur importance.
- Dressez un plan pour la note de synthèse en considérant les liens entre les idées principales. Incorporez des mots de transition.

Voici la structure fréquemment utilisée :

Note de synthèse

Introduction : présentation du sujet ; annonce du plan
Développement : analyse des documents selon le plan préparé
Conclusion : énonciation de l'idée principale se dégageant de l'analyse du dossier

LE RAPPORT PROFESSIONNEL À PARTIR D'UN DOSSIER

Définition: considération de plusieurs sources avant la rédaction d'une vue d'ensemble fidèle et complète. Par contraste avec le compte rendu et la note de synthèse qui accentuent l'objectivité de la présentation, l'opinion du.de la rédacteur.rice est incluse dans ce document.

Astuces pour commencer:

Analysez:

- Qui fait la demande et quel est l'objectif du rapport?
- Quelles sont les similarités et les différences entre les documents pris en ligne de compte? Prenez des notes afin de bien saisir les caractéristiques spécifiques de chacun.

MODÈLE : RAPPORT PROFESSIONNEL

Utilisez ce tableau pour organiser vos notes :

	Document 1	Document 2	Document 3
Source de publication			
Type (article, infographie, vidéo)			
Idées principales			
Opinions présentées			
Vos conclusions			

Plan du rapport :

- Introduction : rappel de l'objectif du rapport
- Développement : présentation du thème à travers les différents documents
- Conclusion : préconisations argumentées concernant la problématique

LE DISCOURS D'OUVERTURE D'UN ÉVÉNEMENT

Définition : un discours inaugural marque l'ouverture d'un événement et donne le ton d'un événement, d'un programme ou d'une conférence.

Astuces :
Réfléchissez :

- Quel événement est inauguré par ce discours ?
- Importance particulière de cet événement ?
- Points essentiels devant être communiqués ?
- Qui sont les invité·e·s d'honneur et pourquoi s'intéressent-elles·ils à cet événement ?
- Quel registre de langue à adopter pour le discours ? familier, courant, soutenu ?

MODÈLE : DISCOURS D'OUVERTURE

Formule d'adresse : *Monsieur le Ministre ; Madame la Directrice ; Mesdames, Messieurs*

Contexte : explication de l'importance de cet événement en le situant dans un contexte compréhensible pour l'audience

Activités prévues : colloque, exposition artistique, atelier, etc. ?

Participants : personnes, groupes participant à l'événement ?

Portée de l'événement : intérêt spécifique de cet événement ? bénéfices pour les participants ?

Hommage à l'invité·e ; aux invité·e·s : *C'est un plaisir et un honneur de compter parmi nous...*

Remerciements : *Je voudrais remercier les membre du comité, les organisateurs, etc.*

CREDITS

UNITÉ 1

Comment se serrer la main à travers le monde ? @Studio Figaro/le figaro.fr/21.01.2017

Laurence Caracalla : @Catherine Gugelmann Opale/Lee image, Éditions Grasset

Carte de la Belgique avec les communautés: Knorck Vascer, CC BY-SA 3.0.

Comment se présenter avec classe ? @Laurence Caracalla/Studio Figaro/Le figaro.fr/21.01.2017

Communications et valeurs québecoises : Université Laval : https://www.bve.ulaval.ca/etudiants-etrangers/vivre-a-quebec/communication-et-valeurs-quebecoises/

Fanny Laudicina : @Fanny Laudicina

Comment s'exprimer et se faire entendre en réunion ? @Le service Carrières à Sciences Po, Paris.

"Managers : Comment optimiser une réunion d'équipe multiculturelle virtuelle ?"

Virginia Drummond, *Courrier Cadres*, juin-juillet 2018.

La mondialisation des échanges @Institut National de l'Audiovisuel

"Différences culturelles : ce qui est dit et ce qui ne l'est pas". Ana Camargo, chercheuse en créativité organisationnelle au Lab RH et au LaPea à l'Université Paris Descartes, *Harvard Business Review*, January 11, 2018.

Cultural walls cartoon @Cagle Cartoons Inc.

Ali Laidi : @Ali Laidi

Geert Hofstede web link @Geert Hofstede BV

"Comment notre culture influence notre mode de raisonnement ?" Erin Meyer, *Harvard Business Review*, June 6, 2018.

UNITÉ 2

"L'Engagement associatif des Français en 2019" réalisée par AssoConnect à partir de l'étude de Recherches & Solidarités "La Francebénévole 2019 : Evolutions et Perspectives", 16ème édition, Mai 2019.

"Le bénévolat : une clé d'intégration." Tina Mulongoy, ImmigrantQuébec.com, September 30, 2012. https://immigrantquebec.com/fr/consulter/conseils-d-experts/benevolat-une-cle-dintegration

Réseautage D'Affaires : @Réseauter.Opia Solutions/2016

Vincent Roux : @Vincent Roux

Comment se créer un réseau quand on ne connaît personne ?
@Le Monde.com/26.02.2018

Faire un stage au Québec : @immigrantquébec.com/fr https://immigrantquebec.com/fr/preparer/etudier-au-quebec/faire-un-stage-au-quebec

Stage en web design : @Salim Homri, WebAgile

CV—Imane El Fergouch : @Imane El Fergouch

"L'entretien d'embauche : Comment se présenter en quelques mots ?" *Ouest-France Emploi*, April 28, 2018.

L'entretien d'embauche : @immigrantquébec.com https://immigrantquebec.com/fr/reussir/votre-recherche-demploi/entrevue-embauche

"Tests graphologiques pour le recrutement : faut-il en avoir peur ?" Farah Sadallah, *Cadremploi*, March 28, 2013. https://www.cadremploi.fr/editorial/conseils/conseils-candidature/entretien-embauche/detail/article/recrutement-la-graphologie-na-pas-dit-son-dernier-mot.html

"Interview de Marie" @Davricourt.com, February, 7, 2017. https://davricourt.com/marie-stagiaire/

UNITÉ 3

C'est quoi pour vous le job idéal ? @Usine Nouvelle January 9, 2019

Le Monde et l'entreprise de demain : quelle vision chez les 18-30 ? @UDES—Union des employeurs de l'économie sociale et solidaire

"Afrique de l'Ouest, ces secteurs qui recrutent," Quentin Velluet, *Jeune Afrique*, April 18, 2018.https://www.jeuneafrique.com/mag/549177/economie/afrique-de-louest-ces-secteurs-qui-recrutent/

Le Travail Flexible en France : issu de Citrix®

Micro-trottoir : questions réponses sur l'apprentissage : apprentissage.gouv.fr

"Les jeunes et le chômage," Natasa Laporte, *Agora francophone*, October 9, 2018. https://www.agora-francophone.org/dans-l-espace-francophone-un-jeune-sur-quatre-est-au-chomage

Les syndicats, combien ils vous coûtent ? @contribuables.org/10.04.2018

Se syndiquer, pourquoi pas vous ? : http://www.syndicat-cgt-csc-saint-gilles.com/2017/09/se-syndiquer-pourquoi-pas-vous.html

"Les syndicats : quel est leur rôle en France ?" *Journal du net*, January 20, 2019.

https://www.journaldunet.fr/management/guide-du-management/1201171-les-syndicats-quel-est-leur-role-en-france/

"Techniques de négociation dans le secteur de l'habillement en Haïti," Centre international de formation de l'OIT, Turin, Italy

"Tunisie : Le Start-up Act a été élaboré par les acteurs eux-mêmes" Samir Abdelkrim, *Le Point Afrique*, May 4, 2019

UNITÉ 4

Portrait robot du consommateur
http://www.nowebagency.com/infographie-portrait-robot-de-lacheteur-ligne/

Le Code Québec @Jean-Marc Léger

"Il existe 7 types de consommateurs : lequel d'entre eux êtes-vous ?" Nos Pensées.fr, March 18, 2018. http://nospensees.fr

Réussite : la guerre du yaourt bat son plein : https://www.jeuneafrique.com/261743/economie/reussite-guerre-yaourt-bat-plein-cameroun/

"Du storytelling au storyliving" @Stratégies, April 30, 2019. http://stratégies.fr

Évian Roller skating babies ©Partizan

Logos—My Business Plan http://my-business-plan.fr

Monoprix : ©ROSAPARK, MONOPRIX

Vittel @Nestle Waters France

Interview with Claude Cossette @Presses de l'Université Laval

La saga Evian : http://culturepub.fr

"Publicité : L'Afrique impose ses canons," Vivian Forson, Lepoint.fr July 8, 2016.

À deux doigts de la mort : @Agence Som.ca

Entretien avec Tiana Diallo @Tania Diallo and Clara Liechtensteiger pour Adweknow

"Afrique de l'Quest : ces secteurs qui recrutent" : @jeuneafrique.com, April 18, 2018

UNITÉ 5

"Notre définition de la santé globale"

Wernli D, Tanner M, KickbuschI, Escher G, Paccaud F, Flahault A. Moving global health forward in academic institutions. *Journal of global health* 2016; 6(1): 010409.

Médecins Sans Frontières : ©Médecins Sans Frontières

Travailler pour Médecins du monde : @Médecins du monde.org

Objectifs ODD : http://data.gouv.fr

Florence Hut @Florence Hut

Semaine mondiale de la vaccination @World Health Organization http:// who.int/campaigns/immunization-week-2018

Le calendrier vaccinal 2018 : @Visactu www.francebleu.fr

Vous avez dit télémédicine ? @Ministère français chargé de la santé

CardioPad @Organisation Africaine de la propriété intellectuelle

"Start-up africaine de la semaine : Hope, la plateforme mobile qui veut promouvoir le don du sang au Sénégal," Amadou Oury Diallo, @jeuneafrique.com/06.04.2017

UNITÉ 6

Réseau diplomatique : https://www.diplomatie.gouv.fr https://www.diplomatie.gouv.fr/fr/le-ministere-et-son-reseau/missions-organisation/roles-et-missions-du-reseau-diplomatique-a-l-etranger/

"Portrait croisé de trois femmes actuellement diplomates": Ministère de l'Europe et des affaires étrangères, https://www.diplomatie.gouv.fr/fr/le-ministere-et-son-reseau/missions-et-organisation-62169/l-egalite-femmes-hommes-au

-ministere-de-l-europe-et-des-affaires-etrangeres/article/portrait-croise-de-trois-femmes-actuellement-diplomates

«Les pay prioritaires de l'aide au developpement française» https://www.diplomatie.gouv.fr/fr/dossiers-pays/afrique/l-afrique-priorite-de-l-aide-publique-au-developpement-francaise/

Afrique, Progrès de la diplomatie, Africa24tv https://www.youtube.com/watch?v=_sk2JI8PgbE

Négocier en Afrique http://theconversation.com/negocier-en-afrique-aujourdhui-ce-quon-ne-sait-pas-73573

United Nations High Commission on Refugees @UNHCR/Younghee Lee

Entretien avec Caroline Dumas : Ministère de l'Europe et des affaires étrangères, https://www.youtube.com/watch?v=mNJBXCpOzLM&t=157s

Migrants secourus en mer @Libération https://www.liberation.fr/planete/2019/07/22/migrants-secourus-en-mer-le-nouveau-mecanisme-de-solidarite-avance-au-ralenti_1741450

SOS Mediterranée @Patrick Bar/SOS Mediterranée

Cop25 : @https://SOSmediteranée.org

Entretien avec Fabienne Pompey : https://www.diplomatie.gouv.fr/fr/emplois-stages-concours/travailler-dans-les-organisations-internationales/actualites-et-postes-vacants/alertes-de-la-dfi/evenements/article/transversales-entretien-avec-fabienne-pompey-publie-le-05-03-19

UNITÉ 7

L'économie de partage

@Laurent Lucchini, Camille Étienne, Estelle Blandureau/EstelleBlandureau.com

Dessine-moi l'éco, Visuel issu de http://dessinemoileco.com—Vidéos conçues et produites par Sydo, société de conseil en pédagogie—http://www.sydo.fr

L'économie collaborative @CCIP

Le B-A BA de la RSE @Philippe Pied

Djouman @Muriel Diaco, Djouman

Qu'est-ce que la mode éthique ? @Marco Roy/tabloidemode/ 30.12.2017

L'entrepreneuriat social @Houda Sikaoui/https://leseco.ma/l-association-ikram-celebre-l-entrepreneuriat-social/

FasoPro, Agribusiness TV https://www.youtube.com/watch?v=6_rHY15SeD4

Start-up à l'africaine @Sabine Grandadam/NouvelAfrik.com/03.03.2014 https://www.afrik.com/start-up-a-l-africaine

Guide de la mode éthique au Québec @Université de Sherbrooke https://ocresponsable.com/wp-content/uploads/2017/06/OCR-Guide-de-la-mode-e%CC%81thique-au-Que%CC%81bec.pdf

Wonderloop @Corentine Jaunard, Ivonne Gargano et Helena Van Aelst https://dot-to-dot.be/wonderloop-ou-la-mode-ethique/éthique

ABOUT THE AUTHORS

Deborah S. Reisinger is associate professor of the practice of French in the Department of Romance Studies and director of Language Outreach Initiatives at Duke University. She is associate director of the Markets and Management Studies program and teaches courses on marketing and social entrepreneurship. She is also the author of *Crime and Media in Contemporary France*, coauthor with Joan Clifford of *Community-Based Language Learning*, and has published numerous articles on language pedagogy, intercultural competence, and French for specific purposes.

Mary Beth Raycraft is assistant director of Language Instruction at Boston University and teaches courses in French for the Professions with a focus on science, technology, and entrepreneurship. She is the author of an article on developing a course in scientific French and has also published several articles on nineteenth- and twentieth-century French women travelers, as well as a translation, *A Parisienne in Chicago: Impressions of the World's Columbian Exposition.*

Nathalie Dieu-Porter is principal senior lecturer in French and the director of the Center for Second Language Studies at Vanderbilt University. She has taught a broad range of language courses including Medical French in Intercultural Contexts and French for Business and Economics. She is the author of the first edition of the *Points de Départ Instructor's Resource Manual*. As a joint-appointed faculty at the Vanderbilt Center for Medicine, Health, and Society, she teaches a Maymester course in France and in Italy focused on studying and comparing healthcare systems and medicines.